普通高等教育新工科·工程基础课程系列教材

信息检索与应用

主　编　胡小飞　胡　媛
副主编　钟丽萍　陈伏生　刘雪兰
参　编　杨选辉　张发亮　吴青林　徐晓芳

机械工业出版社

本书系统介绍了信息与信息源的定义、分类、特点，信息源的选择，信息检索的定义、分类、原理、语言、方法、技术与步骤等理论知识；结合案例全面讲解了典型的国内外信息检索系统的定义和检索方式，特种文献信息的检索方法与技术；详细介绍了搜索引擎与开放获取资源，文献信息管理与学术评价，以及信息检索在论文写作、科技查新、前沿热点分析、学科竞赛参与和科研项目申报中的应用。应用案例涉及人文、社科、理、工、农、医等学科领域，便于各学科的信息检索教学。

本书可作为高校高年级本科生、研究生的信息检索及相关课程教材和教学参考用书，也可作为从事信息检索的专业人员、科研人员和教师的参考书。

图书在版编目（CIP）数据

信息检索与应用 / 胡小飞，胡媛主编. -- 北京 ：
机械工业出版社，2024. 12. -- (普通高等教育新工科).
ISBN 978-7-111-77470-9

Ⅰ. G252.7

中国国家版本馆CIP数据核字第2025F5E649号

机械工业出版社（北京市百万庄大街22号　邮政编码100037）
策划编辑：余　皞　　　　　　责任编辑：余　皞　赵晓峰
责任校对：曹若菲　刘雅娜　　封面设计：张　静
责任印制：任维东
天津嘉恒印务有限公司印刷
2025年3月第1版第1次印刷
184mm×260mm・14印张・343千字
标准书号：ISBN 978-7-111-77470-9
定价：49.00 元

电话服务　　　　　　　　　　网络服务
客服电话：010-88361066　　机 工 官 网：www.cmpbook.com
　　　　　010-88379833　　机 工 官 博：weibo.com/cmp1952
　　　　　010-68326294　　金 书 网：www.golden-book.com
封底无防伪标均为盗版　　　　机工教育服务网：www.cmpedu.com

前　言

由于网络技术、计算机技术与人工智能技术的快速发展，以及搜索引擎和开放获取资源的普及，用户如何在海量的信息中快速找到满足需求的有效信息非常重要。熟悉信息检索相关理论知识、掌握中外信息检索技能、提高信息应用能力，已经成为大学生尤其是研究生在学习与科研工作中不可缺少的素养。

本书从信息检索的基础理论、国内外重要信息检索系统及其使用方法、特种文献的检索、国内外各类搜索引擎与开放获取资源的使用、文献信息管理与学术评价等方面介绍了信息检索的方法与技巧，并将信息检索在论文写作、科技查新、前沿热点分析、学科竞赛参与和科研项目申报等方面的应用进行了案例分析。通过案例的讲解，读者不仅可以熟悉科学研究、学习、生活、工作等相关的信息资源，掌握高效检索与获取、准确评价与管理信息的基本技能，而且可以关注信息检索、学科竞赛、科研写作、科研项目申报等方面的思维培养，提高自身的自主学习与科技创新能力。

本书编写团队来自文、理、工、农、医等学科领域，长期从事科学研究与信息检索相关课程的教学，编写团队经过多次交流探讨，最终确认本书的内容框架。本书关注目前信息检索领域的新进展与新技术，关注当前各学科的研究热点，主要特色体现在 3 个方面：

1）注意信息检索理论与实践案例的结合，在介绍国内外主要信息检索系统的检索方法时，注重通过实际检索案例说明检索过程，特别是增加了信息检索在前沿热点分析、学科竞赛参与和科研项目申报中的应用案例。

2）增加了基于大数据、AI 的智能搜索，介绍了智能搜索的定义、特点、未来发展趋势及代表性的智能搜索工具，以便高效便捷地帮助读者获取信息、知识和灵感。

3）将思政元素融入教材，本书在第 2、3、4、8 章中明确加入了检索案例和思政教育目标的映射关系，如结合碳中和、碳足迹的检索案例，树立绿色低碳发展理念，培养学生的社会责任感；结合 LED 材料与芯片制造技术的查新案例，引导学生把爱国情、强国志融入到新时代新征程的奋斗之中。

本书由南昌大学与江西农业大学的教师编写，其中胡小飞、胡媛负责本书总体框架设计、制定编写大纲和编写体例并统稿，最后由胡小飞定稿。其中第 1 章由胡媛、张发亮编写，第 2 章由钟丽萍、杨选辉编写，第 3 章由胡小飞、钟丽萍编写，第 4 章由胡小飞编写，第 5 章由刘雪兰、胡小飞编写，第 6 章由陈伏生、徐晓芳编写，第 7 章由胡媛编写，第 8 章由胡小飞、胡媛、吴青林编写。博士生张佳宁与硕士生刘婷婷、熊巧、季文婕、杨斯炜、陈进亮、周婧、曾进然等参与了本书书稿的案例收集与校对工作。

本书由南昌大学研究生院资助出版，并得到南昌大学、江西农业大学等单位领导和同仁的支持和帮助，在此一并表示感谢。由于信息资源的快速增长与更新，检索系统的迭代升级，教材内容可能出现与当前检索系统不完全一致的情况，不当之处恳请批评指正。本书的编写参阅了大量的文献，在此向前辈和同行表示感谢。

编　者

目 录

第1章

绪论

随着信息技术的不断发展与应用，信息无处不在、无所不及、无人不用。信息作为社会主要的生产要素，成为了社会生产力发展的新动力，广泛渗透到各个领域。同时，信息量与信息传播速度爆炸式的增长使得人们有效获取信息的挑战日益增大。处在信息化时代，人们必须学会有效获取与利用信息，才能提高自主学习能力与创新、创业能力。本章首先介绍了信息的定义、特点、分类、评价及鉴别，其次介绍了信息源的定义、分类及特点，再次介绍了信息源选择的定义、影响因素，之后介绍了信息检索的定义、分类、原理、语言、方法、技术与步骤，最后介绍了信息检索系统的定义、分类与选择。

1.1 信　息

信息是现代社会中不可或缺的重要元素。信息的传递和交流在人类社会中起着至关重要的作用，它架起了人与人之间沟通的桥梁，促进了社会的发展和进步。信息可以帮助人们获取新的知识、了解世界的变化，也能够为人们提供实时的指导和帮助。但随着信息量急剧增长，也产生了一系列负面问题，人们需要更加重视信息的准确性和可靠性，更好地利用信息来促进社会和个人的发展。

1.1.1　信息的定义

信息是随着时代不断发展和变化的、既复杂又抽象的概念，关于信息的概念至今尚未有统一的定论。有人认为信息是消息，有人认为信息是知识，也有人认为信息是运动状态的反映等。"信息"一词在英文、法文中均是"information"，日文中为"情报"，我国台湾地区称之为"资讯"，我国古代用的是"消息"。信息作为科学术语，最早出现在哈特莱于1928年撰写的《信息传输》一文中。

20世纪40年代，信息学的奠基人香农（Shannon）认为"信息是用来消除随机不确定性的东西"；控制论创始人维纳认为"信息是人们在适应外部世界，并使这种适应反作用于外部世界的过程中，同外部世界进行互相交换的内容和名称"；美国信息管理专家霍顿认为"信息是为了满足用户决策的需要而经过加工处理的数据"。

我国《图书馆·情报与文献学名词》认为，广义信息指客观事物存在、运动和变化的方式、特征、规律及其表现形式，狭义信息指用来消除随机不确定性的东西。随着互联网的普及与应用，网络将信息带到人类社会生活的各个领域，使信息无处不在。于是人们对信息的理解又包含了在网络上传输的一切数据、符号、信息与资料，至此，信息成为了一个内容丰富的庞大集合体。

从不同的信息概念中，可以看出信息的概念和内涵较为复杂。不同的约束条件，会导致信息的定义不完全一致。本书主要探讨信息检索领域的信息，也就是普遍意义上的信息。因此，本书中的信息是指广义的信息，即人们获取的一切信息，包括人际交流、多媒体、文献记录等的内容，重点介绍转变为文献的信息。

1.1.2　信息的特点

信息作为一种客观存在，具有一些普遍的特点，具体包括：客观性、传播性、共享性、时效性。

1. 客观性

信息的产生源于事物，是客观存在的。信息不是虚无缥缈的东西，它的存在可以被人感知、获取、存储、处理、传递和利用。

2. 传播性

信息产生于事物的存在和运动，信息可由其他物质载体携载，在时间或空间中传播。信息传播不仅可以让人们进行交流和沟通，而且还可以促进社会的进步和发展。

3. 共享性

信息可以脱离其发生源或独立于其物质载体存在，并且在利用中不被消耗，因而可以在同一时间或不同时间被多个主体共享。如某人阅读一本书时，从中获取的信息量并不会因其他人的阅读或使用而受影响，也不会对将要阅读该书的其他人产生影响。

4. 时效性

信息价值的大小与提供信息的时间密切相关，信息仅在特定的时间才能发挥其效用。一般来讲，信息提供的速度越快，时间越早，其实现的价值就越大。但这并不意味着生产出来的信息越早利用越好，利用信息者要善于把握时机，只有时机适宜，信息才能充分发挥效用。

1.1.3 信息的分类

信息的分类方法有很多，根据不同的标准可划分为以下不同的类型。

1）按照信息收集的渠道，可以分为正式信息和非正式信息。正式信息是从正式组织渠道收集的信息，如各种印刷品、缩微品、声像制品、电子出版物等。非正式信息是从正式渠道以外的其他渠道收集的信息，如实物、会议、电话、口头交流、广告、市场调查等，是对正式信息的补充。一般来说，正式信息准确性高，但时效性低，非正式信息时效性强，但准确性低。

2）按照信息传播的渠道，可以分为口语信息、体语信息、实物信息及文献信息。口语信息的存在方式主要有交谈、聊天、讨论、授课等。体语信息的存在方式主要有手势、姿势、表情等。实物信息的存在方式以实物为主，如文物、模块、碑刻、雕塑、产品样本等。文献信息则是以文字、图形、符号、音频、视频等方式记录在各种载体上的信息为主。

3）按信息的加工形式，可以分为一次信息、二次信息与三次信息。一次信息是在科研、生产、经营、文化及其他各类活动中生产的原始信息，如期刊论文、研究报告、市场调查报告、专利说明书及各种网络信息。二次信息是对一次信息进行加工整理后产生的一类信息，如书目、题录、简介、文摘等，为查找一次信息提供线索。三次信息是在一次、二次信息的基础上，经过分析、综合而产生的信息，如综述、述评、学科年度总结、文献指南、书目指南等。

4）按照信息载体形态，可以划分为印刷型信息、缩微型信息、声像型信息、数字型信息。印刷型信息的优点是便于阅读，缺点是体积大，不利于保存。缩微型信息主要以感光材料为载体，具有储存密度高、体积小和重量轻等优点。声像型信息则以磁性和光学材料为载体，具有存储信息密度高、内容直观和表达力强等特点。数字型信息需要借助计算机、手机等电子设备阅读，具有存储容量大、查询方便的优点，在图书馆信息源中所占的比重不断增长。

5）按信息内容的属性，可以划分为政治信息、经济信息、文化信息、科技信息、军事信息、学术信息、娱乐信息、教育信息、商务信息、体育信息、财经信息、法律信息等。这些信息覆盖了国民经济和社会发展的各大主要领域，且不同领域信息具有各自的领域特征。

1.1.4 信息质量的评价

国内外专家学者在信息质量的评价方面做出了大量的尝试与探索，并取得了一定成绩。在确定评价指标的过程中，国外从用户充分合理利用信息的角度出发，比较重视个性化服务理念，但目前形成的指标体系不够全面完整，且部分指标可获取性差，不易进行量化处理。国内关于信息质量的评价指标的研究较多，有学者从准确性、完整性、一致性和及时性四个维度进行分析，有学者从可信度、准确性、客观性、时效性、适用性等五个维度进行分析，也有学者从及时性、综合性、经济性、准确性、易获取性等五个维度进行分析。

国内学者马费成从信息内容、信息表达形式、信息资源系统和信息资源效用四个维度进行信息质量评价。其中，信息内容的评价是对信息资源的内在质量进行判断和估算，是最根本、适用性最广的评价维度，主要涉及正确性、完整性、相关性、新颖性这四个指标。信息表达形式是评估信息资源质量的重要维度，包括信息表达的准确性、可理解性、精简性以及标准化程度这四个基本评价指标。信息资源系统由各类信息资源活动要素组成，该系统性能的优劣是信息质量高低的直接体现，该评价维度主要涉及信息的可获取性、快速响应性以及可靠性三个指标。信息资源效用这一评价维度是从信息用户的角度来评价信息质量，主要包括信息的可用性、适量性以及价值增值性三个重要指标。信息质量评价的指标体系见表1-1。

表1-1 信息质量评价的指标体系

评价维度	评价指标	评价内容
信息内容	正确性	正确反映客观事物的程度
	完整性	信息的范围、种类、时间等
	相关性	信息与用户信息需求之间的匹配程度
	新颖性	内容的独创性、发布时间、更新频率
信息表达形式	准确性	信息符号值与真实信息值的符合程度
	可理解性	信息符号易于用户理解
	精简性	信息符号简单明了
	标准化程度	各种信息表达技术的统一程度
信息资源系统	可获取性	稳定性和安全性
	快速响应性	系统反应灵敏程度
	可靠性	易得性和易操作性
信息资源效用	可用性	信息产权状况
	适量性	信息资源的数量
	价值增值性	信息资源的经济效益和社会效益

此外，国内学者朱庆华等构建的学术网站的评价指标体系由信息内容、网站设计、网站功能、网站影响力及网站安全组成。其中，信息内容包括信息内容的深度、信息内容的广度、信息内容的准确性、信息内容的独特性、信息内容的创新性、信息内容的时效性、信息来源的权威性、专业信息的比例等二级指标。网站设计包括导航系统的全面性、导航系统的一致性、组织系统的合理性、标识系统的准确性、界面友好程度、界面美观程度等二级指标。网站功能包括交互功能、检索功能、下载功能、特色服务功能、参考功能、离线服务功能等二级指标。网站影响力包括访问量、外部链接数、学术研究引用量等二级指标。网站安全包括系统安全、用户信息安全等指标。

1.1.5 信息的鉴别

现代社会信息量急剧增长，信息源分布广泛，但很多人都困扰于信息的鉴别问题。如何对网络上经常出现的虚假信息进行鉴别，越来越受到人们的关注。

1. 鉴别信息真伪的方法

（1）核对 依据法律、法规、政策文件、权威部门发布的统计数据等可靠材料，对信息进行对照、比较，舍弃不真实的信息，去除信息中掺杂的"水分"，纠正存在的某些差错。

（2）分析 依据平时掌握的理论政策和多方面的科学知识，对信息中所表述的事实和论证方法进行逻辑分析以发现其中的疑点和破绽。

（3）调查 对重要信息反映的内容，直接或间接向当事人、有关单位进行调查，以检验其真实性和准确性。

这三种方法在实际应用中往往结合起来使用，互相补充。

2. 鉴别虚假信息的工具

（1）使用谣言检测工具 目前，我国国家和地方政府、高校、商业平台建立了诸多辟谣平台网站，国外也有许多事实核查网站可供用户快速鉴别信息真伪。

1）腾讯新闻"较真平台"是全网专业、及时的事实查证平台，与众多专业机构展开合作，每一条辟谣科普内容都经过严格的查证流程。

2）微博辟谣"全国平台"是新浪微博虚假信息辟谣的官方账号，拥有众多粉丝，原创和转发从各个官方渠道获取的辟谣信息。

3）微信辟谣助手是微信平台开发的辟谣小程序，已有超过400家权威机构、政府组织和主流媒体（如人民网、中科院之声、科普中国、丁香医生、果壳网）接入该助手，其主要目的是曝光缺乏科学依据的虚假信息。同时，微信辟谣助手还发布经过科学检验的、被证明为真实的健康信息，以驳斥相应的虚假健康信息。

4）中国互联网联合辟谣平台是由中央网信办（国家互联网信息办公室）违法和不良信息举报中心主办的权威辟谣平台，旨在为广大群众提供辨识谣言、举报谣言的权威平台。平台具备举报谣言、查证谣言的功能，可以获取相关部门和专家的权威辟谣信息。

（2）使用虚假信息核查工具 使用针对虚假图片、虚假视频、虚假广告等内容的事实核查工具，还可提供图像查证链接，如利用反向图像搜索工具 TIN EYE 和百度的以图识图等工具来核实图像来源，检查图像是否存在被篡改或用于错误内容的情况，如谷歌反向图像搜索等可用于验证照片、图像和动图来源。

3. 鉴别钓鱼网站（虚假网站）

钓鱼网站是指欺骗用户的虚假网站。钓鱼网站的页面与真实网站页面基本一致，欺骗消费者或者窃取访问者提交的账号和密码信息。钓鱼网站一般只有一个或几个页面，和真实网站差别细微。钓鱼网站是互联网中最常碰到的一种诈骗方式，通常伪装成银行或电子商务平台，窃取用户提交的银行账号、密码等私密信息。鉴别钓鱼网站应注意以下三点。

（1）留意域名　辨别钓鱼网站的最直接方法就是对比它的域名是不是官方域名，需要仔细查看所打开页面后的具体网址，而不是只看打开网页前的网址。如果不是官方域名，哪怕页面再相似，也可以断定其为钓鱼网站。

（2）链接要小心　网购要选择信任的网站，千万不要贪图便宜轻信"低价"网站。同时，支付前一定要确认购物网站的网址是否正确，切勿点击来自陌生人的电子邮件和即时消息中的链接，以及所有看上去可疑的链接。

（3）观察网站的内容　仿冒网站上没有链接，用户可点击栏目或图片中的各个链接看是否能打开。如果发现访问的网站突然"改版"了，和之前的页面布局大不相同，就要提高警惕。

1.2 信　息　源

信息源是指信息的载体或承载信息内容的客体，是提供信息的知识库。它可以包括书籍、期刊、报纸、互联网、电视机、广播等。在现代社会，人们可以从多种信息源中获取所需的信息，这些信息源不仅承载着丰富的知识和数据，也影响着人们的思维方式和行为模式。然而，信息源的选择也需要谨慎，不正确或有误导性的信息源可能会导致对信息的误解和混淆。因此，对信息源的筛选和评估变得尤为重要，这有助于确保人们获取到高质量、可靠的信息，从而做出明智的决策和判断。

1.2.1　信息源的定义

信息源是指信息的来源，其含义广泛，研究者对信息源的定义一般依据研究目的而略有不同。联合国教科文组织 1976 年出版的《文献术语》一书将信息源定义为"个人为满足其信息需要而获得信息的来源，称信息源"。国外学者 Christensen 和 Bailey 认为信息源是储存可被查询信息的组织或个人，例如政府机构、咨询机构、行业组织、朋友、家人等。国内学者于良芝认为信息源是那些能够向信息主体提供其所需信息的来源物，既可以是物质世界中的事物，也可以是客观知识的记录，还可以是信息主体或其他人的头脑。马费成认为信息源是人们在科研活动、生产经营活动和其他一切活动中所产生的成果和各种原始记录，以及对这些成果和原始记录加工整理得到的成品，都是借以获得信息的源泉。

信息源内涵丰富，它不仅包括各种信息载体，也包括各种信息机构；不仅包括传统印刷型文献资料，也包括现代电子信息资源；不仅包括各种信息储存和信息传递机构，也包括各种信息生产机构。最常见的信息源定义是，信息源为信息的载体或承载信息内容的客体，是提供信息的知识库。

与信息源密不可分的一个概念是信息渠道。有学者用"信息渠道"或"信息获取渠道"

来替代"信息源"。有学者则认为信息源是承载信息内容的客体，如人际信息源、网络信息源，而信息渠道是信息内容从信息源传递到接收者的交流传输方式，如面对面、电话、电子邮件及网络等。

信息资源是信息源的一种。广义的信息资源指信息活动中各种要素的总称，包括信息、人员、设备、技术和资金等要素。狭义的信息资源仅指信息本身，主要指文献资源或各种媒介和形式的信息的集合，包括文字、声音、图像、印刷品与数据库等。信息资源一定是信息源，但信息源不一定是信息资源。

随着大数据时代的到来，社交网络与基于位置的服务为代表的新型信息发布方式的涌现，以及云计算、物联网技术的兴起，网络信息正以前所未有的速度不断增长和积累。网络信息源也正在引起人们的重视。

1.2.2 信息源的分类

信息源种类繁多、形式复杂，可以从不同角度进行分类。

1. 按信息管理维度进行划分

信息源可划分为记录型信息源、实物型信息源、智力型信息源和零次型信息源。

1）记录型信息源包括由传统介质（纸张、竹简、帛等）和各种现代介质（如磁盘、光盘、缩微胶卷、网络等）记录和存储的知识信息，如各种书籍、期刊、数据库、网站等。记录型信息源的特点是传播信息系统、便于保存、便于积累、便于利用。记录型信息源按加工情况，可以分为一次信息、二次信息和三次信息。按编辑出版形式的不同特点，可分为图书、期刊、报纸、专利文献、会议文献、科技报告、政府出版物、学位论文、标准文献、产品样本、技术档案及产品资料等。

2）实物型信息源存在于自然界和人工制品中，是由实物携带和存储的知识信息，人们可以通过实践、实验、采集、参观等方式交流传播，如某种生物的样品、产品样机、工艺品等。实物型信息源直观生动，含有丰富的信息，易于理解和吸收。许多技术信息是通过实物来保存和传递的，在技术引进、技术开发和产品开发中发挥着重要作用。

3）智力型信息源主要指由人脑存储的知识信息，包括人们掌握的各类知识、诀窍、技能和经验，有的可以用语言和文字明确表达和记录，有的则难以明确表达和记录，故又被称为隐形知识。这类信息由人的活动携带，根据社会需求提供各类咨询服务，帮助用户解决问题。随着现代咨询业的崛起和知识经济的出现，这类信息源变得越来越重要，可主要通过政策、法规来进行组织、协调和管理。由于这类信息源主要由人脑携带，绝大多数内容难以捕捉，管理起来具有相当大的难度。

4）零次型信息源是人们通过直接交流获得的信息，是信息客体的内容直接作用于人的感觉（包括听、视、嗅、味、触觉）的结果，而不像记录型信息和实物型信息那样通过某种物质载体的记录形式发生作用。因此，零次型信息具有直接性、及时性、新颖性、随机性、非存储性等典型特征。零次型信息对经济活动和科技活动具有不可忽视的作用，获取零次型信息可以补充记录信息和正规渠道所获取信息的不足，且随着网络的兴起和普及，零次型信息的传递超越了时空限制，传播量、速度和影响面越来越大。

以上四类不同的信息源，大体上涵盖了各种类型和各个层次的信息源，它们具有不同的特点，分布于不同部门，流通于不同的渠道。

2. 按数字媒介维度进行划分

随着人工智能、大数据等信息技术与终端载体不断更新，数字出版模式、内容出版方式、产品形态、传播方式等发生了很大变化。因此信息源除了按以上传统维度划分外，还可以按数字媒介维度进行划分。2023 年发布的《2021—2022 中国数字出版产业年度报告》将数字出版划分为：互联网期刊、电子书、数字报纸、博客、数字音乐、网络动漫、移动出版、网络游戏、在线教育、互联网广告等。除此以外，数字出版产品形态还包括网络原创文学、网络教育出版物、网络地图、数据库出版物等。

3. 按图书馆是否收集进行划分

分为图书馆以内信息源与图书馆以外信息源（即网络开放信息源）。

（1）图书馆以内信息源　互联网出现以前，图书馆主要收集纸质实体文献（传统印刷版信息源），按编辑出版形式的不同特点，可分为图书、期刊、报纸、专利文献、会议文献、科技报告、政府出版物、学位论文、标准文献、产品样本、技术档案及产品资料十二大类。

随着网络与数字化技术的发展，数字资源快速增长，读者获取信息的渠道也随之发生了变化，图书馆购买的电子资源数据库超越了传统的检索工具，图书馆开始按照内容特征重新对信息源进行分类，本书将图书馆信息源分为七大类，即图书（包括专著、教科书、工具书）、学术论文（包括期刊、学位论文、会议论文）、专利（包括发明、实用新型和外观设计）、标准与产品资料、机构组织信息（包括政府文件、技术档案与科技报告）、馆藏目录（包括整合目录与各馆目录）、资源导航（包括学科信息门户）。

（2）网络开放信息源　网络开放信息源与图书馆的信息源有很大不同，网络开放信息源包罗万象，除官方媒体外还包括了大量网络新媒体、自媒体和互联网用户，包括：大众类信息源、社区网络类信息源、互联网类信息源、企业类信息源、政府类信息源、专业或行业信息源。

1）大众类信息源。大众类信息源以大众传媒作为信息获取渠道，具有信息多元化、信息传播速度快的特点，信息用户借助大众传媒开展信息获取。大众传播媒介主要有报纸、杂志、广播、电视等，大众类信息按照用户的信息需求可划分为新闻类信息源、网页类信息源、音乐类信息源、视频类信息源（如哔哩哔哩、优酷、抖音、快手、中国大学 MOOC 等）、地图类信息源，电商类信息源、旅游类信息源、金融类信息源、健康类信息源等。

2）社区网络类信息源。社区网络类信息源以社区网络作为信息获取渠道，具有用户规模大、用户是社会化媒体信息的主要创作者的特点，信息用户借助社会化媒体开展信息获取活动。社区网络类信息源主要按照在互联网上信息用户的交流需求来划分，包括贴吧类信息源（如百度贴吧）、文库类信息源（如百度文库、豆丁网）、百科类信息源（如维基百科、百度百科）、论坛类信息源（如小木虫、丁香园论坛）、经验类信息源（如百度经验）、问答类信息源（如知乎）、阅读类信息源等。

3）互联网类信息源。互联网类信息源包括搜索引擎、门户网站、机构或个人网站、移动类与导航类等。移动互联网类信息源主要按照在移动互联网上信息用户的信息需求来划分，主要包括手机地图类信息源、各种 APP 类信息源、手机浏览器类信息源、手机输入法类信息源、手机微课程类信息源、掌上美图类信息源、手机卫士类信息源、手机翻译类信息源等。导航类信息源主要根据领域类别、专业类别等信息用户的多样化需求进行划分，主要包括网址网站导航类信息源（如 hao123、科塔学术导航等）、综合类网络导航信息源（如雅虎、Galaxy 等）、专业型网络导航信息源（如 Calis 重点学科网络资源导航门户）等。

4）企业类信息源。企业在运行过程中一方面生产大量信息，另一方面需要利用信息支撑其决策，同时还要向各界人士提交或发布其活动和产品信息。企业的活动很依赖外部信息的获取，如国家法律法规、行业信息、统计资料、市场报告、科技信息、质量标准、用户信息等。同时企业也是重要的信息创作者，如企业研发活动产生科技信息、市场调研产生市场信息、营销活动产生客户信息与产品宣传信息，企业要对社会公众发布其服务、产品及社会责任信息。

5）政府类信息源。政府类信息源是公众了解政府行为的直接途径，也是公众监督政府行为的重要依据。政府生产的信息不仅包括其出台的各种政策、法规、文件、报告等，还包括反映其活动的各种纪要、档案、文书等。中华人民共和国中央人民政府门户网站（以下简称"中国政府网"）是查询政府信息的重要信息源。通过该网站可以查询所有的国家政策、法律、数据、政府服务等内容，也可以链接到各部委、各省市、各中央直属国有企业的网站。

6）专业或行业信息源。专业或行业协会是人们了解有关特定专业或产业部门的最佳信息源，可以查看行业资料，竞争企业的产品目录、样本、产品说明及公开的宣传资料，行业涉及的标准与规范等。可以通过行业科研机构网站、行业生产企业网站、行业协会与学会网站、行业主管部门网站、涉及该行业的资源导航、行业或者专业知名公众号等获取该专业或行业信息。

不同用户对信息源的偏好不同，从事理论研究的科技人员喜欢选择期刊信息源，从事技术开发和产品开发的工程技术人员喜欢专利和产品样本信息源，决策管理人员钟情于综合性调研报告等信息源。

1.2.3 信息源的特点

1. 信息源的共性特点

信息源的共性特点表现在以下四个方面：

（1）信息源的积累性　由于信息是将人类的知识记载在物质载体上，因此人们可以用各种手段搜集、整理与积累人类所创造的知识、文化和技术，从而使信息不断地延续、继承和发展。

（2）信息源的复杂性　信息源数量庞大，类型与载体多样（包括声音、图像、文字、视频、动画等），具有复杂性，随着人类社会的发展与科学技术的进步信息源不断增长。

（3）信息源的再生性　信息源使用后不仅不会消耗，反而会产生增值现象。另外，信息源可以从一次信息源产生出二次、三次信息源，具有再生性。

（4）信息源的共享性　信息源可以将信息传播给不同接收者同时使用，即具有可共享性。但同时信息源也有竞争性，即谁先利用信息源谁就占据主动权与优势。

2. 图书馆各类信息源的特点

图书馆是专业的文献服务机构，其花费大量资金购买的文献数据库和纸质出版物在可靠性、权威性和系统性方面是其他信息源所无法比拟的，是查找学术信息时优先考虑的信息源。图书馆主要通过收集而不是生产信息来保障人们的信息获取。图书馆七类信息源的特点及代表案例见表1-2。

表1-2　图书馆七类信息源的特点与代表案例

信息源	特点	代表案例
图书（包括专著、教科书、工具书）	提供系统性、完整性和连续性的信息 工具书有词典、百科全书、手册等	超星汇雅书 中国统计年鉴
学术论文（期刊、学位与会议论文）	出版周期短，内容新颖、专而深，可获取科学研究前沿成果，但系统性不强	CNKI（中国知网） 万方数据知识服务平台
专利（发明、实用新型和外观设计）	可获得实用、具体的技术成果，内容新，但系统性不强	国家知识产权局专利检索系统
标准与产品资料	获得权威、实用的方法与参数	国家标准化管理委员会
机构组织信息（政府文件、技术档案与科技报告）	通过政府部门及企业发布的公开信息，了解社会需求与政府导向，发现新领域。内容广泛、种类繁多	中国政府网
馆藏目录（整合目录与各馆目录）	检索图书、期刊、报纸、特种文献等书目信息与馆藏地址	CALIS 联合目录 CASHL 开世览文
资源导航（学科信息门户）	对图书馆资源与具有学术价值的网络资源进行收集、选择、描述和组织，并提供浏览、检索、导航服务的信息网站	CALIS 重点学科导航 数据库导航 电子期刊导航

目前以互联网为代表的信息源在用户日常学习生活中起到关键作用。在面对外部环境不确定的条件下，用户对信息源重要程度的判断与最终的信息搜寻结果和效率直接相关，用户更倾向于选择自己在日常生活中最熟悉、最容易接触的信息渠道来缓解自己的不确定性。除图书馆信息源之外，还存在大量的辅助信息查询与获取的其他平台或渠道，如网络搜索引擎、门户网站、社会化媒体、政府信息发布平台、企业信息发布平台，各种信息获取平台的信息来源及实现方式的比较见表1-3。

表1-3　各种信息获取平台的信息来源及实现方式的比较

平台或渠道	主要人群	信息来源	信息处理方式	信息提供方式	是否贮存信息
图书馆	公众	从外部收集	组织整理	一对一或一对多传递	长期贮存
人际关系	交往者	自主生产	—	交换	不贮存
大众传媒	公众	自主生产	编辑编排	传播	不贮存
咨询机构	公众	自主生产	分析阐释	传递	不贮存
网络搜索引擎	公众	爬虫采集	组织整理	传播	不贮存
门户网站	公众	汇集+生产	组织整理	传播	部分贮存
机构网站	公众	自主生产	编辑编排	传播	不确定
社会化媒体	公众	用户生产	—	交换+传播	不确定

（续）

平台或渠道	主要人群	信息来源	信息处理方式	信息提供方式	是否贮存信息
政府信息发布平台	组织内人员	自主生产+收集	组织整理	交换+传递	部分贮存
企业信息发布平台	组织内人员	自主生产+收集	组织整理	交换+传递	部分贮存

1.2.4 信息源的选择

互联网为人们提供了海量的信息资源，为大数据技术提供了"原材料"支持。人们在享受着丰富信息带来便利的同时，也忍受着信息爆炸带来的困扰，如何在海量信息中准确、快速获得所需要的信息，是信息检索关注和解决的问题。信息源的选择关系到信息检索的结果与效率。

1. 信息源选择的定义

信息源选择是信息检索行为的初始环节，信息源利用是信息检索行为的后期活动，信息源选择的结果是信息源利用的开始。信息源选择指个体在面临不确定环境或特定信息需求时，面对多类型的信息源，基于个人知识结构并经由一定的心理历程做出采纳一种或几种信息源的决策。

信息源偏好与信息源选择有一定的相似性和交叉性。信息源偏好通常出现在个体做出信息源选择的决策之前。身处社会环境中的个体认知与期望相匹配，形成沉淀的"兴趣"和知识结构并作用于其思考、计划和行动中，在选择信息源时会趋向于熟悉的轨道。国外学者Savolainen 将这种由社会环境所形成的个体认知称为"信息源偏好"，并认为这种信息源偏好在很大程度上塑造了个体的信息视野。

要选择满意的、高质量的、权威的、有价值的信息源，可以从个体的信息需求考虑。如大学生的信息需求类型有学术性信息需求与非学术性信息需求，学术性信息需求在信息源的选择上以网络信息源即电子数据库为主，信息检索方式主要使用关键词进行检索，获取信息注重信息的高质量与权威性。非学术性信息需求，如就业主要选取线下信息源和网络信息源，前者包括校园宣讲会、校园招聘会、社会实践和实习场所、社会关系等；后者则包括招聘网站、学校就业指导中心网站、用人单位官网、社交网络等，其中要注重信息的可靠性。

2. 信息源选择的影响因素

信息源选择主要受到信息源的质量、时效性、经济成本三方面因素的影响。

1）信息源质量主要包括信息源的可靠性与权威性。信息源可靠性是指信息源具有较高的可信度与可用性。信息源权威性是指信息源是否具有令人信服的力量和权威，如由官方主体（如政府组织、科研机构、知名智库）发布的信息权威性更高，而在论坛等平台发布的信息权威性偏低。

2）信息源时效性指某一信息源对用户在特定时间内的需求具有价值，时效性体现在新颖性和及时性两个方面。及时性是指信息源更新内容的频率，更新频率越高，则信息源内容的新颖程度越高，即表示信息来源的网站能够针对展示内容及时更新，时效性好。

3）经济成本是信息检索尤其是获取高质量的信息和网络增值服务的重要考虑因素。目前有许多免费提供书目或文摘信息检索和获取的途径，如各图书馆的联机公共目录检索系统（OPAC）、各出版商的新书目录等。许多数据库商免费提供学术期刊的目次和文摘信息，如全球著名学术期刊出版商 Elsevier、CNKI、万方数据知识服务平台等均允许用户通过网络查看学术论文的文摘信息，而获取全文信息时通常需要支付一定费用。当然，也有些网站开放了部分已收录资源，允许用户对这些资源进行免费的检索和全文下载。

1.3　信息检索

随着信息技术的飞速发展，人们面临着海量的信息，如何有效地检索和利用这些信息成为一个重要的问题。信息检索作为解决这一问题的关键技术，越来越受到人们的关注。本小节旨在探讨信息检索的定义与分类、基本原理、检索语言和技术方法，以期读者能够对信息检索有全面深入地理解。

1.3.1　信息检索的定义与分类

1. 信息检索的定义

信息检索（Information Retrieval）由美国学者穆尔斯（C. N. Mooers）于 1950 年首次提出，起源于图书馆的参考咨询和文摘索引工作。随后在信息处理技术、通信技术、计算机和数据库技术的推动下，信息检索广泛应用于学术界与实践领域，为越来越多的人所知所用。目前信息检索的定义大体上分为广义与狭义两类。

1）广义的信息检索是指将信息按一定的方式组织和存储起来，并根据信息用户的需要找出有关信息的过程。因此，信息检索又被称为信息存储与检索（Information Storage and Retrieval），即包括信息的"存"与"取"两个环节。

2）狭义的信息检索仅指该过程的后半部分，即从信息集合中找出所需信息的过程，相当于"信息查询""信息查找"或"信息搜索"。本书将信息检索的狭义定义为用户根据研究、学习及工作的需要，利用相关信息检索系统，选择合适的检索方法，制定检索策略，从众多信息资源系统中检索出所需要信息的过程。

2. 信息检索的分类

信息检索的类型多样，根据信息检索方式、存储和检索内容的不同，可以分为不同的类型。

（1）按检索方式可以分为手工检索与计算机检索

1）手工检索主要通过各类型纸质检索工具获得信息源的线索，如果需要原始信息，还要进行二次检索。

2）计算机检索（包括脱机、联机、光盘和网络检索）不仅可以获得信息源线索，还能直接获得原始信息（如全文数据库检索）。目前，以计算机为工具通过网络进行检索已成为信息检索的主流，许多重要的数据库和大型信息系统都已连接上网。与其他检索方式相比，网络检索具有速度快、检索成本低等优点，可以快速获取检索结果，代表了信息检索发展的方向。

（2）按存储和检索的内容可以划分为以下三种

1）文献信息检索。文献信息检索是指以文献（包括文摘、题录或全文）为检索对象的、以获取文献摘要和出处等为检索目的的一类信息查询活动。例如，为了撰写开题报告，某作者需要对选题进行中外文献的收集与整理。文献信息检索主要通过文摘型数据库与全文型数据库完成。

2）数据信息检索又称为数值检索，是以数据或数值为对象的检索。如科学技术常数、各种统计数据、人口数据、就业数据、考研数据、企业财政数据等。数据信息检索主要通过数值数据库或统计数据库完成。

3）事实信息检索。事实信息检索是从检索工具或检索系统中查找某一特定事物（事件、事实）发生的时间、地点和过程等方面信息的过程。检索结果为某一事物的具体答案，如定义、概念、人物状况等。它是数值信息和系统数据信息的混合。一般需从系统中检索出所需信息后，再加以逻辑推理给出结论。事实信息检索主要通过指南数据库或全文数据库完成。

随着信息技术的不断发展，图形、图像、音频、视频等新型媒体信息快速增长，于是信息检索类型出现了一种新的三分方法，即文本检索、数值检索、音频与视频检索。新的三分法反映了信息检索概念的新发展。

1.3.2 信息检索的原理

广义的信息检索包括信息存储与检索两个过程。在存储过程中，负责信息检索系统和数据库建设的人员从大量的、分散无序的文献信息中搜集有用信息，对有用信息的外部特征（包括题名、著者、出处等）和内容特征（包括分类号、主题词、摘要等）进行标引，形成信息特征标识，并将所有信息按其标识进行有规律地组织排列，形成可检索的信息集合。检索过程是存储过程的逆过程，是对用户的信息提问（从用户的信息需求提炼出来）进行标引，形成提问特征标识，按照一定的检索规则和方式，制定检索策略，构造检索式，从信息集合中找到与提问标识一致的信息。存储是检索的基础，检索是存储的目的。广义信息检索的基本原理如图1-1所示。

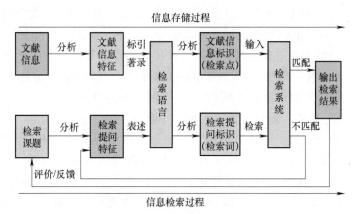

图1-1 广义信息检索的基本原理

信息检索原理的实质就是文献特征标识与检索提问标识的比较与匹配过程，也就是信息需求与信息集合的比较和匹配。比较和匹配的结果如果一致，则检索成功。信息检索原理的核心就是用户所使用的检索词或检索式与数据库中的检索词及逻辑关系之间的比较和匹配机理。

1.3.3　信息检索的语言

信息检索语言是根据信息检索的需要创造出来的一种人工语言，是用来描述信息内容和外部特征以及表达信息检索提问的一种专用语言。检索语言是信息存储与检索这两个过程都必须共同使用的语言，是连接信息存储与信息检索的桥梁，是信息用户获取所需信息的保证。

不同的检索语言构成不同的标识和索引系统，并给用户提供不同的检索点和检索途径。检索语言可按多种方式进行划分。

按照规范化程度划分为受控语言与非受控语言。受控语言又称为规范化语言，指信息组织的标识词汇以及信息检索的索引词汇在使用前经过优选和规范化处理，并且整个语言经常处于某权威机构或检索系统的管理下，例如标题词语言、叙词语言等。与受控语言相对的是非受控语言，也就是自然语言。自然语言指标引词汇和索引词汇直接来自所处理的文献本身，使用前未经优选和规范化处理，如关键词语言。

按照描述信息的特征划分为外部（形式）特征语言和内容特征语言。书名、刊名、篇名、著者、号码、文献类型、文献出版事项等是外部特征语言，比较简便直接。常见的主题词、分类号等是内容特征语言，可直接提示信息的内容特征。下面分别介绍常用的分类语言与主题语言。

1. 分类语言

分类语言是按学科、专业集中文献信息，并从知识分类角度揭示各类文献信息在内容上的区别和联系，提供从学科分类检索文献信息的途径。目前，著名的分类法有国际十进制分类法与中国图书馆分类法等。

（1）国际十进制分类法　国际十进制分类法（Universal Decimal Classification，UDC）又称为通用十进制分类法，是当前世界分类法中最为详细的分类法。目前，UDC 的各种版本已有 23 种语言文本，详表有 15 万~21 万类目。UDC 的主表分为 10 大门类，在每一类下，按照从整体到部分、从一般到特殊的原则逐级细分为大纲，大纲下划分为目，目下划分为分目。UDC 采用阿拉伯数字为主表符号，同时也采用多种符号和数字组成复分号和辅助号。号码配制原则是，尽可能用号码的级位反映类目的隶属关系。具体来说，它用个位数（0~9）标记一级类，十位数（00~99）标记二级类，百位数（000~999）标记三级类，以下每扩展（细分）一级，就加一位数。每三位数字后加一小数点。

（2）中国图书馆分类法　中国图书馆分类法原为中国图书馆图书分类法，简称为中图法，是我国目前通用的图书分类工具。中图法的体系结构有五大部类，分别为马克思主义、列宁主义、毛泽东思想、邓小平理论；哲学；社会科学；自然科学；综合性图书。五大部类下又分 22 个基本大类，构成分类表的第一级类目，如图 1-2 左侧所示。中图法的标记符号采用拉丁字母与阿拉伯数字相结合的混合号码，即用一个字母表示一个基本大类，以字母的顺序反映基本大类的序列。但"T 工业技术"类涉及的学科很多，所以使用两位字母表示大类，大类后接阿拉伯数字表示"TG 金属学、金属工艺"大类以下类目的划分，如图1-2右侧所示。

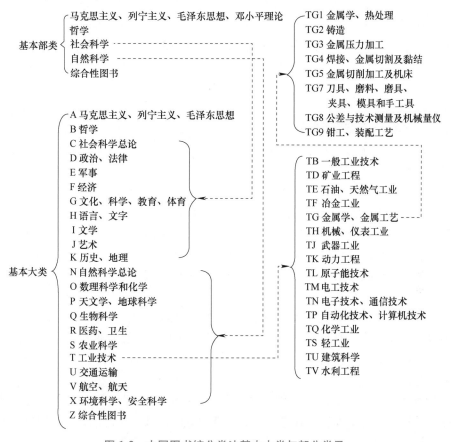

图1-2 中国图书馆分类法基本大类与部分类目

2. 主题语言

主题语言是一种从内容角度标引和检索信息资源的语言。具体来说，就是以自然语言中的词语或规范化的词语作为揭示文献主题的标识，并以此标识、编排、组织和查找文献的排检语言，可分为标题词语言、单元词语言、叙词语言与关键词语言。

（1）标题词语言　标题词语言是最早的主题语言。标题词是指从自然语言中选取并经过规范化处理，表示事物概念的词、词组或短语。它通过主标题词和副标题词固定组配来构成检索标识，但是只能选用"定型"标题词进行标引和检索，因此反映文献主题的概念必然受到限制。我国的汉语主题词表与中国分类主题词表就是标题词语言。

（2）单元词语言　单元词是能够用以描述信息所论及主题的最小、最基本的词汇单位。它是从文献内容中抽出的，再经过规范化处理，能表达一个独立的概念。单元词语言是通过若干单元词的组配来表达复杂的主题概念。

（3）叙词语言　叙词是指以概念为基础、经过规范化和优选处理的、具有组配功能并能显示词间语义关系的动态性的词或词组。叙词具有概念性、描述性、组配性，经过规范化处理后，叙词还具有语义的关联性、动态性、直观性。叙词语言综合了多种信息检索语言的原理和方法，适用于计算机和手工检索系统，是目前应用较广泛的一种语言。

（4）关键词语言　关键词语言是将描述其主题概念的具有实质意义的关键词抽出作为主题标识的一种语言方法。关键词语言的运用非常广泛，其对取自文献本身的语词不加规范或只作极少量的规范化处理，主要是除去无意义的语词，如冠词、介词、副词等，将其他有检索意义的信息单元都用作关键词。关键词语言主要适用于计算机自动化编制主题索引。由于关键词使用的是自然语言，故容易掌握，使用方便，其缺点是查准率和查全率较低。

1.3.4　信息检索的方法

常用的信息检索方法主要有直接检索法、追溯检索法、综合检索法等。

1. 直接检索法

直接利用检索工具（系统）检索文献信息的方法，是文献信息检索中最常用的一种方法，也是常用检索法。它又分为顺查法、倒查法、抽查法。

（1）顺查法　将课题按时间顺序由远及近地查找，直到查得的文献信息可以满足要求为止。由于逐年查找，故查全率较高，而且在检索过程中可以不断地筛选、剔除参考价值较小的文献，因而误检的可能性也较小。同时，这种方法能够收集到有关待检课题全面而系统的文献。

（2）倒查法　与顺查方式相反，倒查方式利用选定的检索工具，由近及远（由现在到过去）地进行逐年检索，直到满足信息检索的需要为止。使用这种方法可以最快地获得最新资料，一般用于新立项课题，比较注重近期的文献，以便掌握最近一段时间该课题所达到的水平及研究动向。

（3）抽查法　抽查法是针对学科发展特点，选择有关该课题的文献信息最可能出现或最多出现的时间段，利用检索工具进行重点检索的方法。该方法能以较少的时间获得较多的文献。

2. 追溯检索法

追溯法不利用一般的检索工具，而是利用已经掌握的文献末尾所列的参考文献，进行逐一地追溯查找"引文"的一种最简便的扩大信息来源的方法。它还可以从查到的"引文"中再追溯查找"引文"，像滚雪球一样，依据文献间的引用关系，获得越来越多的相关文献。但参考文献数量是有限的，查找的文献往往不够全面，而且往往追溯年代越远，文献内容就越陈旧，与课题的关系也就越小，所以追溯法一般是在没有检索工具或检索工具不齐备的情况下，仅作为查找文献的一种辅助方法来使用。

3. 综合检索法

综合检索法又称为循环检索法，它是把上述两种方法加以综合运用的方法。综合检索法既要利用检索工具进行常规检索，又要利用文献后所附参考文献进行追溯检索。分期分段地交替使用这两种方法，即先利用检索工具（系统）检索到一批文献，再以这些文献末尾的参考文献为线索进行查找，如此循环进行，直到满足要求为止。综合检索法兼有直接检索法和追溯检索法的优点，可根据文献和本单位工具书收藏的情况分期、分段、交叉运用不同的查找方法，既能获得一定时期内的文献，还可节约查找时间。综合检索法可以查得较为全面而准确的文献，是实际中采用较多的方法。

而对于查新工作中的文献检索，可以根据查新项目的性质和检索要求将上述检索方法融合在一起，灵活处理。

信息检索的方法多种多样，分别适用于不同的检索目的和检索要求。在信息检索过程中，具体选用哪种检索方法，取决于客观情况和条件的限制。要提高检索的效率与质量，需要不同的检索用户在遵循一些基本检索方法与技巧的基础上养成良好的检索习惯。

1.3.5 信息检索的技术

信息检索技术是指利用信息检索工具或信息检索系统，检索有关信息而采用的技术。目前计算机检索方式已被越来越多的用户使用，基于计算机检索系统的检索技术广泛应用，目前应用得较多的信息检索技术有以下几种。

1. 布尔逻辑检索

布尔逻辑检索是采用布尔代数中的逻辑"与"、逻辑"或"、逻辑"非"等算符，将检索提问式转换成逻辑表达式，限定检索词在记录中必须存在的条件或不能出现的条件。凡符合布尔逻辑所规定条件的文献，即为检索出的文献。

（1）逻辑"与"　逻辑"与"用"AND"（或"∗"）表示。检索词 A、B 若用逻辑"与"相连即"A AND B（A∗B）"，则表示同时含有这两个检索词才能被检索出，如图 1-3a 所示。例如，要检索"图书馆与教育"的文献，检索逻辑式可表示为：library AND education，或者 library ∗ education。表示两个概念应同时在一条记录中。

（2）逻辑"或"　逻辑"或"用"OR"（或"+"）表示。检索词 A、B 若用逻辑"或"相连即"A OR B（A+B）"，则表示只要含有其中一个检索词或同时含有这两个检索词的文献都将被检索出，如图 1-3b 所示。例如，要检索"计算机"或"机器人"方面的文献，检索逻辑式可表示为：computer OR robot，或者 computer+robot。表示这两个并列的同义概念分别在一条记录中出现或同时在一条记录中出现。

（3）逻辑"非"　逻辑"非"用"NOT"（或"-"）表示。检索词 A、B 若用逻辑"非"相连，即"A NOT B（A-B）"、则表示被检索文献在含有检索词 A 而不含有检索词 B 时才能被检索出，如图 1-3c 所示。例如要检索有关"能源"方面的文献，但涉及"核能"方面的文献不要，检索逻辑式可表示为：energy NOT nuclear，或者 energy-nuclear。

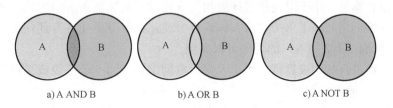

a) A AND B　　　　b) A OR B　　　　c) A NOT B

图 1-3　布尔逻辑检索示意图

"NOT"可以缩小检索范围，但必须慎用，只有当确信要从检索结果中排除一个术语或短语时才用它，否则会将有用的资料排除在外。

布尔逻辑检索注意事项如下：

1）逻辑运算符"AND/OR/NOT"的优先顺序是"NOT>AND>OR"，如果要改变运算顺序需要用半角英文"( )"。

2）不同的数据库所使用的逻辑符号形式可能是不相同的：中文数据库常用符号，英文数据库组配方式常用字母。

3）一些检索工具会通过提供菜单选项的方式实现布尔逻辑运算，如 CNKI、万方数据知识服务平台和 Web of Science 平台。

2. 截词检索

截词检索是指在检索表达式中用特定的截词符实现检索字符串与文献标引字符串部分匹配的检索技术。截词检索是一种常用的检索技术，可以扩大查找范围，从而提高查全率。不同的检索系统所采用的截词符不完全相同，一般用"？"或"＊"表示。截词检索有无限截词与有限截词两种方式。无限截词是一个符号代表多个字符，一般用"＊"表示。有限截词是一个符号只代表一个字符，一般用"？"表示。

按截词的位置不同，可以分为前截断、后截断、前后截断与中间截断。前截断是指允许词头有所变化；后截断是指允许词尾有所变化；前后截断是指允许词头和词尾均有所变化；中间截断是指允许词中有所变化。其中前截断、后截断、前后截断又分为无限截断、有限截断两种情况。

1）前截断又称左截断，是指截词符出现在字符串的开头，允许开头有所变化，如"＊logy"能够检索出含有"biology""technology"等词的记录。

2）后截断又称右截断，是指截词符出现在字符串的结尾，允许词尾有所变化如"comput＊"可检索出"computer""computing""computation"等。

3）中间截断保持词的前后方一致，是指截词符出现在字符串的中间。如"wom？n"可检索出"woman"和"women"。

4）前后截断保持词的中间部分一致，是指截词符出现在字符串的开头与结尾，输入"＊chemi＊"可以检索出"chemical""chemistry""biochemical"等词的记录。

3. 位置检索

位置检索又称邻接检索，是指用一些特定的位置运算符来表达检索词之间邻近关系的检索技术。位置运算符的主要作用是限定检索词间的间隔距离或前后顺序，从而提高检索的深度和准确性，避免误检。主要有三种位置算符。

1）词级位置算符：用于限定检索词的相互位置以满足某些条件，包括（W）、（N）算符，（W）指检索词之间除了单个空格、标点符号或连接号外不允许有任何单词或字母，且词序位置不能颠倒，但是（N）的词序可以颠倒。

2）子字段级或自然句级算符：用于限定检索词出现在同一子字段或自然句中，其先后顺序可以变换，一般用（S）表示，是"sentence"的缩写。

3）字段级算符：用于限定检索词出现在数据库记录中的某个字段，如题名字段、主题字段、文摘字段等，字段级算符用（F）表示，是"field"的缩写。

不是所有的系统都支持位置检索，在支持位置检索的系统中也不是所有字段都能用位置检索。不同的检索系统有不同的位置运算符，如 Web of Science 平台的位置运算符有多种。词组限制用英文状态（或半角）的""将检索词引起来，""内的表示短语，检索出与""内形式完全相同的短语，以提高检索的准确度，如"shar＊econom＊"。

"near/n"表示两词间距小于 n 个单词，且前后位置不固定，如"ecological near/1

compensation"。

"onear/n"表示两词间距小于 n 个单词，且前后位置固定，如"information onear/0 retrieval"等同于"information retrieval"。

"SAME"表示两词出现在同一句或同一字段中，如 Web of Science 平台在"地址"检索中，使用 SAME 将检索限制为出现在"全记录"同一地址中的检索词，例如：AD =（Nanchang University SAME Life）查找在"地址"字段中出现"Nanchang University"以及"Life"的记录，也就是检索南昌大学生命学院的论文。

中文数据库中位置运算符一般通过"精确"或者"模糊"来实现，"精确"表示检索词以完整形式出现，"模糊"表示检索词中间可以插入其他词。

4. 字段限定检索

字段限定检索是指通过特定的限制符把检索词限定在具体的检索字段中的检索技术。检索字段称为检索点、检索入口或检索途径，不同的检索系统与不同的文献类型提供的检索字段的名称与数量不同，大多数的检索系统限制检索字段通常有两种方式：

1）通过下拉菜单选择检索字段。此时，字段名一般用全称表示，如题名、摘要、Title、Abstract 等。

2）输入检索字段符限定检索字段。外文数据库一般用两位字符代表具体检索字段，如 SU = 主题、TI = 题名、KY = 关键词、AB = 摘要、AU = 作者、AF = 机构、JN = 文献来源、PY = 出版年，不同数据库的检索字段不同，要看各个数据库的检索说明。

在 Web of Science 平台的命令检索模式中，使用字段检索时，基本索引字段由"/"与字段代码组成，放在检索词或检索式的后面，例如：boiler/ti 表示将检索词限定在篇名字段"ti"中。

在 CNKI 中检索词与检索字段的关系主要用"精确"和"模糊"限制符表示，还有前方一致、后方一致、包含、大于、小于等限制符。大多数的检索系统默认为"包含"限制符。采用精确检索与采用模糊检索的结果相差较大。

若运用字段限制检索，计算机检索系统则只在指定的字段中进行查找，既提高了检索的准确性，又提高了检索的效率。

1.3.6 信息检索的步骤

广义的信息检索策略就是在分析检索提问的基础上，确定检索工具、检索用词，并明确检索词之间的逻辑关系和查找步骤的科学安排，也就是信息检索步骤。

基于计算机的信息检索步骤一般包括：分析研究选题，确定检索词；确定检索方法，构建检索式；选择检索系统，进行初步检索；评价检索结果，调整检索策略；整理相关文献，获取文献原文等5步，其详细流程如图1-4所示。

1. 分析研究选题，确定检索词

（1）通过分析选题，要明确选题的学科范畴、资源类型与检索范围

1）明确选题所需的学科范畴。明确学科范畴有两方面的作用，一方面是保证选题与用户的学科专业方向相符合，另一方面可能影响系统检索的速度及检出文献与用户的信息需求的契合度。

2）明确资源类型。文献类型有图书、期刊、会议论文、学位论文、科技报告、专利

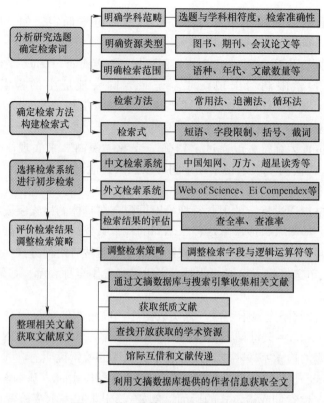

图1-4 基于计算机的信息检索步骤

等，如果是研究生开题报告，以期刊、会议论文、学位论文为主；如果是新产品开发，以专利文献为主。

3）明确检索范围。即要明确检索信息的语种是中文、英文，或中英文；检索年代是所有年份还是近10年或近20年；检索文献数量大概控制在多少篇以内等。

（2）提取检索词，要注意以下三点

1）提取选题当中必须满足的显性概念，概念尽量拆分成最小单元；显性概念必须是有实质性意义的词语。同时要扩充检索词，但注意不是所有的概念都需要扩充，只有重要概念才需要扩充。如选题"居民碳中和支付意愿"进行概念的拆分后有居民、碳中和与支付意愿三个词，其中碳中和、支付意愿这些重要概念要进行扩充。

2）深入分析选题，把握选题当中的潜在概念。潜在概念需要用户深入分析自己的选题才能获得。可以利用中文数据库的辅助功能，如超星发现系统的可视化关键词图表，CNKI二次检索中的关键词，万方数据知识服务平台的推荐检索词或关键词对知识脉络进行分析。比如碳中和与节能减排、新能源、气候变化等相关，因此节能减排、新能源、气候变化是潜在概念。

3）利用搜索引擎、主题词表、数据库功能等辅助工具来查找同义词、上位词、下位词和相关词，还可以从已有的高质量的文献中获取这些词。检索中要尽力去寻找那些比较专业的检索词。

2. 确定检索方法，构建检索式

确定检索词后要进行检索方法的选择。检索方法主要有三种：常用法、追溯法与循环法。大多数检索采用循环法，也就是常用法和追溯法的结合。确定检索方法后就要构建检索式，即用短语检索、字段限制检索、括号检索和截词检索等信息检索技术把基本检索词构建成复杂的检索式。检索式是狭义上的检索策略，检索式是影响信息检索效率的重要因素。

3. 选择检索系统，进行初步检索

各检索系统收录的文献范围存在交叉、重合、各有侧重的现象。因此，在选择检索系统时，应根据检索需求来做决策。通常应着重选择学科或领域特色文献的检索系统，其他检索系统作为补充，综合型检索系统是作为缺少针对性特色检索系统情况下的首选。检索结果处理以及报告方式的不同也影响了检索系统的选择，有的课题需要对检索到的文献进行二次加工，所以应优先选择提供结果导出功能的检索工具，并在同类检索系统中优中选优。

确定检索系统首先可以利用网络学术搜索，比如利用百度学术搜索，初次检索确定信息源，也可以利用图书馆主页提供的发现系统，比如利用南昌大学图书馆提供的智慧搜索来进行初次检索。还可根据图书馆提供的数据库导航以及图情机构或领域专家的推荐来确定初次检索系统。

中文文献检索可首选 CNKI、万方数据知识服务平台及超星读秀等综合性检索系统，外文文献检索可首选 Web of Science、Ei Compendex 等权威型文摘信息检索系统。

4. 评价检索结果，调整检索策略

检索后要对检索结果进行评估，检索评估主要是评估查全率与查准率。查全率是衡量信息检索系统在实施某一检索作业时检出相关文献能力的一种测度指标，指检出的相关文献量占系统中相关文献总量的百分比。查全率反映检索的全面性，其计算方法为：

$$R(\text{查全率}) = \frac{\text{检出的相关文献量}}{\text{检索系统中的相关文献总量}}$$

查准率是衡量信息检索系统在实施某一检索作业时检索精确度的一种测度指标，指检出的相关文献量占检出的文献总量的百分比。查准率反映检索精确性，其计算方法为：

$$P(\text{查准率}) = \frac{\text{检出的相关文献量}}{\text{检出的文献总量}}$$

调整检索策略首先可以调整检索字段，如题名与主题字段的调整。其次可以增加或删除上位词、近义词与同义词。再次可使用一些参考文献检索，引证文献检索及数据库的相关链接来获取更多的文献。如检索"碳中和"的文献通过 CNKI 的参考文献或引证文献增加检索词"新能源""节能减排""清洁能源""能源结构"等。

5. 整理相关文献，获取文献原文

将各数据库中检索出的文献导出到文献管理软件后查重，通过多种方式筛选与整理相关文献，做到重要文献不遗漏，客观、公正、准确、清晰地反映选题的真实情况。可根据文献的相关度、权威性与新颖性进行标识，将选中的文献按相应的格式整理。有些文献想要获取全文，可以通过以下方式：

1）通过文摘数据库与搜索引擎一站式链接到全文。通过文摘数据库与搜索引擎查到文摘或题录信息后，如果学校或单位购买了该论文的全文版权，就可点击链接下载全文。也可

从学校或单位提供的全文型数据库中检索、下载全文。

2）查找馆藏书目系统 OPAC 来获取纸质文献。通过 OPAC 获取所需文献的索书号与馆藏地，根据索书号与馆藏地获取纸质全文。

3）查找开放获取的学术资源。主要有开放获取期刊、开放存取资源图书馆、OA 期刊文献检索系统等。更多开放获取资源见第 5 章内容。

4）馆际互借和文献传递。常用的馆际互借与文献传递系统有国家科技图书文献中心、中国高等教育文献保障系统、中国高校人文社会科学文献中心、超星读秀学术搜索等。

5）利用文摘数据库提供的作者信息，如电子邮箱直接获取全文。

1.4　信息检索系统

为了从大量信息中及时获得特定需求的信息，必须借助于一定的检索系统。检索系统是人们为了解决海量信息和对信息的特定需求之间的矛盾开发的，并且随着这种矛盾的逐步加深，检索系统的功能不断完善，应用领域在不断扩展，同时信息检索系统也极大地满足了人类查找信息资源的需求。

1.4.1　信息检索系统的定义

广义的信息检索系统是专门进行信息的收集、处理、存储、检索并满足用户信息需求的系统，包括传统的二次、三次印刷型检索工具、面向计算机和网络的联机数据库检索系统、光盘检索系统以及搜索引擎等各种网络检索系统。在信息检索的不同发展阶段，信息检索系统有不同的称呼，在手工检索阶段，主要称为信息检索工具，它报道文献信息的存在，揭示文献信息的内容，帮助科技人员迅速、准确地查找到所需文献线索，具有报道、存储与检索的作用。因此，检索工具实际上就是科技人员查找文献的一把钥匙。

在计算机检索阶段，信息检索系统是信息检索所用的硬件、软件以及数据库的总和。其中硬件资源包括具有一定性能的计算机主机、外围设备以及与数据处理或数据传输有关的其他设备；软件资源包括系统软件（如操作系统、输入输出控制程序）和应用软件；数据库是在计算机存储设备上按一定方式存储的信息资源的集合，数据库由字段、记录和文档构成。

1.4.2　信息检索系统的分类

1. 按收录范围划分

（1）综合性检索系统　综合性检索系统收录的学科范围比较广，所涉及的文献类型和语种也比较多，对于查找不同学科或专业有关文献的科技人员来说是很重要的检索系统。中文数据库如 CNKI、万方数据知识服务平台、超星读秀、百链等，整合多种文献类型如期刊、会议论文、博硕论文、专利、成果、标准等在一个平台上。外文数据库如 Web of Science、EV（Engineering Village）可检索期刊、会议、图书等多种文献类型。

（2）专业性检索系统　专业性检索系统所收录的学科范围比较窄，仅限于报道某一学科或专业的文献，但收录的文献类型较全，适合科技人员查找某一学科或某一专题的文献时使用。如 BIOSIS Previews（生物学文摘数据库）、PubMed（生物医学信息检索系统）、EM-BASE（生物医学与药理学文摘型数据库）、SciFinder Scholar（化学文摘网络数据库学术版）等。

（3）网络信息检索系统　网络信息检索系统分为 web 资源检索工具与非 web 资源检索工具，其中非 web 资源检索工具包括文件传输协议（FTP）类的检索工具、远程通信网（Telnet）类的检索工具、基于菜单式的检索工具；web 资源检索工具包括搜索引擎、目录型检索工具与多元搜索引擎。搜索引擎是一种很重要的网络信息检索系统，它可以利用计算机程序将互联网上海量的信息进行整合、加工以及重组，用以满足用户的需求，比较著名的搜索引擎有 Google、百度、必应等。

2. 按著录形式划分

（1）目录　目录是对书刊及其他单独成册出版的单位出版物外表特征的揭示和报道。其特点是按种类为单位进行记录与报道，对文献的描述比较简单，只记述外部特征（如题名、著者、出版事项等），按一定方法组织排列成各种不同种类的目录。目录的种类有很多，按文献的类型划分，有图书目录、报刊目录、标准目录等；按载体形式划分，有卡片式目录、书本式目录、机读式目录等；按检索途径划分，有书名目录、著者目录、分类目录、主题目录等；按作用划分，有出版发行目录、馆藏目录等。

（2）题录　题录是对单篇文献外表特征的揭示和报道。题录以一篇文献为著录单位，如期刊中的一篇文章、图书中的一部分，这是它与目录的主要区别。题录报道文献的速度较快，收录范围较广，是查找最新文献线索较好的工具。题录的著录项目包括文献篇名、著者姓名、文献出处（出版物名称、卷、期、页码、出版年份）等。

（3）文摘　文摘是通过描述文献的外部特征和简明深入地摘录文献内容要点来报道文献的一种检索工具。其特点是以简练的形式，将某一学科或专业的原始文献的主题、范围、目的、方法等做简略、准确地摘录。文摘是在目录、题录的基础上发展起来的，它不仅著录文献的外表特征，还将文献的内容进行浓缩以揭示文献的基本观点、方法和结论等，故文摘与目录、题录相比，只是增加了内容摘要部分。文摘性检索工具是检索工具的主体，也是科技工作者最常用的检索工具。

（4）索引　索引也称"引得"，是将文献中的各种知识单元以一定的原则和方法排列起来的一种辅助工具。这些知识单元可以是论文题目、人名、地名、名词术语，也可以是分子式、结构式、各种号码（分类号、报告号、专利号、索取号等）、各种缩写字等。文摘性检索工具一般都附有辅助索引，如主题索引、著者索引、分类号索引等。检索者通过各种辅助索引，可从不同角度查找所需文献线索。

3. 按报道文献类型的数量划分

（1）多种类型文献的检索系统　这种检索系统收录报道图书、期刊、专利、科技报告、会议文献等之中的两种以上类型的文献。如 IEL（IEEE Electronic Library）数据库收录了期刊、会议、标准等多种类型文献。

（2）单一类型文献的检索系统　这种检索工具只收录报道一种类型的文献，但收录较全，利用它查找特定类型的文献比利用多种类型文献的检索工具的效果要好。如维普中文科技期刊数据库、Nature 电子期刊数据库、Emerald 期刊数据库、Springer 期刊数据库、Taylor & Francis 期刊数据库以及 Cambridge Journals Online 等都是收录期刊这一种文献类型。

1.4.3 信息检索系统的选择

人们在学习、工作和研究过程中，具有各种各样的信息需求，这些需求往往是通过信息检索系统来解决的。除了图书馆传统检索工具外，网络信息搜索系统有搜索引擎、元搜索引擎、主题目录、专题数据库、网络数据库等，网络数据库是最主要的学术信息检索系统。信息检索系统的选择，不仅要考虑检索的时间和效率，也要考虑成本、用户体验等。

1. 信息检索系统选择的基本原则

（1）全面性与广泛性　为保证所选资源全面广泛，检索时以综合性文摘库为主，电子期刊和全文数据库为辅，Dialog 数据库系统作保障，充分利用互联网免费的学科信息资源作补充。同一种内容的大型检索工具尽量选择网络载体形式的，能准确而快捷地获取信息。

（2）权威性与专业性　检索时除了要选择 Web of Science 核心合集、工程索引（EI）、中文社会科学引文索引（CSSCI）、中国科学引文数据库（CSCD）等权威性较强的数据库，还同时要注重选择专业性信息检索工具，这些专业信息检索工具搜集更为全面，查检使用更直接方便。

（3）时效性　检索时选择持续更新且更新快的数据库，选择电子期刊、学会/协会数据库以弥补文摘索引数据库的滞后性。

（4）经济性　选择图书馆电子资源（自有资源）为主，利用 Dialog 数据库系统进行扫描、充分利用网络免费资源如开放获取（OA）资源作为补充。

以上只是信息检索系统选择的一般性原则，在检索某些特殊的具体问题时，不能囿于这些原则，应当针对问题，选择最恰当的信息检索系统。此外，选择信息检索系统时，还要根据本人、本地拥有信息检索系统的实际情况进行取舍。各种信息检索系统的检索方式、检索功能、检索手段都有许多相通之处，多上机实践，了解它们的特点，掌握检索的技巧，通过比较分析才能对信息检索工具有较全面、系统地把握，才能为选择使用信息检索系统打下基础。

2. 网络信息检索系统选择考虑因素

在学术信息检索中，大家通常优先选用综合型的检索系统，因为它们内容丰富、体量大、学术质量高、检索便捷，能提供准确的文献线索或原文链接，深受学者青睐。但是，无论这些检索系统有多大的规模，都无法囊括全球数以万计出版者的出版内容。因此，需要选择多个网络信息检索系统，网络信息检索系统选择时主要考虑以下 5 个方面的因素：

（1）收录范围　包括年度跨度、更新频率、来源文献数量、来源文献质量、来源文献的全面性、特色收藏等。

（2）检索功能　包括检索方式、检索入口、结果处理、检索效率、检索界面等。

（3）服务功能　包括资源整合、个性化服务、交互功能、全文提供服务、链接功能、离线配套服务、检索结果分析等。

（4）收费情况　包括收费方式、价格高低等。

（5）网络安全　包括系统安全、用户信息安全等。

3. 专业型的信息检索系统选择案例

信息检索系统大多是针对特定的文献类型和学科类别，选择性地收录各家出版社的文献。要想较全面系统地收集某一学科专业的所有学术文献，除了整合型或综合性的检索工具外，专业学会协会的检索工具与出版社自建的检索系统都可对其进行补充。下面介绍 10 个学科的专业型信息检索系统。

（1）农林学科专业型信息检索系统　该学科专业型中文检索系统有中国农业科技文献数据库（CASDD）、林业科技数据库群跨库检索平台、中国农业信息网与中国林业信息网等。外文文摘索引检索系统有 Web of Science 平台下的 BIOSIS citation index、国际农业与生物科学文摘数据库（Center for Agriculture and Bioscience International，CABI）、国际农业科学和技术情报系统（International System for Agricultural Science and Technology，AGRIS）、美国农业文献索引（AGRICOLA）数据库、食品科学与技术文摘（Food Science and Technology Abstracts，FSTA）等。外文网络资源有联合国粮农组织（FAO）等。

（2）气象学科专业型信息检索系统　该学科专业型检索系统主要有中国气象科学研究院博士硕士学位论文数据库、大气科学数据库、气象科研数据库及气象学与地球天体物理学文摘数据库、美国气象学会（American Meteorological Society，AMS）期刊等。气象专业网与专业搜索引擎主要有中国天气网、气象科技网、中国气候变化网、中国防雷信息网、中国沙尘暴网、中国干旱气象网、中国台风网、中国兴农网、中国气象数据网、中国气象科学数据共享服务等。

（3）化学化工学科专业型信息检索系统　该学科专业型检索系统主要有中国化学会门户、美国化学学会（ACS）数据库、化学文献（SciFinder）数据库、英国皇家化学学会（RSC）数据库等。

（4）数理学科专业型信息检索系统　该学科专业型检索系统主要有美国数学学会数学评论数据库（MathSciNet）与美国数学学会期刊（AMS Journals）、清华大学数字图书馆（SIAM Digital Library）、美国物理联合会（AIP）数据库、美国物理学会（APS）数据库、英国物理学会（IOP）电子期刊等。

（5）地球与环境科学学科专业型信息检索系统　该学科专业型检索系统主要有中国地质调查局"地质云"门户、国家地球系统科学数据中心共享服务平台、中国古生物地层知识库、勘探地球物理学家协会（SEG Library）、美国地球科学世界（GeoScienceWorld）数据库等。

（6）建筑与土木工程学科专业型信息检索系统　该学科专业型检索系统主要有中国知网建筑行业知识服务中心、中国建筑数字图书馆、美国土木工程师学会图书馆（ASCE Library）、英国土木工程师协会虚拟图书馆（ICE VirtualLibrary）等。

（7）机械电子学科专业型信息检索系统　该学科专业型检索系统主要有工程科技数字图书馆、先进制造业知识服务平台、全球产品样本数据库、CIDP 制造业数字资源平台、美国机械工程师学会出版物（ASME digital Collection）、美国计算机协会数字图书馆（ACM digital Library）等。

（8）生物医学学科专业型信息检索系统　该学科专业型检索系统主要有 BIOSIS Previews 生物学文摘数据库、PubMed 生物医学信息检索系统、EMBASE 生物医学与药理学文摘型数据库、SciFinder Scholar 化学文摘网络数据库学术版等。

（9）经济管理学科专业型信息检索系统　该学科专业型检索系统主要有国务院发展研究中心信息网、中国经济信息网、中国资讯行（Infobank）数据库、商业和经济管理资源全文数据库完整版（ABI/INFORM Complete）、世界银行在线图书馆（World Bank E-library）、商管财经类全文数据库基础版/完整版/旗舰版（EBSCO BSP/BSC/BSU）与爱墨瑞得（Emerald）数据库等。

（10）法学法律学科专业型信息检索系统　该学科专业型检索系统主要有"北大法宝"法律信息检索平台、法意科技中国法律资源库、法律之星、律商联讯（LexisNexis）法律数据库、万律（Westlaw）、威科国际商事仲裁在线（Kluwer Arbitration）数据库等。

总之，综合型检索系统收录范围广、学科覆盖面大，是查找文献线索的利器，部分检索系统提供原文链接，但本身不提供原文。另外，它们对各出版社文献的收录是有选择性的，不能涵盖所有出版物。专业型检索系统能全面揭示所出版的原始文献，一般还开放题录、文摘索引的免费检索，侧重于某学科，因此专业型检索系统在信息检索中也起着重要作用。

思 考 题

1. 谈谈信息检索学习的重要性和必要性。
2. 简述信息的分类及其各自的特点。
3. 简述信息源的分类与选择。
4. 简述信息检索技术。
5. 简述信息检索步骤。
6. 举例说明自己所学专业可选择的信息检索系统。

第 2 章

国内信息检索系统

本书第 1 章介绍了信息、信息源、信息检索与信息检索系统的基本知识。通常使用的信息检索系统有多种分类方式，有的按国内或国外进行划分，有的按中文或外文进行划分，有的按文献类型划分，还有的按学科类别划分。本章与第 3 章分别介绍国内外信息检索系统，第 4 章介绍特种文献信息检索系统。本章内容包括常用的国内信息检索系统的介绍，如中国知网、万方数据知识服务平台、维普资讯、超星读秀与百链、中国生物医学文献服务系统。各系统的收录范围见表 2-1。

表 2-1　国内信息检索系统收录范围

数据库名称	收录范围
中国知网	学术期刊、博士学位论文、硕士学位论文、会议论文、报纸、年鉴、专利、标准、科技成果、统计数据、工具书、图片、学术辑刊、法律法规、政府文件、科技报告等中文资源以及部分外文资源
万方数据知识服务平台	期刊、学位论文、会议论文、视频、成果、专利、标准、法规库、地方志、视频等中文资源以及部分外文资源
维普资讯	期刊、学位、会议论文、专利、标准、报告、报纸、成果、法律法规、政策等
超星读秀与百链	图书、期刊、报纸、会议论文、学位论文等文献资源，提供图书封面页、目录页及部分正文内的试读
中国生物医学文献服务系统	期刊、学位论文、会议论文、汇编

2.1　中国知网

中国知网（https://www.cnki.net）也称为中国知识基础设施工程（China National Knowledge Infrastructure，CNKI），是由清华大学、清华同方股份有限公司发起的。目前使用的是新版总库平台 KNS8.0，正式名为 CNKI 中外文文献统一发现平台，也称全球学术快报 2.0，是学生与教师使用频率最高的综合性信息检索平台。

2.1.1　数据库简介

CNKI 收录的文献涵盖自然科学、工程技术、医学、农业、生物、文学、历史、哲学、政治、经济、法律、教育等领域，其文献数据每日更新，支持跨库检索，具有强大的分析功能与知网节文献关联检索功能。除此之外，还有研究与学习平台、行业平台、出版平台、评价系统、专题知识库与软件产品等。

CNKI 资源总库为一系列大规模集成整合各类文献资源的大型全文数据库和二次文献数据库，以及由文献内容挖掘产生的知识元数据库，是一个以统一导航、统一元数据、统一检索方式、统一知网节为基础的一框式检索平台。它提供多字段的中英文统一检索，文献支持手机阅读、HTML 阅读、AI 辅助阅读、CAJ 下载与 PDF 下载等。

CNKI 资源总库深度整合海量的中外文文献，包括 90% 以上的中国知识资源，累计中外文文献量逾 5 亿篇。其中包括来自 80 余个国家和地区，900 多家出版社的 8 万余种期刊［覆盖期刊引文报告（JCR）的 96%，斯高帕斯（SCOPUS）的 90% 以上］、百万册图书等。CNKI 共收录国内学术期刊 8500 多种，最早可回溯至 1915 年。

2.1.2 检索方式

中国知网平台首页的检索模块包含文献检索、知识元检索和引文检索三种，其中通过文献检索的子库有中国学术期刊全文数据库、学位论文库、专利全文数据库与中国重要报纸全文数据库（通过单击报纸可以找到中国重要报纸全文数据库）等；通过知识元检索的子库有工具书库与学术图片数据库等；通过引文检索的子库有中国引文数据库。文献检索与知识元检索可以进行跨库检索，也可进行单库检索。

中国知网的文献检索界面简洁方便，分为简单检索、高级检索、专业检索、作者发文检索与句子检索等，系统默认的是简单检索。检索系统提供 AND、OR 与 NOT 的逻辑组配功能。全文浏览分 CAJ 和 PDF 两种格式，要浏览全文需提前下载并安装 CAJ 浏览器或 PDF 浏览器，系统推荐使用 CAJ 浏览器。中国知网的主界面即简单检索界面如图 2-1 所示。

图 2-1 中国知网的简单检索界面（主界面）

（1）简单检索 简单检索又称为快速检索或一框式检索，其界面仅提供一个检索词输入框，系统提供的检索字段有主题、篇关摘、关键词、篇名、全文、作者、第一作者、通讯作者、作者单位、基金、摘要、小标题、参考文献、分类号、文献来源与 DOI 等。简单检索默认为跨库检索，也可选择单库检索。

简单检索的步骤为先选择文献类型，再选择检索字段，接着在"检索词输入框"中输入检索词，最后单击"检索"。

（2）高级检索 在中国知网主界面或在基本检索结果页中单击"高级检索"进入高级检索界面，如图 2-2 所示，高级检索界面主要分为两个部分：上半部分为检索条件输入区，下半部分为检索控制区。检索条件输入区默认显示主题、作者、文献来源 3 个检索框，可自由选择检索字段与检索字段间的逻辑关系。单击检索框后的"+""-"按钮可添加或删除检索字段，最多支持 10 个检索字段的组合检索。检索控制区主要是对检索结果进行范围控制，控制条件包括网络首发、增强出版、基金文献、中英文扩展、同义词扩展与时间范围等。

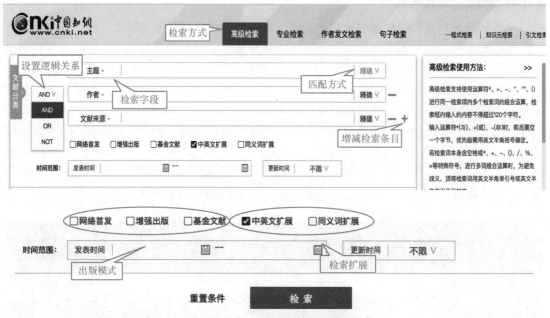

图 2-2　中国知网的高级检索界面

　　高级检索提供的多个检索字段与简单检索基本一致，支持多字段逻辑组合，并可通过选择精确或模糊的匹配方式、检索控制等方法完成较复杂的检索，得到符合需求的检索结果。多字段组合检索的运算优先级，按从上到下的顺序依次进行。

　　（3）专业检索　在高级检索界面单击专业检索即可进入专业检索界面。专业检索需要检索者根据系统的检索语法编制检索式进行检索，适用于熟练掌握检索技术的专业检索者。专业检索要注意检索字段代码必须大写，如将某检索式输入专业检索界面的检索式输入框，并选择合适的文献范围，单击"检索"按钮即可检索到相关文献，检索结果界面如图 2-3 所示。

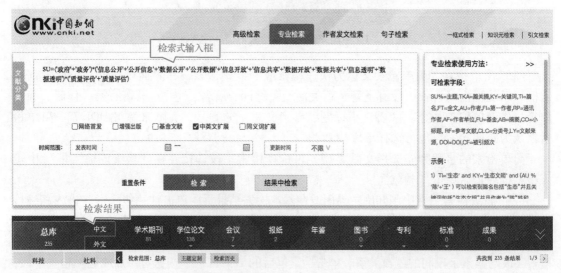

图 2-3　中国知网的专业检索结果界面

专业检索支持跨库检索，可以对期刊、学位论文、会议、标准、成果等子数据库提供专业检索功能，每个子数据库的检索字段有较小的差异，检索语法规则相同。

（4）作者发文检索 在高级检索界面单击"作者发文检索"即可进入作者发文检索界面，如图2-4所示。作者发文检索通过输入作者姓名及其单位信息，可检索某作者发表的文献。

图2-4 中国知网的作者发文检索界面

（5）句子检索 在高级检索界面单击"句子检索"即可进入句子检索界面。句子检索是通过输入的两个检索词，在全文范围内查找同时包含这两个检索词的句子，找到有关事实的问题答案。句子检索不支持空检，同句、同段检索时必须输入两个检索词。

例如检索同一句包含"元宇宙"和"数字档案"的文献。选择在同一句中，同时输入这两个检索词，检索结果如图2-5所示，"句子1"为查找到的句子原文，"句子来自"为这两个词所在的句子出自的文献题名。除此之外，还可以在同一段落中限定两个检索词之间的邻近程度，这就是位置邻近检索。

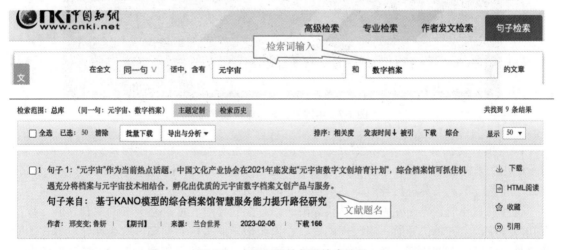

图2-5 中国知网的句子检索结果

（6）知识元检索 在中国知网主界面中，知识元检索就在文献检索下方，单击即可切换为知识元检索界面（见图2-6），可依据自身需求输入检索条件，并可勾选下方选项，选择自己所需的检索内容。

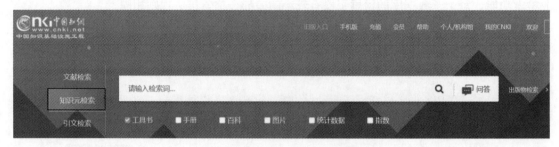

图 2-6　中国知网的知识元检索界面

知识元检索中包含工具书、手册、百科、图片、统计数据、指数，其中工具书模块包括各类字典、词典、传记、年表以及图谱等相关内容；手册模块可对知网收录的各类实用手册中相关内容进行截取；百科模块可依据输入的关键词，给出相应的概念解释；图片模块可对与检索词相关的各类图片进行检索，并可根据需求对图片的颜色、类别等进行筛选；统计数据模块可对与关键词相关的各类统计数据进行检索，将直接进入中国社会经济大数据平台进行检索；指数模块可确认自己关键词的学科领域、热点程度，判断研究价值。

（7）引文检索　单击中国知网主界面的知识元检索下方的"引文检索"，再单击"中国引文数据库"进入如图 2-7 所示的中国引文数据库检索界面。这里可检索的字段有被引文献的主题、题名、关键词、摘要、作者、单位以及来源等。检索结果默认按照相关度进行排序，可根据检索需求进行排序方式选择，如按照被引频次排序。除了按被引文献检索外，还可按被引作者、被引机构、被引期刊、被引基金、被引学科、被引地域及被引出版社进行检索。

图 2-7　中国引文数据库检索界面

（8）出版物检索　在基本检索界面，单击高级检索下面的"出版物检索"，进入如图 2-8 所示的出版来源导航界面，单击下拉列表框，可对期刊、学术辑刊、学位授予单位、会议、报纸、年鉴、工具书等进行导航，其中期刊导航使用最多。

选择期刊导航，界面左侧提供学科导航、卓越期刊导航、社科基金资助期刊导航、数据库刊源导航、主办单位导航、出版周期导航、出版地导航与核心期刊导航 8 种导航方式。除此之外，还提供全部期刊、学术期刊、网络首发期刊、世纪期刊等浏览方式。期刊导航界面如图 2-9 所示。

期刊导航下方的输入框提供了刊名（曾用刊名）、主办单位、ISSN、CN 等检索字段。选择网络首发期刊，显示有 2564 种期刊，单击《管理世界》的期刊名称，进入此期刊的详

图 2-8　出版来源导航界面

图 2-9　期刊导航界面

细界面，可以看到刊名的基本信息、出版信息、影响因子（复合、综合）及被数据库收录情况、刊期浏览、刊物目录等，如图 2-10 所示。

图 2-10　《管理世界》的详细界面

用户可以注册个人账号使用 CNKI 的个性化功能，可保存总库检索设置，可使用"我的CNKI"提供的相关功能，例如检索结果的文献收藏与关注、检索订阅以及各种操作历史记录等。

2.1.3 检索案例

想利用中国学术期刊全文数据库检索"城市绿地对雾霾天气影响"方面的核心期刊文献。首先要进入中国学术期刊全文数据库，有两种方式进入，一种方式是在中国知网首页单击"学术期刊"，进入学术期刊库，另一种方式是在首页单击"高级检索"，在检索界面下方选择数据库进入单库高级检索。案例具体检索步骤如下：

（1）选择检索方式与字段　在如图 2-11 所示的高级检索界面中，在第一个检索框选择主题字段，输入："绿地+绿化+城市森林+城市公园"，选择布尔逻辑算符 AND，在第二个检索框同样选择主题字段，输入："霾+颗粒物+PM2.5+PM10"，来源类别选择 CSSCI 与 CSCD。

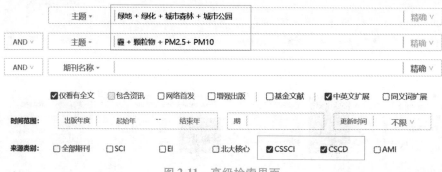

图 2-11　高级检索界面

（2）检索结果显示与排序　单击"检索"后检索结果界面如图 2-12 所示，可按摘要显示也可按列表显示。默认每页显示 20 条记录，用户可根据需要在 20 条、30 条、50 条中选择。检索结果排序可按相关度、发表时间、被引、下载与综合 5 种方式进行。

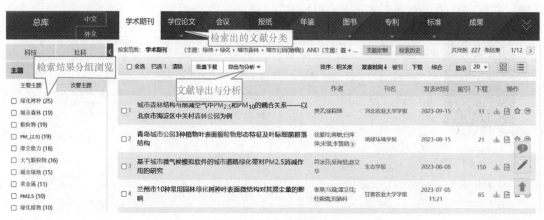

图 2-12　检索结果界面

（3）检索结果分组　检索结果界面左侧是分组浏览或筛选区，提供主题、学科、发表年度、研究层次、文献类型、文献来源、作者、机构、基金等多种分组方式，支持多个条件的组合筛选，通过分组筛选可快速获取所需文献。大部分分组项的内容按文献量排序，部分分组项采用特有的排序标准，分组同时进行权威性推荐。如作者分组按作者 H 指数排序后显示，学术期刊库的期刊分组按期刊的 CI 指数排序后显示。

（4）文献导出　通过选择检索结果界面篇名前的复选框，选择需要导出的文献，然后单击"导出与分析"按钮，用户可根据需要选择不同的引文格式，如 GB/T 7714—2015 格式引文、知网研学（原 E-Study）、CAJ-CD 格式引文、MLA 格式引文、APA 格式引文、查新（引文格式）、查新（自定义引文格式）、Refworks、EndNote、NoteExpress、NoteFirst、自定义等。如果选择自定义，系统会提供多个字段选择，用户可根据自己的需求选择输出字段。

（5）文献计量可视化分析　除导出文献之外，还可对检索结果进行可视化分析。在"导出与分析"的"可视化分析"选项中，选择"全部检索结果分析"选项，系统会以图表的形式从文献发表总体趋势分析、主要主题分布、次要主题分布、学科分布、研究层次分布、文献类型分布等多维度对检索结果进行可视化显示，文献总体趋势可视化分析如图 2-13 所示，文献主要主题分布如图 2-14 所示。

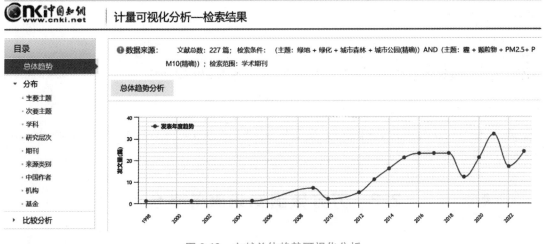

图 2-13　文献总体趋势可视化分析

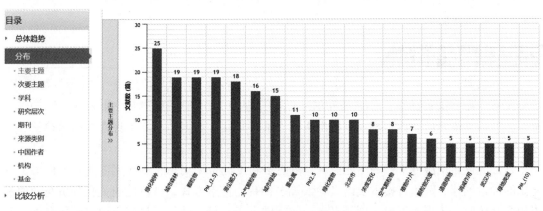

图 2-14　文献主要主题分布

（6）文章详细信息　在检索结果界面，用户可以单击题名后面的下载图标下载浏览 CAJ 格式文献全文，或单击阅读图标阅读文献的 HTML 格式全文。用户也可以单击文献题名进入单篇文献的详细界面如图 2-15 所示，该界面也称为知网节，界面下方有"CAJ 下载"或"PDF 下载"按钮，界面左边有文章目录。

图 2-15　单篇文献详细界面

关于 CNKI 的使用指南可以在其主页（https://piccache.cnki.net/kdn/index/helper/manual.html）上查看。

2.2　万方数据知识服务平台

万方数据知识服务平台（https://www.wanfangdata.com.cn/）（以下简称万方）是由万方数据公司开发的，以万方智搜为检索入口，通过整合数亿条全球学术数据，实现海量学术文献的统一发现服务平台。

2.2.1　数据库简介

万方数据知识服务平台整合的学术资源不仅包括各种文献类型的万方自有版权数据库，还有大量国际合作数据库：科睿唯安国际标准、剑桥大学出版社、韩国科学技术信息研究所、法国科学传播出版社、德古意特出版社、威科集团等数据库，其主界面即简单检索界面如图 2-16 所示。

万方数据知识服务平台的功能完善，具有多粒度的资源揭示、便捷无缝的获取保障、智能化的检索推荐、跨语言检索及语义检索等多种智能检索方式、可视化的关联分析与简便易用的交互体验。该平台还包括创研平台、数字图书馆、科研诚信、热门应用、科研赋能、阅读推荐、万方动态、特色资源等。

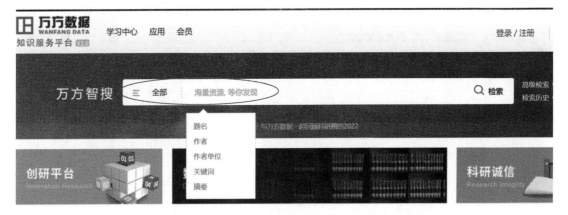

图 2-16 简单检索界面

万方电子期刊是万方数据知识服务平台的核心内容之一，期刊资源包括中文期刊和外文期刊，截至 2023 年 3 月，该平台收录了约 15441 万余篇期刊论文。外文期刊主要来源于外文文献数据库，收录了自 1995 年以来世界各国出版的 20900 种重要学术期刊。而中文期刊包含 8000 余种期刊，其中核心期刊 3300 种，年增 300 万篇，每日更新，涵盖自然科学、工程技术、医药卫生、农业科学、哲学政法、社会科学、科教文艺等各个学科。

2.2.2 检索方式

万方数据知识服务平台通过万方智搜提供简单检索、高级检索、专业检索、作者发文检索等检索方式，简单检索是平台默认的方式。提供 10 种资源（期刊、学位、会议、专利、科技报告、成果、标准、法规、地方志、视频）的统一检索与中英文的统一检索。

（1）简单检索 在图 2-16 所示的简单检索界面中，首先选择检索字段（题名、作者、作者单位、关键词与摘要），然后输入检索词进行检索。系统默认的是模糊检索，也可以加上半角双引号来限定检索词为词组进行精确检索。简单检索界面还可实现跨语言检索，检索结果可按文献语种呈现。

（2）高级检索 单击简单检索界面中的"高级检索"，进入如图 2-17 所示的高级检索界面，该界面的检索信息中列出了题名、主题、作者、作者单位、学位、关键词、摘要等近20 个检索字段可供选择，多个检索字段和条件之间可以进行逻辑组配，逻辑关系符有 and（与）、or（或）、not（非）。高级检索界面可以通过"+"或"-"添加或减少检索条件，可以限定文献的发表时间，可以选择精确与模糊选项。

高级检索界面下方有智能检索，包括中英文扩展与主题词扩展，其中中英文扩展是基于中英文主题词典和机器翻译技术，扩展中英文关键词从而扩大检索范围；主题词扩展是基于超级主题词表，扩展同义词、下位词检索，通过智能检索帮助用户获得更加全面的检索结果。例如，查询马费成老师在《情报科学》期刊上发表的以"知识图谱"为题名的所有文献，可在高级检索界面做如图 2-17 所示的设置。

（3）专业检索 可在专业检索界面输入检索式，也可在通用检索字段中选择想要的检索字段，再使用运算符组合检索式。专业检索可使用双引号进行检索词的精确匹配限定。例如，输入检索表达式"题名或关键词：（（"协同过滤"and"推荐算法"）or（"协同过滤"

亲爱的用户，由于检索功能优化，平台不再支持运算符（/+/^）的检索，请用大小写（and/or/not）代替，（*/+/^）将会被视为普通检索词。

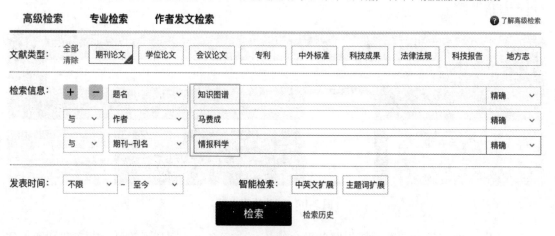

图 2-17　高级检索界面

and"推荐系统"and"算法"）or（"协同过滤算法"））"，如图 2-18 所示。专业检索界面右边有检索表达式编写说明及检索词推荐。

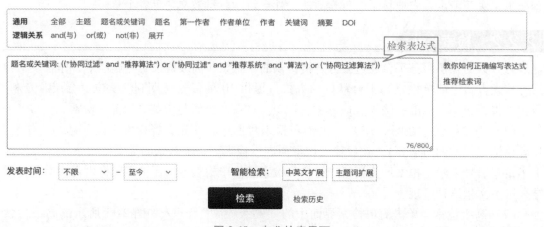

图 2-18　专业检索界面

（4）作者发文检索　作者发文检索可输入作者名称和作者单位等字段来精确查找相关作者的学术成果，系统默认精确匹配，用户可自行选择精确匹配还是模糊匹配。若某一行需要输入作者或作者单位，则系统默认作者单位为上一行的作者单位。如要检索作者单位为"武汉大学"且同时包含"李丽"和"李伟"两个作者的文献，可在作者发文检索界面输入如图 2-19 所示的检索词。

（5）期刊浏览　在万方数据知识服务平台主界面中的资源导航下可对各种类型的资源如期刊论文、学位论文、会议论文等进行导航。选择期刊论文，进入期刊论文导航界面，可按刊首字母、核心收录、收录地区、出版周期、优先出版等条件浏览期刊，如图 2-20 所示。选择某期刊后可进入期刊页面，该页面提供期刊封面、基本信息、统计信息、期刊栏目、目录等内容。

图 2-19　作者发文检索界面

图 2-20　期刊浏览界面

2.2.3　检索案例

想利用万方数据知识服务平台中的中国学术期刊数据库检索"森林采伐对土壤碳氮的影响"方面的核心期刊文献，案例具体检索步骤如下：

（1）进入中国学术期刊数据库　在万方数据知识服务平台主界面单击"高级检索"，在界面中选择"专业检索"，选择"期刊论文"，输入检索式表达式"题名：（（采伐 OR 砍伐 OR 间伐 OR 皆伐）AND 土壤 AND（碳氮 OR 碳 OR 氮 OR 营养 OR 理化））"，单击"检索"后呈现检索结果界面如图 2-21 所示。

图 2-21　万方中国学术期刊数据库检索结果界面

（2）检索结果显示与排序　检索结果可按摘要显示或列表显示，默认为记录摘要格式。默认每页显示 20 条记录，用户可根据需要在 20 条、30 条、50 条中选择。系统默认检索结果按照相关度进行排序，系统还提供出版时间、被引频次、下载量等排序方式。单篇文献可以在线阅读、下载全文与引用。

（3）检索结果分组　界面左侧为检索结果分组浏览，可提供获取范围、年份、学科分类、核心、语种、来源数据库、刊名、出版状态、作者、作者单位等多种分组方式。在核心分组中选择北大核心前的方框，单击"筛选"，即可显示北大核心期刊论文。

（4）文献导出　在检索结果界面，选择需要导出的文献，单击"引用"按钮，也可进入详情界面单击"引用"按钮；如需同时导出多篇文献，可多选后单击"批量引用"按钮。选择需要导出的文本格式，如参考文献、查新格式、NoteExpress、Refworks、NoteFirst、End-Note、自定义等，选择导出所需要的文献格式后，再选择复制、导出 TXT、导出 XLS、导出 DOC 等文件类型。

（5）文献结果分析　在检索结果界面的左上方单击"结果分析"，可以对检索结果按年份、关键词、作者、机构、学科、期刊、基金、资源类型等进行可视化分析，图 2-22 所示为检索结果的关键词分析。

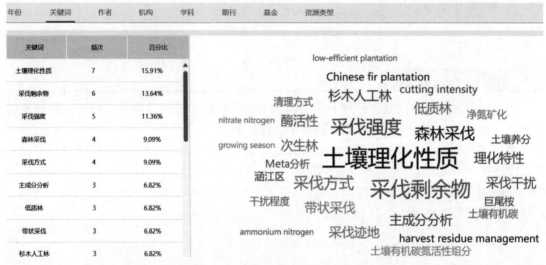

图 2-22　检索结果的关键词分析

（6）论文详细信息　单击排序中的"被引频次"，单击引用次数最高的论文"海南岛霸王岭热带山地雨林采伐经营初期土壤碳氮储量"，进入该篇论文的部分详细界面如图 2-23 所示。在论文详细信息界面，提供了在线阅读、下载、引用、收藏、分享等功能，还提供了一些链接关联检索入口，如作者、作者单位、关键词、摘要等，通过关键词的链接，可检索万方数据知识服务平台中这个词的发文与引文趋势，包含该词的高关注文献或最新文献。界面的右上方还显示该论文所在期刊的信息，界面下方显示该文的引文网络及相关文献。

关于万方数据知识服务平台的检索利用方法可以在其主页上查看检索帮助说明：https：//w. wanfangdata. com. cn/teach-expression？ to＝advanced-search。

DOI: 10.3321/j.issn:1001-1498.2000.02.003

海南岛霸王岭热带山地雨林采伐经营初期土壤碳氮储量 Ⓜ

骆土寿[1] 陈步峰[1] 陈永富[2] 杨彦臣[2] 杨秀森[3] 李大江[3]

1. 中国林业科学研究院热带林业研究所,广东广州,510520; 2.中国林业科学研究院资源信息研究所,北京,100091; 3.海南省霸王岭林业局,海南昌江,572700

[在线阅读] [下载] [引用] ☆ 收藏 ⤴ 分享 ⎙ 打印

摘要: 测定了海南岛霸王岭热带山地雨林不同择伐强度经营试验初期土壤C、N含量及其储量,结果表明:原始热带山地雨林土壤C、N背景值分别为108.91 t.hm-2、9.58 t.hm-2,表层50 cm土壤C储量占深100 cm土层C储量的77.6%,相应的N储量占73.8%;30%、50%择伐强度经营5个月后林地土壤C储量分别比原始林降低4.5%和5.3%,但30%强度经营林地土壤C/N接近未采伐的原始林,结果可作为对热带山地雨林选取持续经营模式的动态参考指标.

关键词: 采伐经营; 土壤C、N储量; 热带山地雨林; 海南岛霸王岭

图 2-23　文献详细结果部分界面

2.3　维普资讯

重庆维普资讯有限公司成立于 1995 年,前身为中国科学技术情报研究所重庆分所数据库研究中心,是我国较早从事中文期刊数据库研究的专业机构之一。其核心产品有维普智立方、维普中文期刊服务平台、考试服务平台等。

2.3.1　数据库简介

维普智立方收集的文献类型包括图书、期刊论文、会议论文、学位论文、专利、标准、科技成果、产品样本、科技报告、政策法规。维普资讯中文期刊服务平台（http://qikan. cqvip. com/）是国内教育、科研重要的学术资源基础设施,它是在中文科技期刊数据库（全文版）基础上的升级。中文期刊服务平台的期刊回溯可到 1989 年,部分期刊回溯可至创刊年。平台已累计收录中文期刊 15000 余种,文献总量 7100 余万篇,中心网站日更新,年更新约 400 万篇,以中国图书馆分类法为标准进行数据标引,建立了 35 个一级学科、457个二级学科的分类体系,具备特有的布尔逻辑灵活组配、同义词扩展、职称评审下载、期刊评价报告、馆外授权访问等功能。下面介绍中文期刊服务平台的检索方式。

2.3.2　检索方式

维普资讯中文期刊服务平台为用户提供了简单检索、高级检索两种最常用的检索方式,也可以使用维普资讯中文期刊服务平台界面的期刊导航来迅速地找到所需资料。简单检索、高级检索、期刊导航是维普资讯中文期刊检索中较常用的功能,进入主界面默认执行简单检索方式。

1. 简单检索

维普资讯中文期刊服务平台的简单检索界面如图 2-24 所示,可在检索框直接输入检索词进行检索,该检索词可以是题名、刊名、关键词、作者、机构、基金资助等字段信息。输入检索词后会出现检索词智能提示和主题词拓展功能,根据主题词拓展功能可以选择主题、

学科、机构等筛选检索结果。

图 2-24　维普资讯中文期刊服务平台简单检索界面

2. 高级检索

高级检索提供包括题名或关键词、摘要、作者、第一作者、机构、刊名、分类号、参考文献、作者简介、基金资助与栏目信息等字段的组配检索。例如，查找"雾霾治理"方面的、作者所属机构为"社会科学院"的、由"国家社会科学基金"赞助的期刊文献，可以在高级检索界面做如图 2-25 所示的设置，还可以对期刊范围、时间与学科等进行限定。

图 2-25　高级检索界面

3. 检索式检索

支持专业的布尔逻辑表达式检索，用户可在检索框中直接输入字段标识和逻辑运算符来发起检索请求，能够有效满足查新检索等运算逻辑复杂，同时又对查全率和查准率要求较高的检索需求。检索式使用 AND、OR 与 NOT 逻辑运算符，用"（）"改变优先顺序。如检索界面输入："（K=（数字经济 OR 网络经济）OR T=共享经济）AND R=乡村振兴 NOT K=城市"。表示查找：关键词含有"数字经济"或"网络经济"，或者题名中含有"共享经济"，文摘中含有"乡村振兴"，但关键词不包含"城市"的文献。

4. 期刊导航

维普资讯中文期刊服务平台提供 4 种期刊导航和浏览功能，期刊导航界面如图 2-26 所

示。在期刊检索面板，用户可以通过刊名、ISSN、CN、主办单位、主编、邮发代号等进行检索。在聚类筛选面板，系统提供核心期刊、国内外数据库收录、地区、主题等多种期刊导航方式。用户可以通过首字母的方式查找期刊，也可通过学科类别的方式浏览期刊。

图 2-26　期刊导航界面

如果用户已经有明确的期刊查找对象，可以使用期刊检索的方式快速定位到该刊；如果用户没有明确的期刊查找对象，可以使用期刊导航的方式自由浏览期刊。

例如在期刊检索面板选择"刊名"，然后在文本框内输入"中国社会科学"，单击"期刊检索"，然后在期刊检索结果界面，单击目标期刊名链接，即可查看该期刊详细信息，如图 2-27 所示。期刊详细页面可切换不同标签查看相应信息，包括期刊详情、收录汇总、发表作品、发文分析及评价报告。期刊详情可查看期刊基本信息、期刊获奖及被国内外数据库收录情况。收录汇总可查看期刊目录信息、期刊最新发文信息，单击链接可进入文献的详细界面。发表作品是期刊检索结果界面。发文分析主要统计学术成果年代分布、主要发文学者分析、主要发文机构分析、主要发文主题分析、相关期刊分析、主要发文领域分析、主要发文资助分析、相关期刊分析等。评价报告是对期刊进行计量分析的报告，包括发文量、被引量、影响因子、立即指数、期刊他引率、平均引文率、被引半衰期、引用半衰期。

2.3.3　检索案例

想利用维普资讯中文期刊服务平台检索"运用生态系统服务价值量化生态补偿额度"方面的经典期刊文献，其检索步骤如下：

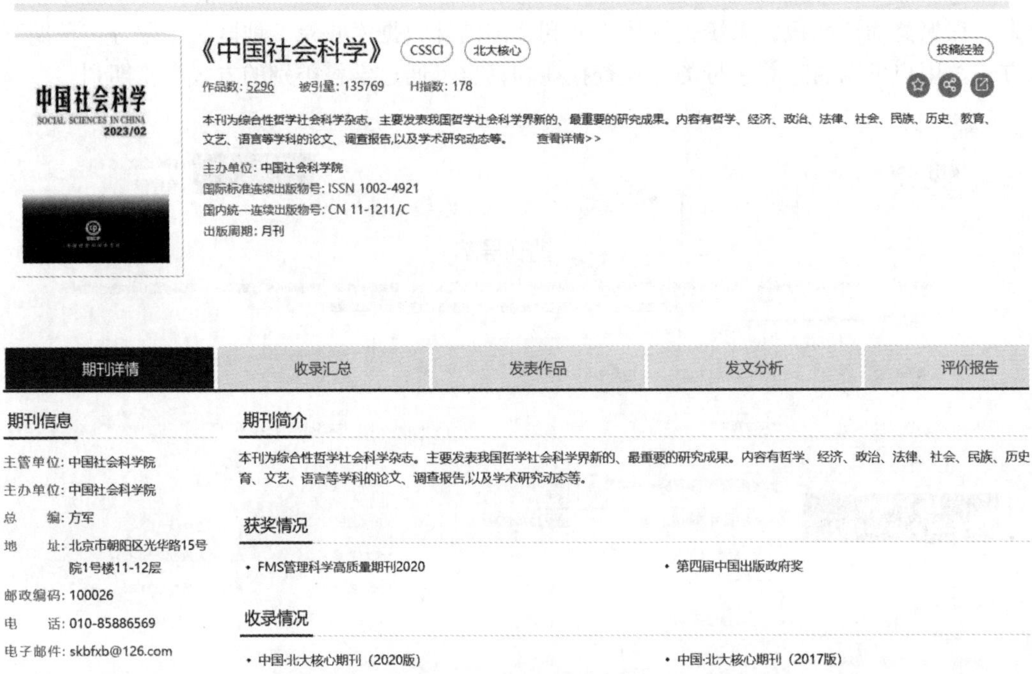

《中国社会科学》 CSSCI 北大核心

投稿经验

作品数：5296 被引量：135769 H指数：178

本刊为综合性哲学社会科学杂志。主要发表我国哲学社会科学界新的、最重要的研究成果。内容有哲学、经济、政治、法律、社会、民族、历史、教育、文艺、语言等学科的论文、调查报告，以及学术研究动态等。 查看详情>>

主办单位：中国社会科学院
国际标准连续出版物号：ISSN 1002-4921
国内统一连续出版物号：CN 11-1211/C
出版周期：月刊

| 期刊详情 | 收录汇总 | 发表作品 | 发文分析 | 评价报告 |

期刊信息

主管单位：中国社会科学院
主办单位：中国社会科学院
总　　编：方军
地　　址：北京市朝阳区光华路15号
　　　　　院1号楼11-12层
邮政编码：100026
电　　话：010-85886569
电子邮件：skbfxb@126.com

期刊简介

本刊为综合性哲学社会科学杂志。主要发表我国哲学社会科学界新的、最重要的研究成果。内容有哲学、经济、政治、法律、社会、民族、历史、教育、文艺、语言等学科的论文、调查报告，以及学术研究动态等。

获奖情况

· FMS管理科学高质量期刊2020
· 第四届中国出版政府奖

收录情况

· 中国-北大核心期刊（2020版）
· 中国-北大核心期刊（2017版）

图 2-27 《中国社会科学》期刊详情界面

（1）进入维普资讯中文期刊服务平台，选择"高级检索"，选择检索字段为"题名"，输入："生态系统服务+生态服务"，生态补偿通过单击检索框后的同义词扩展找到"生态效益补偿"这一同义词，选择检索字段为"题名"，输入："生态补偿+生态效益补偿"。

（2）单击"检索"后呈现检索结果界面，检索结果在界面上默认显示为文摘列表方式，如图 2-28 所示，可以切换成标题显示和详细列表显示。检索结果可选择每页显示 20 条、50 条与 100 条。文献显示的内容包括文章的标题、作者、文章出处（期刊名、出版年、卷、期、页码）、文摘。检索结果排序提供相关度、被引量和时效性三种排序方式，用户可以从不同侧重点对检索结果进行梳理。检索到的文章可以逐页翻阅，也可以跳转至想阅读的页码。检索结果界面具有在线阅读功能，还有放大镜阅读预览体验，无须打开文献，鼠标移动到显示的文章界面即可实现全文预览。在检索结果界面上单击文章下方的"下载 PDF"，就可下载全文。部分不能直接通过在线阅读或下载方式获取全文的文献，可通过原文传递方式，使用邮箱索取文献全文。

（3）分组筛选　高级检索界面左侧提供了年份、学科、期刊收录、机构、期刊、主题等多类别层叠筛选，实现在任意检索条件下对检索结果进行再次组配，提高资源深度筛选效率。界面左侧提供基于本次检索结果下的二次检索功能，用户可以先选择检索字段后输入检索词，单击"在结果中检索"，可实现缩小检索范围的目的。

（4）文献导出　平台支持文献题录信息的导出功能，支持的导出格式为参考文献、文本、查新格式、XML、NoteExpress、RefWorks、EndNote 等。用户可以选择目标文献，单击"导出"后选择适当的导出格式实现此功能。

（5）统计分析　选择"统计分析"，可对所有检索结果进行分析，也可对选中文献结果进

图2-28 检索结果界面

行分析。可展示学术成果产出分析、主要发文人物分析、主要发文机构统计分析、文章涉及主要学科统计、主要期刊统计分析等，还可保存检索报告。检索结果分析界面如图2-29所示。

图2-29 检索结果分析界面

关于维普资讯中文期刊服务平台使用的更多信息，可以在其主页上查看检索规则：https：//qikan. cqvip. com/Qikan/Search/SearchHelp？ from＝Qikan_Search_Advance。

2.4 超星读秀与百链

超星是北京世纪超星信息技术有限责任公司的简称，初创于1993年，是一家专门从事数字图书馆建设、知识搜索和在线教育的高科技企业。它最早从事书籍数字化，以电子书作为拳头产品，其产品分布于国内的各大高校。现在已有在线教育产品超星学习通 APP，资源类数据库包括超星发现系统、超星移动图书馆、超星汇雅电子书、超星读秀学术搜索、超星名师讲坛学术视频、超星百链等产品。本节主要介绍超星读秀学术搜索与超星百链两个数据库。

2.4.1 数据库简介

超星读秀学术搜索（https://www.duxiu.com）是一个由海量图书、期刊、报纸、会议论文、学位论文等文献资源组成的庞大的知识系统，是一个可以对文献资源及其全文内容进行深度检索，并且提供原文传送服务的平台。超星读秀学术检索现收录 590 万种中文图书题录信息，310 万种中文图书原文，可搜索的信息量超过 16 亿页，为读者提供深入到图书内容的全文检索，其首页如图 2-30 所示（此数据库需要个人或机构订购后方可使用）。

图 2-30　超星读秀学术搜索首页

目前，超星读秀学术搜索已经实现了各图书馆购买的纸质图书和超星电子图书的整合，同时实现了资源的一站式检索，即输入检索词，检索结果可延展到相关图书、期刊、会议论文、学位论文、报纸等文献资源，并且提供了图书封面页、目录页，以及部分正文内容的试读。各图书馆购买的资源，用户可以通过纸书资源的借阅或电子资源的链接获取全文，未购买的资源可以通过文献传递等途径获取。

百链（https://www.blyun.com）是资源补缺型服务产品。目前，百链实现了 410 个中外文数据库系统集成，利用百链云服务可以获取到 1800 多家图书馆几乎所有的文献资料，为用户提供更加方便、全面的资源获取服务。百链拥有 8.8 亿条元数据（包括中外文图书、中外文期刊、中外文学位论文、会议论文、专利、标准等）。利用百链整合图书馆现有资源，实现统一检索，不仅可以获取到图书馆所有的文献资料，还可以通过文献传递方式获取到图书馆中没有的文献资料。中文资源的文献传递满足率可以达到 96%，外文资源的文献传递满足率可以达到 90%。百链首页如图 2-31 所示（此数据库需要个人或机构订购后方可使用）。

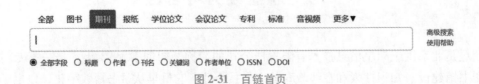

图 2-31　百链首页

2.4.2 检索方式

超星读秀搜索平台使用方便、易操作，向用户提供了分类浏览、基本检索、高级搜索、专业搜索 4 种检索方式。

（1）分类浏览　读秀学术搜索将图书按中国法分成 22 个大类，如图 2-32 所示。大类下再分二级大类、三级大类等，末级分类显示的是图书信息。单击书名链接，即可阅读图书全文。

图 2-32　读秀学术搜索的主分类界面

（2）基本检索　基本检索方式提供对知识、图书、期刊、报纸、学位论文、会议论文、音视频和文档等文献资源的检索，如图 2-33 所示。在基本检索界面，首先根据检索需求，选择检索文献类型；然后在检索输入框内输入检索词，单击"中文检索"或"外文检索"按钮，搜索结果将显示在界面上。为便于查阅，检索词将以醒目的红色显示。

图 2-33　读秀学术搜索的基本检索界面

（3）高级搜索　读秀学术搜索平台只有图书、期刊、报纸、学位论文、会议论文支持高级检索。选定需要检索文献的类型，单击主界面上的"高级搜索"按钮，即可进入高级检索界面。高级检索界面提供书名、作者、主题词、出版社、ISBN、分类与图书出版年代的组合查询功能，同时可以限定检索结果界面每页显示条数。

例如，查看书名包含"信息检索"，出版社为"机械工业出版社"的图书，可以在高级搜索界面做如图 2-34 所示的设置。

（4）专业搜索　在高级搜索界面单击"切换至专业搜索"，可进行专业搜索，专业搜索仅支持图书、期刊、报纸、学位论文、会议论文。专业搜索使用运算符和检索词构造检索式

读秀　中文图书高级搜索 ∨　切换至专业搜索

书名：	包含 ∨	信息检索	要搜索的图书书名
作者：			要搜索的图书作者
主题词：			要搜索的图书主题词
出版社：		机械工业出版社	要搜索的图书出版社
ISBN：			要搜索的图书ISBN,最少匹配长度为10
分类：		全部分类	要搜索的图书分类

图 2-34　高级搜索界面

进行搜索。专业搜索表达式的一般式：<字段><匹配运算符><检索值>。

2.4.3　检索案例

1）如想检索有关"信息检索"的教材，在读秀学术搜索选择"图书"，检索字段选择"书名"，输入"信息检索"，检索结果界面如图 2-35 所示。检索结果在界面上以默认方式排序，还可按时间、访问量、个人收藏量、单位收藏量、引用量、电子馆藏、本馆馆藏排序。

找到相关的中文图书 1230 种,用时 0.006 秒　　🗋 新增　⊕ 模糊匹配 ▾　↓↑ 默认排序 ▾

《网络信息检索与利用》　　　　　　　　　　　　　导出　收藏
作者：许荩莹主编；李原野副主编；王裕芳，芮雪等参编
出版日期：2022.03　　　页数：248
简介：本书简述了信息素养与网络信息检索的基础知识，详细地介绍了个人知识管理工具、图书馆门户及相关应用程序、搜索引擎及开放存取（OA）资源、常用网络学术资源数据库，并另辟章节讲述了专利文献数据库的网络检索，以综合性课题分别在图书数据库、期刊数据库（中、外文）和专利数据库中做了实例演示讲解，最后介绍了学术规范及论文写作的格式和相关注意事项等内容。全书体例格式规范统一，图文并茂，叙述简明，并配有详尽的检索示例。
ISBN：978-7-5763-1112-9

分类：文化、科学、教育、体育->科学、科学研究->情报学、情报工作->情报检索

汇雅电子书(EPUB)　　汇雅电子书(PDF)　　馆藏纸本

图书馆文献传递　　　　　　　　　　　　收藏馆:74　总被引:0

查找相关的外文关键词 信息检索 (message retrieval, information retrieval, information search) 词典
查找近义词 信息检索(资料检索, 文献检索, 检索)
查找共现词 信息检索 (搜索引擎, 本体, 数字图书馆, 数据库, 图书馆) 更多
查找下位词 信息检索 (CLIR, 垂直搜索, 企业搜索, 情景搜索, 全文检索) 更多

❘ 百科　相关547篇
信息检索

图 2-35　检索结果界面

检索结果界面显示内容包括图书书名、作者、出版日期、页数、文摘、ISBN、学科分类等。页面下方有汇雅电子书与馆藏纸本，单击"汇雅电子书（EPUB）""汇雅电子书（PDF）"即可下载或浏览 EPUB 或 PDF 格式的全文文献，单击"馆藏纸本"可看到本馆收藏情况。部分不能直接通过在线阅读或下载的方式获取全文的图书，可通过图书馆文献传递方式，使用邮箱索取文献全文。检索结果导出格式有引文、EndNote、NoteExpress、查新、自定义及 Excel。

2）超星百链提供了简单检索、高级检索和专业检索 3 种检索方式。简单检索方式提供对全部、图书、期刊、报纸、学位论文、会议论文、专利、标准和音视频等文献资源的中文检索以及除报纸和音视频外的文献资源的外文检索。该平台只有图书、期刊、报纸、学位论文、会议论文和专利支持高级检索。只有图书、期刊、报纸、学位论文、会议论文支持专业检索，其检索方式可参照读秀学术搜索。

超星还开发了超星知识发现系统，目前，超星知识发现系统的数据已达到十几亿条，读者可通过该系统实现一站式检索。后台数据人员每天都会对数据进行提取、清洗、转化，实现每天更新。该系统海量的元数据基础，为读者查找全面、广泛的信息提供保障。

2.5 中国生物医学文献服务系统

中国生物医学文献服务系统（SinoMed）整合了中国生物医学文献数据库（CBM）、中国医学科普文献数据库、西文生物医学文献数据库（WBM）、北京协和医学院博硕学位论文库等多种资源，是集检索、开放获取、个性化定题服务、全文传递服务于一体的生物医学中外文整合文献服务系统。中国生物医学文献数据库是最常用的数据库，本节主要介绍该数据库的检索方式。

2.5.1 数据库简介

中国生物医学文献数据库（简称 CBM），是中国医学科学院医学信息研究所开发的综合性医学文献数据库。它收录了 1978 年以来的 1600 多种中国生物医学期刊，以及汇编、会议论文的文献题录，年增长量约 40 万条。该数据库内容覆盖了基础医学、临床医学、预防医学、药学、中医学及中药学等生物医学的各个领域，年收录文献约 35 万篇。数据库的全部题录均根据美国国立医学图书馆的最新版医学主题词表、中国中医研究院中医药信息研究所的中国中医药学主题词表，以及中国图书馆分类法·医学专业分类表进行主题标引和分类标引。CBM 是目前收录国内生物医学期刊最全的文摘型数据库。

2.5.2 检索方式

CBM 的检索方式主要有快速检索、主题检索、分类检索、期刊检索、高级检索等。

1. 快速检索

如图 2-36 所示的快速检索界面，在检索框中输入任意的中英文字词、数字、带通配符的字词就可进行检索。进入快速检索的界面后，系统默认字段包括中文标题、摘要、作者、关键词、主题词和刊名内容的组合，此外还有全部字段和各种指定字段的检索功能。检索词可使用单字通配符"?"与任意通配符"%"。例如，输入"胃？癌"，系统会查询有关胃底癌、胃肠癌、胃腺癌等文献信息。多个检索词之间可直接使用逻辑运算符 AND、OR 和 NOT，如果想缩小检索范围，可以选择二次检索。

2. 主题检索

单击"主题检索"，进入如图 2-37 所示的主题检索界面（此数据库需要个人或机构订购后方可使用）。在检索框内输入检索词，系统首先在主题词轮排索引中对检索词进行查

图 2-36 快速检索界面

找，显示含有该词或片段的所有主题词、相关主题词列表。例如，输入"艾滋病"，单击"查找"，系统将检索出"艾滋病"的主题词"获得性免疫缺陷综合征"以及相关主题词。

图 2-37 主题检索轮排索引

3. 分类检索

单击"分类检索",进入如图 2-38 所示的分类检索界面。此界面上提供了分类号和类名两种检索入口,在检索框内输入类名,单击"查找",系统显示含有该检索词的分类号-类名列表。分类检索常用于学科大类的检索,检索结果往往数量比较多,在检索时应多结合二次检索使用。

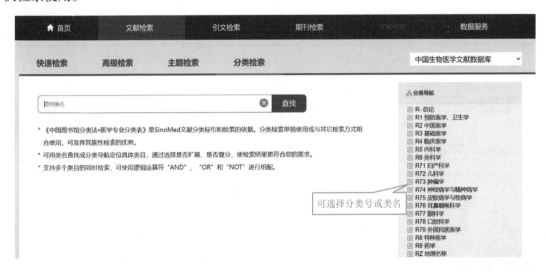

图 2-38　分类检索界面

4. 期刊检索

单击"期刊检索",进入如图 2-39 所示的期刊检索界面。该界面提供了期刊导航和关键词检索两种查找方式。期刊导航可直接按类或者按拼音的顺序链接期刊列表,单击列表中的期刊名可打开链接页面,查看该刊的刊名、刊期、出版地、出版单位等详细信息,也可选择年代和期数,直接浏览该刊某一期的内容。关键词检索可在检索入口的下拉列表中选择刊名、出版单位、出版地、期刊主题词或者 ISSN 等选项。例如,选择刊名字段,输入检索词"儿科学",检索结果有 6 条。

图 2-39　期刊检索界面

5. 高级检索

单击"高级检索",进入如图2-40所示的高级检索界面。常用字段有英文标题、英文摘要、特征词、主题词等,每次可允许输入多个检索词,可实现检索词及其同义词(含主题词)的扩展检索。限定检索可以对文献类型、年龄组、性别、对象类型等特征进行限定。

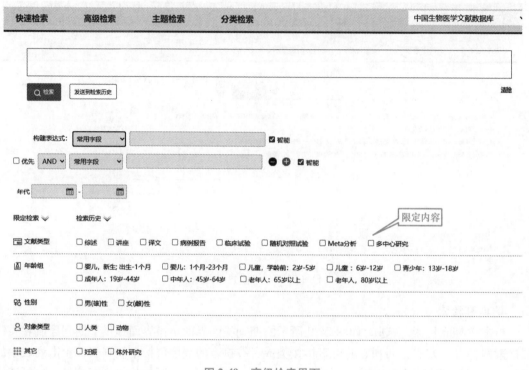

图 2-40　高级检索界面

2.5.3　检索案例

如想要检索乙肝方面的文献,在基本检索界面输入"乙肝",单击"检索"后进入检索结果界面如图2-41所示。检索结果的显示通常按时间顺序排列,最新的文献显示在最前面。显示格式包括题录格式、文摘格式和详细格式。题录格式包括标题、作者、作者单位、出处和相关链接,如果需要查询题录的详细内容,可以选择文摘格式或详细格式显示检索结果。文摘格式除显示题录格式的字段外还显示文摘,详细格式则显示所有字段。

检索结果界面显示的条数设置有5、10、20、50、100几种,还可以选择按作者、年代或期刊等对检索结果进行排序。选择文献名称左侧的方框,单击界面右侧的"结果输出",直接显示或保存选择记录,若无选择记录则显示或保存本页所有记录。

单击"检索历史",进入检索历史界面。检索历史最多能保存200条检索式。界面按照时间顺序从上到下依次显示已完成的检索式,最后完成的检索式在最上方。可从检索历史中选择一个或多个检索式,用逻辑运算符 AND、OR 或 NOT 组配。要删除某个检索式,只需选中其前方的复选框,然后单击"删除"。

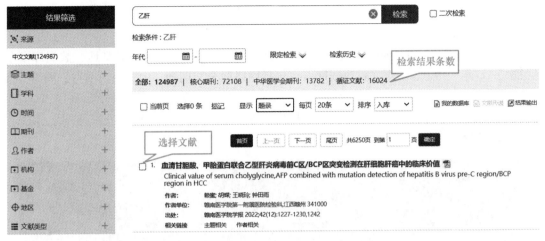

图 2-41　检索结果界面

2.6　其他信息检索系统

在社会信息化的今天，各种各样的信息资源快速增长，给用户带来了不便。用户不但要学习多种信息系统的检索方法，还要反复地登录不同信息检索系统，重复输入检索词或检索式，降低了检索效率。用户希望信息服务机构能够提供一站式的检索，即通过一个入口与一个检索界面，经过一次检索就可以用最快的速度和最简单的方法从种类繁多的信息系统或数据库中得到其所需要的、有价值的所有信息资源。

国内少部分图书馆自主研发数字资源门户对自建特色库和购买的数据库进行整合，大多数图书馆主要是引进数据库开发商研发的一站式检索平台为用户提供一站式检索服务。目前常用的一站式信息检索系统有超星知识发现系统、Summon 与 EDS 等。

除此之外，我国为了保障科研人员的文献需求，自建了一站式检索平台。一站式检索平台不仅实现了对图书、期刊、学位论文、会议论文、报纸、视频、事实信息等不同类型、不同载体信息资源的一站式统一检索，而且通过咨询服务和原文传递服务还可获取本机构没有阅读权限，但其他图书馆和信息机构拥有的各种资源，有效弥补了本地文献收藏的不足。常用的、影响力大的提供文献传递服务的一站式检索系统有国家科技图书文献中心（NSTL）、中国高等教育文献保障系统（CALIS）、中国高校人文社会科学文献中心（CASHL）。以下分别对这几个系统进行介绍。

2.6.1　国家科技图书文献中心

国家科技图书文献中心（National Science and Technology Library，NSTL）是根据国务院的批示于 2000 年 6 月组建的一个虚拟的科技文献信息服务机构，成员单位包括中国科学院文献情报中心、工程技术图书馆（中国科学技术信息研究所、机械工业信息研究院、冶金工业信息标准研究院、中国化工信息中心）、中国农业科学院图书馆、中国医学科学院图书馆。网上共建单位包括中国标准化研究院和中国计量科学研究院。NSTL 是目前中国最大的科技文献资源收藏实体，外文印本科技文献品种数、外文文献文摘加工量和回溯数据库居全国首位。

1. NSTL 简介

NSTL（https://www.nstl.gov.cn/）是国家科技文献信息资源的保障基地，数据库既包括目次、文摘、引文等二次文献数据库，也包括网络版全文期刊、中文电子图书、网络开放获取期刊等，学科以理、工、农、医为主，兼顾经济学、管理学等社会科学。利用 NSTL 平台可对期刊论文、会议文献、学位论文、科技报告、专利文献、计量规程进行检索，其主界面如图 2-42 所示。

图 2-42　NSTL 主界面

NSTL 拥有印刷本外文文献 25000 多种，其中外文期刊 17000 多种，外文会议录等 8000 多种，居国内首位。NSTL 申请和收集的文献信息资源绝大部分以文摘或其他方式在 NSTL 网络服务系统报道，供用户通过检索或浏览的方式获取文献线索，从而获取文献全文。

2. NSTL 检索方式

NSTL 主要提供基本检索、高级检索与专业检索三种检索方式。

（1）基本检索　利用 NSTL 进行基本检索前需选择数据库，可选择某一个数据库，也可选择多个数据库或全部选择进行跨库检索。在基本检索界面默认为检索期刊、会议、学位论文，检索框中输入检索词，将会在文献的题名、作者、机构、关键词、NSTL 主题词与摘要等字段中进行检索。

（2）高级检索　单击检索旁的"高级检索"，进入如图 2-43 所示的高级检索界面，用户可以选择检索字段和逻辑运算符构造检索式。

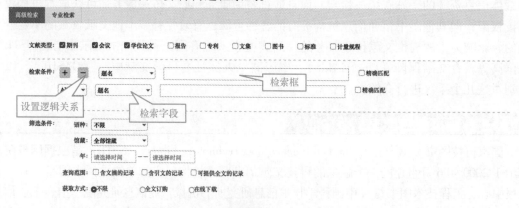

图 2-43　NSTL 高级检索界面

（3）专业检索 单击高级检索旁的"专业检索"，进入专业检索界面，用户可根据自己的检索需求编辑检索式进行文献检索，检索式的语法规则在检索框下方的说明中有详细解释，包括关键字和符号说明、字段查询、相关度调整、多条件查询与范围查询，单击检索框右侧的可检索字段，可以浏览所有的可检索字段。

3. NSTL 服务

1）NSTL 提供获取全文服务。用户在 NSTL 网站检索中外文期刊、会议录、学位论文、科技报告、专利、标准、计量规程等类型的文献资源，浏览相关文献题录，注册后可对关注文献请求全文。

2）NSTL 提供文献分析服务。为用户提供丰富的挖掘与分析服务，包括引文分析评价系统、图谱式综述服务、智能问答服务、代表作学术贡献评价循证、潜在突破性文献识别、结构化自动综述、深度聚类引擎等。

3）NSTL 提供知识单元服务。提供基于多维度、细粒度知识单元的拓展检索与发现服务，包括科技词表、科学数据、文摘要素、引文、学者、机构、资助项目、图片、公式等。

2.6.2 中国高等教育文献保障系统

中国高等教育文献保障系统（China Academic Library & Information System，CALIS）是经国务院批准的我国高等教育"211 工程""九五""十五"总体规划中三个公共服务体系之一。CALIS 服务于 1800 多家成员图书馆，是全球规模最大的高校图书馆联盟之一。已建成资源丰富、服务多元、协同共建的分布式高等教育数字图书馆，引领高等教育资源共建共享，为高等教育的教学科研提供了有力的保障。

CALIS（http://www.calis.edu.cn/）的主界面如图 2-44 所示，提供编目服务、资源发现、馆际互借与文献传递服务等。下面介绍目前使用较多的几项功能，包括 e 得文献获取、e 读学术搜索、CALIS 外文期刊网与 CALIS 联合目录数据库。

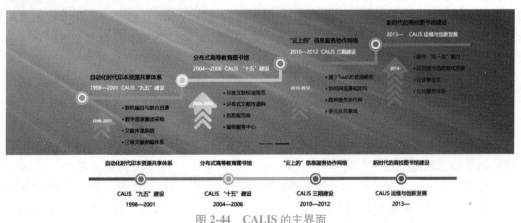

图 2-44 CALIS 的主界面

1. e 得文献获取

e 得文献获取（易得）（http://yide.calis.edu.cn/）是为读者提供"一个账号、全国获取""可查可得、一查即得"一站式服务的原文文献获取门户,其主界面如图 2-45 所示。e 得文献获取集成了电子原文下载、文献传递、馆际借书、单篇订购、电子书租借等多种原文获取服务,可查找并索取包含中外文的图书、期刊、学位论文、会议论文、专利标准等各种类型的电子或纸本资源全文。支撑 e 得文献获取的资源包括 1300 多所高校图书馆、国家图书馆、上海图书馆、NSTL、香港 JULAC 联盟等。

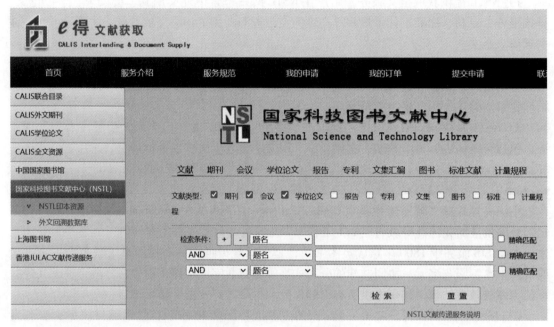

图 2-45 e 得文献获取主界面

2. e 读学术搜索

"开元知海·e 读"(http://www.yidu.edu.cn/)学术搜索与 CALIS 文献获取(e 得)、统一认证、资源调度等系统集成,整合了全国高校纸本资源和电子资源,揭示了资源收藏与服务情况,便于通过一站式检索从海量资源中快速发现与获取有用的信息。e 读集聚了不同形态的大量资源,包括期刊、学位论文、普通图书、工具书、年鉴、报纸等资源。e 读学术搜索在海量数字资源揭示基础上,建立全领域的知识脉络,并通过知识图谱、关联图、领域细分等功能帮助读者挖掘知识节点背后的隐含信息。e 读学术搜索含免费阅读 36 万册电子书,集成了本馆 OPAC、无缝链接 CALIS 馆际互借体系,其主界面如图 2-46 所示。

3. CALIS 外文期刊网

CALIS 外文期刊网(http://ccc.calis.edu.cn)是外文期刊综合服务平台,它全面整合了高校纸本期刊和电子期刊,为用户提供一站式期刊论文检索及获取全文服务。目前 1200 多家成员馆开通了此服务。CALIS 外文期刊网包含的资源包括:10 万多种纸本期刊和电子期刊,4 万多现刊篇名目次每周更新,近 1 亿条期刊论文目次数据,160 多个全文数据库链接及 OA 全文链接,30 个文摘数据库链接,300 个图书馆提供纸本期刊馆藏信息,530 多个图书馆提供电子期刊信息。CALIS 外文期刊网服务内容包含:期刊导航、期刊论文检索、期刊分析和管理、数据库对比,与图书馆购买的数据库无缝链接等。

图 2-46　e 读学术搜索检索主界面

4. CALIS 联合目录公共检索系统

CALIS 联合目录公共检索系统（http://opac.calis.edu.cn）于 2000 年 3 月正式启动服务，已成为国内外颇具影响力的联合目录数据库。截至 2023 年 6 月 30 日，CALIS 联合目录数据库共有书目记录 852 万余条，规范记录 184 万余条，馆藏信息约 6000 万余条。书目记录涵盖印刷型图书和连续出版物、古籍、部分非书资料和电子资源等多种文献类型，覆盖中、英、日、俄、法、德、西、拉、阿拉伯文等 180 多个语种；数据标准和检索标准兼容国际标准。

2.6.3　中国高校人文社会科学文献中心

中国高校人文社会科学文献中心（China Academic Social Sciences and Humanities Library，CASHL）是教育部为加强高校人才培养和进一步繁荣发展高校哲学社会科学而设立的文献基础设施项目，是为我国哲学社会科学教学科研提供外文文献及相关信息服务的最终保障平台，其建设目标是成为国家人文社会科学文献信息资源平台。CASHL（http://www.cashl.edu.cn/）目前已拥有 900 多家成员单位，个人注册用户逾 15.4 万。

CASHL 收录了 70 所"教育部文科图书引进专款"受益的院校共计 129 万种人文社会科学外文图书，可提供图书分类浏览和书名、作者、主题、出版者以及 ISBN 号等字段的检索服务。CASHL 平台整合的印本图书、电子图书、印本期刊、电子期刊面向全国高校读者提供统一检索、馆际互借和部分章节传递的文献共享服务，印本图书涵盖了国内 70 余所高校图书馆和上海图书馆的 345 万种图书；电子图书涵盖了 17 所高校图书馆的 17.5 万种图书。印本期刊涵盖了国内 17 所高校图书馆和上海图书馆、中国社会科学院图书馆的 6.2 万本期刊；电子期刊涵盖 17 所高校图书馆的 20 多万本期刊。形成"外文原版图书+原版期刊文献"的联合保障体系。

目前，CASHL 揭示了全球可开放获取的数据库 225 个，集成了 900 多个 CASHL 中心馆人文社科类数据库，涉及全部人文社会科学学科，以及各类交叉学科；文献类型包括图书、期刊、学位论文、音像、乐谱、地图等 20 多种。

CASHL 首页如图 2-47 所示，提供基本搜索与高级搜索两种方式。

另外，中国国家图书馆目录系统（http://www.nlc.cn/）可以检索图书、期刊、报纸、百科全书、特种文献等书目信息和馆藏地址，是重要的文献传递服务机构。

近年来，信息通信、移动互联网技术的不断发展促进了 QQ、微信等工具在文献传递服务中的广泛应用，商业文献传递也借助于 QQ 群、微信群、微信公众号等我国特有的文献传

图 2-47　CASHL 首页

递形式迅速赢得读者青睐，并在业界蓬勃发展。有些出版商还开通了多途径检索和辅助功能的 AI 智能公众号文献传递服务，这种文献传递方式不仅节省了传递的人工成本，极大地方便了读者的信息检索与获取，还保护了读者的信息需求隐私，降低了文献传递中的知识产权风险。用户可以运用多种方式获取文献原文。

思　考　题

1. 假设需要参与编写一本有关信息检索的教材，请对 2023—2024 年信息检索相关的图书或教材进行调研。

2. 利用 CNKI 检索周创兵院士 2018—2024 年发表的 CSCD 论文有多少篇？被引次数最高的是哪篇？

3. 假如参与导师的国家社科基金重大项目"碳信息标准化与全国统一披露平台体系建设研究"或"人工智能颠覆性应用的社会影响与信息治理研究"，请用本章介绍的信息检索系统进行文献的收集。

4. 查找《应用生态学报》期刊的主办单位、出版周期、期刊影响因子及投稿方式。

5. 利用 CNKI 与万方数据知识服务平台查询"南昌大学""管理科学与工程"学科 2005—2024 年博士毕业论文发布情况，确定共有多少篇？哪篇博士毕业论文被引频次最高？被引用了多少次？博士的导师是谁？

6. NSTL 有哪些数据库资源？如何对这些资源进行检索？

7. CALIS 有哪些服务内容？如何对其中的资源进行跨库检索？

第 3 章

国外信息检索系统

第 2 章已对国内的主要信息检索系统及其检索方法进行了介绍。国外信息检索系统是学习与研究中的重要信息源，这些检索系统种类繁多，收录的文献范围不尽相同，检索规则也略有差别。本章主要介绍查找国外信息常见的几个文摘型与全文型检索系统，包括：Web of Science、Ei Compendex、ScienceDirect、Springerlink、IEEE Electronic Library。各信息检索系统的收录范围见表 3-1。

表 3-1　代表性的国外信息检索系统收录范围

名称	收录范围
Web of Science	涵盖各学科领域，是综合性文摘数据库，收录期刊、会议论文、专利、数据、图书、学位论文、预印本等文献类型。提供文献的引用、参考文献检索、检索结果分析、引文报告等
Ei Compendex	涵盖工程技术领域，是文摘型数据库，收录图书、期刊、报告、学位论文、会议论文、专利、标准等文献类型
ScienceDirect	涵盖自然科学与工程、生命科学、健康科学、社会科学与人文科学等，是全文型数据库，收录图书、期刊、会议等文献类型
Springerlink	涵盖自然科学、技术、工程、医学、法律、行为科学、经济学、生物学等，是全文型数据库，收录图书、期刊、会议等文献类型
IEEE Electronic Library	涵盖电气电子工程、航空航天、计算机、通信工程、生物医学工程、机器人自动化、半导体、纳米技术、电力等技术领域，是全文型数据库，收录期刊、图书、会议、课程、标准等文献类型

3.1　Web of Science

Web of Science 是科睿唯安（Clarivate）推出的数据库检索系统，该系统将高质量的信息资源、独特的信息分析工具和专业信息管理软件无缝地整合在一起，是最重要的综合性信息检索系统之一。

3.1.1　数据库简介

Web of Science 可以访问机构订购的多个数据库，如 Web of Science 核心合集（包括 SCI-E、SSCI、CPCI-S、CPCI-SSH、CCR-Expanded、IC 等 10 个数据库）、BIOSIS Citation Index、Chinese Science Citation Database、KCI-Korean Journal Database、MEDLINE、Preprint Citation Index、SciELO Citation Index 等。其中 Web of Science 核心合集数据库（简称 WOS 核心合集）是最常用的子库。Web of Science 核心合集数据库的构成见表 3-2。

表 3-2　Web of Science 核心合集数据库的构成

Science Citation Index Expanded（SCI-E）	收录全球自然科学、工程技术领域内 9500 余种最具有影响力的学术刊物，涵盖 178 个学科，数据可回溯至 1899 年
Social Science Citation Index（SSCI）	收录 58 个社会科学领域内 3500 余种最具有影响力的学术刊物，数据可回溯至 1956 年

（续）

Arts & Humanities Citation Index（A&HCI）	收录 28 个艺术与人文学科领域内 1800 多种学术期刊，数据可回溯至 1975 年
Conference Proceedings Citation Index-Science（CPCI-S） Conference Proceedings Citation Index-Social Science & Humanities（CPCI-SSH）	会议录引文索引（自然科学版）与会议录引文索引（社科人文版）收录世界上最著名的会议录资料与文献，数据可回溯至 1996 年。共收录超过 20 万个会议录，涉及 250 多个学科
Current Chemical Reactions（CCR-Expanded）	收录全球核心化学期刊和发明专利的所有发现和改进的有机合成方法，收录超过 100 万种化学反应信息
Index Chemicus（IC）	收录期刊文献中报道的新化合物化学结构的相关性质，收录 420 余万种化合物，数据可回溯至 1993 年
Book Citation Index-Science（BCI-S） Book Citation Index-Social Science &Humanities（BCI-SSH）	为图书引文索引-自然科学版，图书引文索引-社会科学与人文版，收录超过 10.18 万种学术专著，同时每年增加约 1 万种新书
Emerging Sources Citations Index（ESCI）	2015 年发布的新型国际期刊引文索引数据库，收录在新兴学科领域中有活力、潜力和重要影响力的优秀学术期刊

　　Web of Science 首页如图 3-1 所示（此数据库需要个人或机构订购后方可使用），首页左侧是我的 Web of Science、标记结果列表、历史、个人信息、保存的检索式和跟踪等个性化服务功能，注册成为数据库用户并登录后可以使用这些个性化功能。首页中部有"选择数据库"，包括所有数据库、Web of Science 核心合集数据库等，默认的数据库为所有数据库。所有数据库有基本检索、高级检索、被引参考文献检索与研究人员等检索方式。下面重点介绍 Web of Science 核心合集数据库的检索方式。

图 3-1　Web of Science 首页

3.1.2　检索方式

用户可以在 Web of Science 首页右上方随意切换中英文界面。选择 Web of Science 核心合集数据库后进入如图 3-2 所示的检索界面，该数据库常用检索方式有五种：基本检索、被引参考文献检索、高级检索、研究人员检索、化学结构检索。

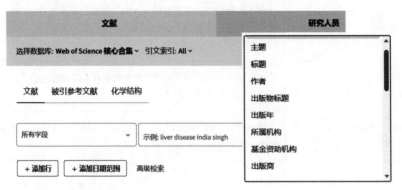

图 3-2　Web of Science 核心合集数据库基本检索界面

（1）基本检索（Basic Search）　Web of Science 核心合集数据库默认的检索方式是基本检索，可选择的字段有主题、标题、作者、出版年、摘要、地址等。选择一个检索字段，会出现该字段的检索说明。检索字段可以单个检索，也可以根据需要选择检索字段，输入检索内容，选择逻辑运算符，进行多个字段的组合检索。在基本检索界面上，单击"添加行"，可增加一条文本框，与前面的文本框构成逻辑组配关系，多次单击"添加行"，可增加多条文本框。基本检索中常用的字段及其代码见表 3-3。

表 3-3　常用的基本检索字段及其代码

字段名称	中文名	代码	含义
Title	标题	TI	检索文献标题，标题是指期刊文献、会议论文、书籍或书籍章节的标题
Abstract	摘要	AB	检索摘要字段
Author Keywords	作者关键词	AK	作者关键词是作者原文列出的关键词；Keywords Plus 是根据论文参考文献的标题自动生成的索引词
Topic	主题	TS	在标题、摘要、作者关键词、Keywords Plus 字段的检索。实际检索题名、关键词、摘要三个字段
Author	作者	AU	检索作者和团体作者。对于作者，请先输入姓氏，后跟空格和作者名字首字母
All field	全字段	ALL	使用一条检索式检索所有可检索字段
Publication Title	出版物标题	SO	检索期刊标题、书籍标题、会议录标题等。也称为"来源出版物名称"
Affiliation	机构	AF	检索首选组织名称和/或其名称的不同拼写形式

（续）

字段名称	中文名	代码	含义
Address	地址	AD	检索记录中"地址"字段内的机构名称和/或地点名称，可输入院校、机构、国家/地区、城市名或邮编等
Publication Year	出版年	PY	检索出版和在线发表日期字段。可检索某一年，也可检索某个范围内的多个年份

Web of Science 基本检索的检索逻辑算符有 AND、OR、NOT；词组用"　"引起表示精确检索；截词符号有"＊""？"与"＄"，其中"＊"表示有零或任意多个字符，"＄"表示 0 或 1 个字符，"？"代表一个字符。

（2）被引参考文献检索（Cited Reference Search）　被引参考文献检索是 Web of Science 所特有的检索途径，其检索界面如图 3-3 所示。被引参考文献检索可以按被引作者、被引著作和被引年份、被引 DOI、被引卷、被引期、被引页、被引标题输入检索。

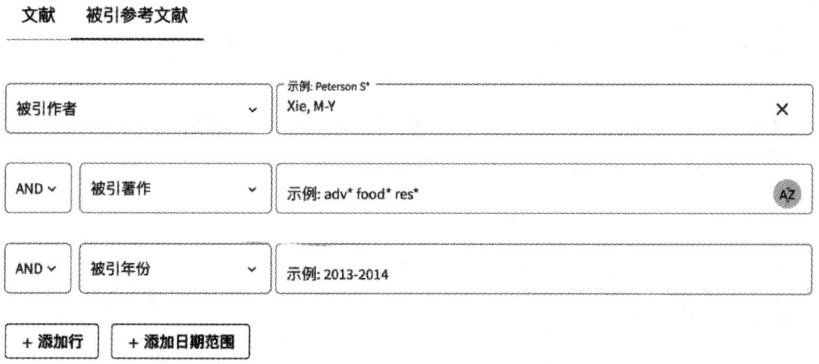

图 3-3　Web of Science 核心合集数据库被引参考文献检索界面

1）被引作者（Cited Author）：检索文献、书籍、数据研究或专利的第一被引作者姓名，有些记录还有第二被引作者姓名。

2）被引著作（Cited Work）：检索被引著作，例如被引期刊、被引会议录和被引书籍的标题。检索被引文献所在的出版物时，可以输入刊名或书名缩写。

3）被引年份（Cited Year）：只能与被引作者和/或被引著作一起组合使用进行检索。年份用四位数字表示，可对某一年或某一个时间段进行检索。如检索 2013 年或者 2013 年至 2014 年发表的引文，则应该输入：2013 OR 2013-2014。

（3）高级检索（Advanced Search）　单击 Web of Science 核心合集数据库主界面中的"高级检索"，进入如图 3-4 所示的高级检索界面，可以使用检索字段及代码、布尔运算符、位置运算符等构建复杂的检索式，也可使用多种方式组合检索式。可将检索词添加到检索式，但要从可用列表中选择适当的布尔运算符后，才可添加检索式。生成的每个检索式均会保存为会话检索式下的集合，这些集合以数字标识，最近的集合显示在列表顶部。可通过复制链接并以电子邮件发送给其他人共享高级检索式，也可以请求在添加与此检索式匹配的新内容时接收电子邮件跟踪。

（4）研究人员检索（Researcher Search）　研究人员检索可通过姓名检索、作者标识符

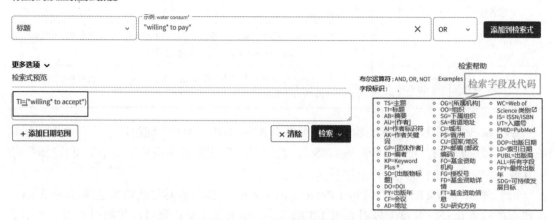

图 3-4　Web of Science 核心合集数据库高级检索界面

与组织 3 种检索途径检索。姓名检索通过检索作者的姓氏和名字来查找作者记录，一般姓在前，名在后。作者标识符使用作者的 WOS ResearcherID 或 ORCID ID 查找作者记录，WOS Researcher ID 由 1~3 个英文大写字母加 8 个数字组成，通过它可让研究人员与 Web of Science 上的出版物建立正确的归属关系。组织可以根据文献关联全记录中的地址字段，通过检索作者所属的组织来查找作者记录，即根据机构名称来检索研究人员，研究人员检索界面如图 3-5 所示。

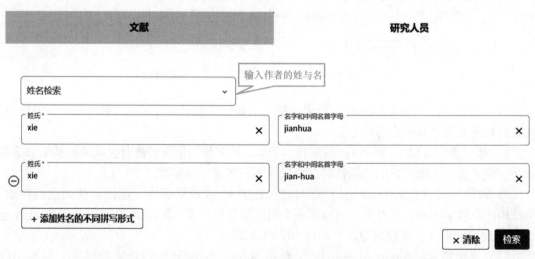

图 3-5　Web of Science 核心合集数据库研究人员检索界面

（5）化学结构检索（Structure Search）　化学结构检索是专门针对化学结构设置的特殊检索，可直接输入化学结构式进行检索。化合物检索可以通过化合物名称、化合物生物活性、分子量、特征描述等字段检索；化学反应可以通过气体环境、反应检索词、大气压（atm）、时间（小时）、温度（摄氏度）、产率、反应关键词与化学反应备注进行检索。化学结构检索界面如图 3-6 所示。

化学结构

绘制化学结构图并/或输入任何所需的数据。然后单击"检索"按钮继续检索。该检索将被添加到检索历史中。

○ 子结构
○ 精确匹配

⬆ 打开 mol 文件
⬇ 保存 mol 文件

图 3-6　Web of Science 核心合集数据库化学结构检索界面

3.1.3　检索案例

案例 1：查找碳足迹方面的 SCIE 或 SSCI 收录的研究论文。

（1）显示检索结果　在 Web of Science 核心合集数据库中选择 SCI-E 与 SSCI 数据库，在基本检索界面选择标题字段，输入"carbon footprint"后单击"检索"，检索结果如图 3-7 所示。检索结果可按相关性、最近添加、引文类别、日期、被引频次、使用次数、会议标题、第一作者姓名、出版物标题等进行排序。引文类别为新增排序方式，通过检索结果的二级目录排序，即背景最高优先、基础最高优先、支持最高优先、差异最高优先及讨论最高优先，帮助用户找到最需要的文献。按被引频次最高优先排序，可以查看高影响力论文。

（2）精炼检索结果　检索结果界面左侧可按高被引论文、热点论文、综述论文、在线发表、开放获取、被引参考文献深度分析等快速过滤与精炼结果。还可按出版年、文献类型、作者、Web of Science 类别、Citation Topics Meso、Citation Topics Micro、Web of Science 索引所属机构、Affiliation with Department、出版物标题、出版商、基金资助机构、开放获取、社论声明、编者、团体作者、研究方向、国家/地区、语种、会议名称、丛书名称等方式精炼检索结果。

（3）分析检索结果　分析检索结果界面如图 3-8 所示，检索结果可按多种方式进行分析：按照作者分析可以了解某个研究的核心研究人员是谁；按照出版年分析可了解该研究的发展趋势；按照文献类型分析可了解该研究通常以什么途径发表；按照 Web of Science 类别分析可了解该研究涉及了哪些研究领域；按照所属机构分析可了解有哪些机构从事这项研究；按照出版物标题分析可了解该研究通常发表在哪些期刊上等。

（4）创建引文报告（Create Citation Report）　在图 3-7 检索结果界面单击"引文报告"进入如图 3-9 所示引文报告界面，界面上部显示出版物、施引文献、被引频次、h-index 等信息。引文报告界面中部显示一个直方图（按年份的被引频次和出版物分布），默认显示近 30 年的情况，可调整文献发表年时间区间，分析特定年限文献的引文影响力。引文报告界面下部显示检索结果排序及被引频次情况。

创建跟踪服务包括创建检索跟踪与创建引文跟踪。单击检索框右侧的"创建跟踪服务"，之后系统会以每月或每周为周期，按照保存的检索式完成检索，并通过电子邮件将新添加的检索记录推送给用户。建立文献的引文跟踪，若有新文献引用，则该文献就可以收到 WOS 通过 E-mail 发送的引文报告，内容包括被引文献题名、引文跟踪服务到期时间、被引

图 3-7　检索结果界面

次数以及引用该文献的详细信息。

（5）检索结果输出　检索结果根据需要选择标记后，可以导出、发送 E-mail 或者直接打印。导出方式有 EndNote Online、EndNote Desktop、添加到我的研究人员个人信息、纯文本文件、RefWorks、RIS、BibTeX、Excel、制表符分隔文件、可打印的 HTML 文件、InCites、电子邮件、Fast 5000 等。

（6）检索结果详细界面　单击检出文献的题名，进入文献全记录界面，如图 3-10 所示。主要包括论文题名、作者、期刊名、年卷期页码、出版时间、在线发表、摘要、关键词、作者地址等。文献全记录界面右侧显示引文网络，包括被引频次、参考文献、相关记录、按分类引用项目及用户可能也想要的文献。

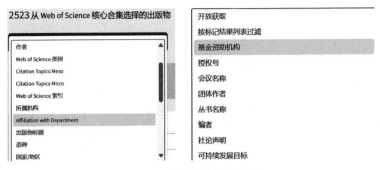

图 3-8　分析检索结果界面

图 3-9　引文报告界面上部

图 3-10　文献全记录界面

案例 2：检索南昌大学谢建华教授发表的 SCI-E 论文，并对其进行分析。

（1）通过基本检索方式进行检索　在 Web of Science 核心合集数据库中选择 SCI-E 数据库，在基本检索界面，选择作者字段，输入 "xie jianhua OR xiejian-hua"，添加一行，选择地址或所属机构字段，输入 "nanchang univ ＊"，单击 "检索"，得到 267 篇论文，检索结果界面如图 3-11 所示。选择左边的高被引论文，单击 "精炼" 可看到 17 篇高被引论文的详细信息，导出这 17 篇论文即可。

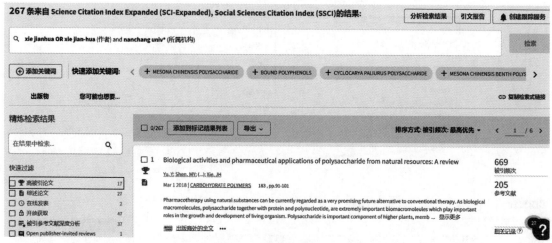

图 3-11　检索结果界面

单击"分析检索结果"，可对这 267 篇论文的学科类别、作者、出版物等进行分析，WOS 学科类别排在前 5 的为食品科学技术、应用化学、高分子科学、生物化学分子生物学、营养学；合作者为 Shen，Mingyue；Yu Qiang；Chen，Yi；Xie，Mingyong；Nie Shaoping 等；主要出版物有 Food Hydrocolloids（食品亲水胶体）、International Journal of Biological Macro-molecules（国际生物大分子杂志）、Food Research International（国际食品研究）、Food Chemistry（食品化学）、Carbohydrate Polymers（碳水化合物聚合物）。

单击"引文报告"，显示施引文献数量、被引频次、篇均被引频次及 h-index（h 指数）。单击"创建跟踪服务"可对该学者进行跟踪。

（2）通过研究人员方式进行检索　在研究人员检索界面，选择作者姓名字段，输入姓"xie"名"jianhua"或者姓"xie"名"jian-hua"，单击"检索"，进入检索结果界面如图 3-12 所示，共有 9 条检索结果。根据作者的所属机构及 ResearcherID 进行筛选。

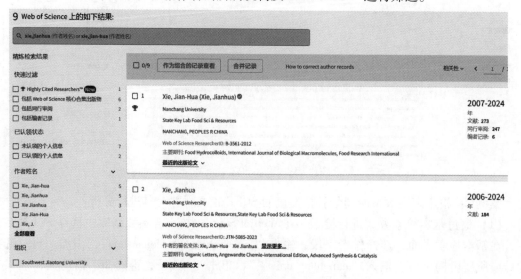

图 3-12　研究人员检索结果界面

经与作者本人交流与确认，第1条记录的信息比较准确，单击第1条记录，进入如图3-13所示研究人员详细界面。从界面可以看出，谢建华教授2022—2023年均为ESI高被引学者，h指数为53，论文共计被引9808次。

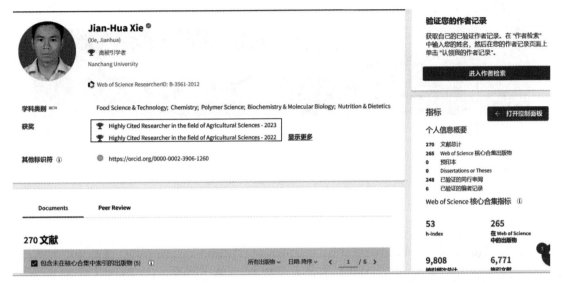

图 3-13　研究人员详细界面

Web of Science 个性化检索主界面适用于已注册登录的个人用户，包括最近搜索、最新提醒、个性化文章推荐和研究人员信息模块。个性化检索主界面各模块可展开或收起，研究人员个人信息包括研究人员个人资料、在 WOS 核心合集数据库的出版物、同行评议、验证作者记录、相关指标（个人信息概要、作者位置）、可能有兴趣的作者、共同作者等信息。支持下载 Researcher Profile CV，也可添加多个邮件地址新增 Editorial Board Membership 管理，可添加担任编辑的期刊信息。

3.2　EI Compendex

Engineering Village 平台上的 EI Compendex 数据库（简称 EI）是范围最广泛、最完整的工程技术领域文摘数据库之一，它提供了同行评审和索引出版物的真正整体和全球视图，这些出版物具有来自190多个工程学科的、89个国家的3500万条记录。

3.2.1　数据库简介

EI Compendex 为印刷版检索工具《工程索引》（Engineering Index，EI）的网络版数据库，其收录的文献水平高，是评价工程技术人员与科研人员学术成果的权威性数据库。收录范围包括电子、机械、化学、物理学、生物工程和生物技术、食品科学和技术、材料科学、仪器仪表、纳米技术等学科领域，可检索1884年至今的文献。

EI Compendex 的检索平台是 Engineering Village（简称 EV），该平台拥有多个数据库，

可以检索的文献类型包括期刊、会议、报告、学位论文、专利等，可以同时检索多个数据库资源。EI Compendex 主界面如图 3-14 所示。

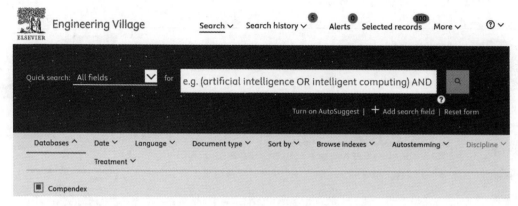

图 3-14　EI Compendex 主界面

3.2.2　检索方式

EI Compendex 数据库有 Quick Search（快速检索）、Expert Search（专家检索）、Thesaurus Search（叙词检索）、Author（作者）和 Affiliation（机构）5 种检索方式，系统默认是快速检索界面。如果检索时需要帮助可单击主界面右上角的 "?"，找到联系方式，以便询问专家，获取培训资料等。

（1）快速检索　EI Compendex 数据库默认的检索方式为快速检索，在快速检索界面单击左侧 "All fields" 的下拉列表框，可以看到有 20 多个检索字段，如图 3-15 所示。大多数字段与 Web of Science 相同，较有特色的检索字段为 EI Classification code（分类码）、Main heading（主标题词）、Controlled term（受控词）、Uncontrolled term（非受控词）。选择要检索的字段后输入检索词，并可通过单击 "Add search field" 进行多检索词的组配检索。

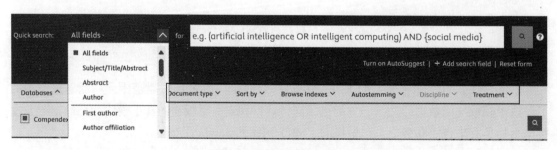

图 3-15　快速检索界面

选择检索字段后，在文本框中输入检索词或检索式，检索词之间可以选择 AND、NOT 与 OR 相连。检索框下方依次可以通过 Date（文献出版时间）、Language（语种）、Document type（文献类型）、Sort by（排序）、Browse indexes（浏览索引）、Autostemming（自动词根）、Treatment（研究类型）对检索结果进行限定。

1）Date（文献出版时间）：用户检索时可在 1884 年到当前的年限内任意限定，可以选择某年度检索，也可跨年度检索。其中的 Updates 选项可以让用户检索 EI 最近 1~4 次/周更新的数据。

2）Language（语种）：是对原始文献的语言进行限制，可选择的语言包括汉语、英语、法语、德语、意大利语、日语、俄语、西班牙语 9 种。无论原文使用的是何种语言，所有的摘要和索引均用英文编写。

3）Document type（文献类型）：文献类型是指所检索的文献源自出版物的类型。提供的选项有 All document types（所有文献类型）、Article in press（在线优先出版文献）、Book（专著）、Book chapter（专著章节）、Conference article（会议论文）、Conference proceeding（会议论文集）、Dissertation（学位论文）、Journal article（期刊论文）、Patent（before 1970）（1970 年前的专利）、Report chapter（报告章节）、Standard（标准）、Preprint（预印本）、Report review（综述报告）等选项。

4）Sort by（排序）：检索结果可以选择按 Date（出版日期）或 Relevance（相关度）排序，默认是按相关性排序。

5）Browse indexes（浏览索引）：对于 Author（作者）、Author affiliation（作者单位）、Controlled terms（受控词）、Publisher（出版社）、Source title（来源刊名）等字段，系统提供了相应的索引词典供检索使用。索引词典将为用户提供适宜的词语用于检索，一般是按字母顺序排列。

6）Autostemming（自动取词根）：用 All Fields、Title 和 Abstracts 字段检索时，系统默认的是在检索时对检索词自动取词根。例如，输入"nutrient"，将检索到"nutritional""nutrition"等。若不须执行这项功能，则单击"Turn autostemming off"即可。

7）Treatment（研究类型）：研究类型指的是文献的研究方法及所探讨主题的类型，提供的选项有 All treatment（全部）、Applications（应用）、Biographical（传记）、Economic（经济）、Experimental（实验）、General review（一般性综述）、Theoretical（理论）等选项。数据库中的一条记录可能有不止一个处理类型，并非所有的记录都有处理类型。

单击界面中放大镜样式的检索按钮即开始相应的检索，用户若需要中止检索过程以开始一次新的检索，单击检索框下方的"Reset form"（复位），即可清除前面的检索结果。

（2）专家检索　单击主界面中的"Search"，可从下拉菜单中选择"Expert Search"，进入如图 3-16 所示的专家检索界面。专家检索界面中有一个独立的检索框，用户采用 within 命令（缩写：wn）和字段码，将检索限定在特定的字段内进行。书写格式：{检索词或词组} wn 检索字段代码。常用字段的缩写代码与 WOS 基本一致。

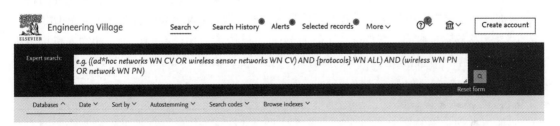

图 3-16　专家检索界面

使用 EI Compendex 专家检索时用户既可用单一字段进行检索，也可以通过布尔逻辑算符（AND、OR、NOT）对多个字段进行组合检索。如果要精确检索一个短语，可用大括号或双引号将此短语括进去。用截词符"*"表示截取任意多个字符。

（3）叙词检索 Thesaurus search 是 EI Compendex 的一项特色检索功能。叙词可以帮助识别控制词、查找同义词和相关词、使用推荐的窄义词修正检索策略。单击主界面中的"Search"，可从下拉菜单中选择"Thesaurus search"进入如图 3-17 所示的叙词检索界面。

该检索方式下有三种选择：①Vocabulary search（词语查询），显示包含要检索的词汇的控制词术语，包括上位类、下位类和相关词；②Exact term（精确词汇），如果明确知道某个控制词，想直接到词库条目，其中包含更宽泛的、窄义的和相关的术语以及范围注释、以前的术语（数据库中可以找到但已经被其他控制词取代的旧控制词）和导入术语（非控制词的同义字）；③Browse（浏览），可以按字母顺序浏览叙词表。

如选择 Vocabulary search 后在检索框中输入"information retrieval"后有 41 条结果，如图 3-17 所示。Information analysis 为 Information retrieval 的上位词（Broader terms）。Data mining、Information filtering 与 Intelligent agents 等都是 Information retrieval 的相关词（Relatedterms）。Image retrieval、Online searching 和 Recommender systems 是 Information retrieval 的下位类词（Narrower terms），这些词都是叙词。

图 3-17 叙词检索界面

（4）作者检索 作者检索仅限于 EI Compendex 作者索引中已有的记录，在检索界面输入作者名称及作者机构，可检索出作者的多种拼写方式及检索结果数量，部分作者还有 ORCID。

（5）机构检索 机构检索仅限于 EI Compendex 机构索引中已有的记录，如输入机构名称"nanchang univ *"，可检索出该机构的所有 EI 收录论文。单击"View records"可查看具体文献。

3.2.3 检索案例

假如想查询生态补偿方面的文献，通过对课题进行分析后发现生态补偿这个检索词有多个同义词与近义词，生态补偿按国内学者的翻译，英文名称分别为 Eco-compensation 或者

Ecological compensation，而国外常将生态补偿称为 Payment for Ecosystem Services（生态系统服务付费）、Payment for Environmental Services（环境服务付费）、Payment for Ecological Services（生态服务付费）、Payment for Ecological Benefit（生态效益付费）等，有 6 个检索同义词，可以选择快速检索，用逻辑或组配起来，也可以选择专业检索。

（1）构建检索式进行检索　在专业检索框输入检索式：（（"environment ＊ service ＊" or "ecosystem service ＊" or "ecolog ＊ service ＊" or "ecolog ＊ benefit ＊"）WN TI AND payment ＊ wn ti）OR（Eco-compensation WN TI）or（Ecolog ＊ compensation WN TI），时间限定为 1884—2022 年，单击"Search"后，检索得到 325 篇文献，如果将其限制在文摘（AB）中检索可得到 1293 篇文献，在关键词（KY）中查找可以检索到 1412 篇文献。通过对检索结果的比较，可以看出检索结果数量从多到少的是 KY>AB>TI。

如果觉得检索结果太多，只想看高质量的期刊论文，可以在高级检索中限定文献类型为 journal article，即 JA，在检索式中增加 JA WN DT，输入检索式：（（（（"environment ＊ service ＊" or "ecosystem service ＊" or "ecolog ＊ service ＊" or "ecolog ＊ benefit ＊"）WN TI AND payment ＊ wn ti）OR（Eco-compensation WN TI）or（Ecolog ＊ compensation WN TI））AND（JA）WN DT），得到 172 篇文献。检索结果界面如图 3-18 所示，界面上半部分显示了本次检索的检索策略和检索出的记录数。检索结果排序方式默认为 Relevance（相关性），还可按 Date（出版时间）、Author（作者）、Publisher（出版商）等进行排序。

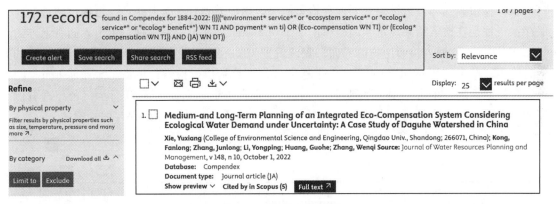

图 3-18　检索结果界面

检索结果界面左边可以进行二次检索，可按文献类型、作者、作者机构、受控词、分类代码、国家、语言、年份、出版商等进行精炼筛选。

检索结果界面下半部分显示文献题录信息，包括题名、作者、作者机构、来源出版物、数据库、文献类型等。单击"Show preview"，可以显示摘要。单击"Full text"可以通过附加的链接选项直接下载全文，这需要相关数据库的访问权限。

单击文献名可以进入该文献的详细界面，如图 3-19 所示。在详细界面可看到文献的题名、作者、作者机构、摘要、indexing（包括主标题词、受控词、非受控词、分类代码等信息）与 Metrics 等。其中作者姓名、受控词、非受控词和分类代码等均为超级链接形式。单击作者姓名，系统将检索出数据库中该作者的所有记录。单击受控词，系统将检索出数据库中用户最初检索时所选定的时间范围内含有该受控词的所有记录。此外还有收录号、出版社、ISSN 与 DOI 等。

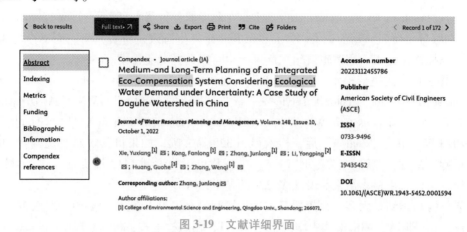

图 3-19　文献详细界面

（2）输出检索结果　在检索结果列表显示界面，单击文献前方的复选框，对需要输出的文献进行多条选中。对于已选中的文献可以直接邮件发送、打印与下载，选择"Download"可提供多种输出内容、多种格式的下载与导出。

（3）检索策略的保存和查看　EI 会跟踪用户在本次检索中所输入的检索式，为用户自动建立一个 Search History（检索历史）记录，记录所进行的每一次检索。检索结束后，用户可以保存检索式和检索结果。要保存检索策略，用户需先登录个人账户，可通过两种途径保存：一种是在检索结果显示界面，单击"Save Search"即可；另一种是单击界面右上方的"Search History"进入检索历史的界面，默认设置为显示最近 5 次检索，如果想查看前面的所有检索，单击"View all result"。单击检索式，则重新执行检索，单击"Save search"则可保存检索策略，单击"Alert"则可进行跟踪。检索历史界面如图 3-20 所示，若想查看保存的检索式，单击主界面上半部分的"Alerts"即可查看、编辑、删除保存的检索式。

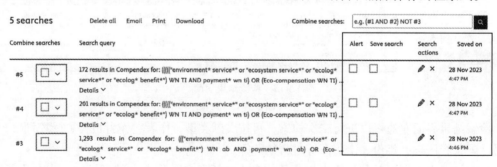

图 3-20　检索历史界面

3.3　ScienceDirect

荷兰爱思唯尔（Elsevier）出版集团是全球较大的科技与医学文献出版发行商之一，已有180 多年的历史。其产品包含 4000 多种高质量的学术期刊，大部分期刊都是被 SCI-E、EI 等国际公认的权威大型检索数据库收录的各个学科的核心学术期刊。ScienceDirect 数据库是爱思唯尔公司的核心产品，是全世界最大的 STM（科学、科技、医学）全文与书目电子资源数据库。

3.3.1 数据库简介

ScienceDirect 数据库包含超过 4000 种同行评议期刊与 35000 多本电子书，提供覆盖自然科学与工程、生命科学、健康科学、社会科学与人文科学 4 个领域 24 个学科的优质学术内容，涉及化学工程、化学、计算机科学、地球与行星学、工程、能源、材料科学、数学、物理学与天文学、农业与生物学、生物化学、遗传学和分子生物学、环境科学、免疫学和微生物学、神经系统科学、医学与口腔学、护理与健康、药理学、毒理学和药物学、兽医科学、艺术与人文科学、商业、管理和财会、决策科学、经济学、计量经济学和金融、心理学、社会科学，以及学科交叉研究领域。ScienceDirect 数据库的主界面如图 3-21 所示。

ScienceDirect®   Journals & Books   ⑦   [Register]

Search for peer-reviewed journal articles and book chapters (including open access content)

Find articles with these terms   In this journal or book title   Author(s)

[   ]   [   ]   [   ]   [Search 🔍]   Advanced search

图 3-21　ScienceDirect 数据库的主界面

3.3.2 检索方式

ScienceDirect 采取浏览与检索相结合的方式。期刊论文浏览可按期刊名和学科分类快速浏览期刊中的论文。检索分为基本检索与高级检索两种方式。

1. 浏览

在数据库主界面上方单击"Journals & Books"进入期刊/图书浏览界面。平台提供两种浏览方式，即按刊名/书名字母顺序浏览和按学科主题分类浏览，如图 3-22 所示。按期刊链接获取数据库收录该刊卷、期列表，通过相应卷期链接打开当期目录，从而找到所需文献的记录，获取原文。

2. 基本检索

ScienceDirect 数据库默认的检索界面就是基本检索界面，如图 3-21 所示。界面提供了"关键词""作者""刊名/书名""卷""期"和"页码"6 个检索字段。

3. 高级检索

单击主界面检索框右侧的"Advanced search"即可进入高级检索界面，高级检索提供了在全文中检索（支持检索式）、刊名/书名、年份、作者、作者机构、卷、期等检索字段，如图 3-23 所示。用户可根据需求同时选择多个检索字段进行检索。

平台支持的布尔逻辑运算符包括 AND、OR、NOT 和连字符（或减号），布尔逻辑运算符必须全部用大写字母输入，连字符（或减号）被理解为 NOT 运算符。如 black-hole 将返回包含"black"的结果，但不包括出现"hole"的任何结果。

布尔逻辑运算符优先级为 NOT>AND>OR，可以使用括号改变优先顺序，如使用（a OR b）

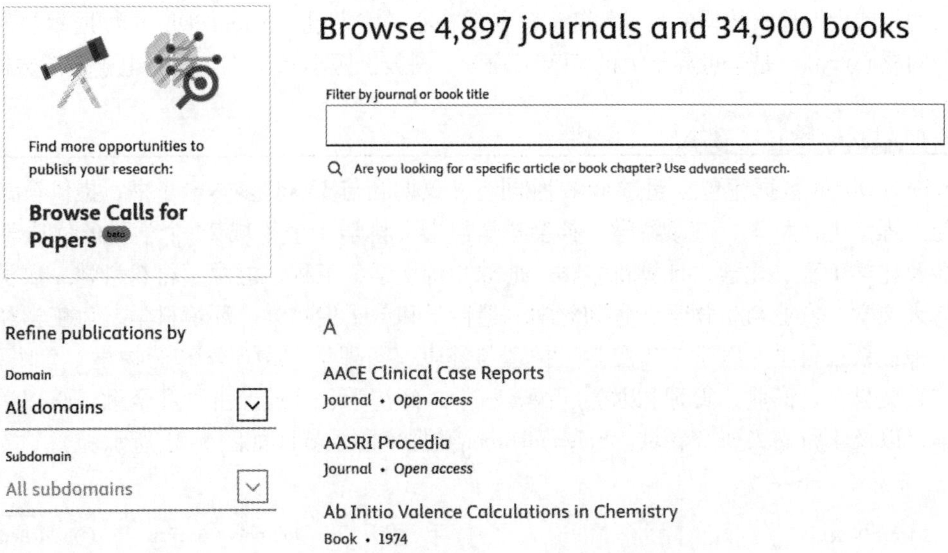

Find more opportunities to publish your research:

Browse Calls for Papers beta

Browse 4,897 journals and 34,900 books

Filter by journal or book title

Q Are you looking for a specific article or book chapter? Use advanced search.

Refine publications by

Domain
All domains ⌄

Subdomain
All subdomains ⌄

A

AACE Clinical Case Reports
Journal • *Open access*

AASRI Procedia
Journal • *Open access*

Ab Initio Valence Calculations in Chemistry
Book • 1974

图 3-22 期刊/图书浏览界面

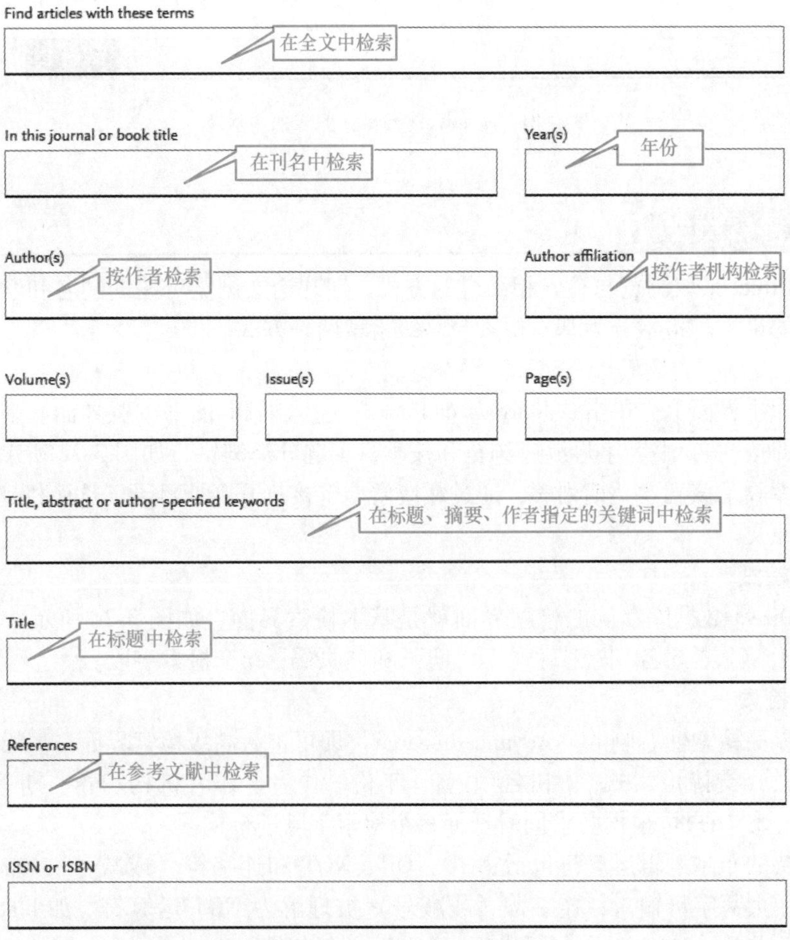

Find articles with these terms
〈 在全文中检索

In this journal or book title
〈 在刊名中检索

Year(s)
〈 年份

Author(s)
〈 按作者检索

Author affiliation
〈 按作者机构检索

Volume(s)

Issue(s)

Page(s)

Title, abstract or author-specified keywords
〈 在标题、摘要、作者指定的关键词中检索

Title
〈 在标题中检索

References
〈 在参考文献中检索

ISSN or ISBN

图 3-23 高级检索界面

AND（c OR d）。用截词符"＊"代表0—多个字符，支持英式和美式拼写变体。

3.3.3 检索案例

想要查找生成式人工智能的文献，在高级检索界面选择标题、摘要、作者指定关键词检索字段，检索框中输入"generative artificial Intelligence" or ChatGPT，检索结果界面如图 3-24 所示，结果显示可以选择文献列表和文摘列表两种格式。文献列表是默认的显示形式，包括命中文献篇数、检索策略及检索结果列表。检索结果可按照 relevance（相关性）排序，也可按 Date 排序，可通过出版年份、出版物名称、主题与文献类型进行限定。

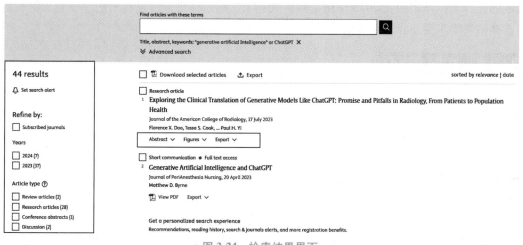

图 3-24　检索结果界面

通过界面左边的精练检索框可对检索结果进行筛选。单击检索结果界面每条文献下方的"Figures"可以预览图注。单击每篇文章篇名前的复选框选择记录，选择结束后，单击"Download selected articles"，可将标记过的记录文献全文批量下载；单击"Export"，可将标记过的记录文献的引文导出为 RefWorks、RIS、BibTeX、text 等格式。

若检索结果太多，可以增加其他检索词进行限定，完成二次检索，缩小检索范围。

双击文献题名，进入文献详细界面，如图 3-25 所示。界面左边是论文大纲，中间是期刊名称、卷期、题名、作者、作者机构等信息，右边推荐相关论文。

图 3-25　文献详细界面

ScienceDirect 注册账号进入个性化设置后有 My recommendations、My search history、My reading history、Manage alerts、Change password、Privacy center、Journal & Book series 等功能。

3.4 SpringerLink

施普林格·自然集团（Springer Nature）是一家全球领先的从事科研、教育和专业出版的机构，是世界上最大的学术图书出版公司，出版了全球最具影响力的期刊，也是开放获取领域的先行者。该集团在 2015 年由自然出版集团、帕尔格雷夫·麦克米伦、麦克米伦教育、施普林格科学与商业媒体合并而成。

3.4.1 数据库简介

Springer 通过 SpringerLink 系统提供在线服务，服务范围涵盖各个研究领域，提供学术期刊、电子参考工具书、电子图书、实验室指南、在线回溯数据库以及更多内容。SpringerLink 电子期刊数据库每年出版期刊超过 3100 种，涵盖了自然科学、技术、工程、医学、法律、行为科学、经济学、生物学等学科，出版的期刊 60% 以上被 SCI 和 SSCI 收录。

Springer Nature 目前已收录超过 26 万种专著、电子丛书及参考工具书等电子图书，并且每年增加 1 万余种最新出版图书，供读者在线阅读。读者通过 SpringerLink 系统可以访问涉及化学与材料、数学与统计学、资源环境与地球科学、计算机科学、生命科学、医学、物理学、经济学、商业与管理、心理学、人文社科、法律、教育学、哲学等学科的电子图书，无"黄色锁标记"的图书可以浏览。

3.4.2 检索方式

SpringerLink 资源系统分为检索和浏览两大模块，主界面的上半部分为检索模块，分为简单检索和高级检索两种；下半部分为浏览模块。下面介绍 Springer 电子期刊的浏览与检索，其主界面如图 3-26 所示。

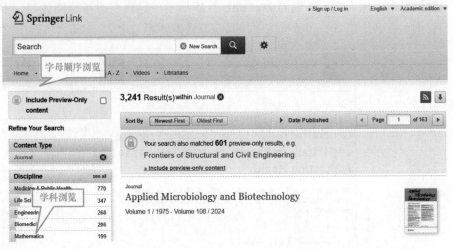

图 3-26　SpringerLink 资源系统主界面

1. 浏览

SpringerLink 资源系统可按学科或字母顺序浏览。用户单击感兴趣的学科，即可显示该领域的所有内容。例如，选择"Life Science"（生命科学），可以得到该领域的所有内容，也可按字母顺序进行图书/期刊的浏览。

2. 基本检索

基本检索界面非常简单，仅提供一个检索框，用户直接在检索框内输入检索词，单击"Search"，即可得出检索结果。基本检索可直接在检索框中输入检索词进行检索和输入检索表达式进行检索。基本检索界面如图 3-27 所示。

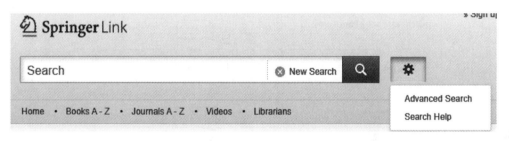

图 3-27　基本检索界面

（1）输入检索词进行检索　基本检索不提供检索字段，字段默认值为全部，各检索词之间可根据需要运用布尔逻辑运算符 AND、OR、NOT 进行组配，空格相当于布尔逻辑运算符 AND。由于检索字段为系统默认的全部字段，因而采用这种方式检索得出结果的查全率最高，但查准率最低。

（2）输入检索表达式进行检索　如果用户对检索结果有具体要求，则直接在检索框内输入满足检索需要的检索表达式，然后单击"Search"，即可得出检索结果。支持英语时态语态变体自动匹配。布尔逻辑运算符的优先级为：NOT > OR > AND。

3. 高级检索

单击主界面检索框右侧的齿轮型图标，选择"Advanced Search"，即可进入高级检索界面，如图 3-28 所示。高级检索界面提供 6 个检索框，前 4 个检索框所对应的指令为所输入检索词之间的逻辑组配关系；后两个检索框所对应的指令为检索项，分别为标题和作者。用户可根据需要在相应的检索框内输入相应的检索词，单击"Search"，即可得出检索结果。高级检索界面各检索框之间的关系是系统默认的逻辑关系 AND。

3.4.3　检索案例

如果希望检索到有关生态系统服务方面的文献，为了使检出的文献相关度高，选择高级检索方式，在 Where the title contains（标题）输入"ecosystem service"，单击"Search"，检索结果界面如图 3-29 所示，检索结果可按相关性、时间由新到旧与由旧到新进行排序。

检索结果中标题的左上角无锁形图标的，用户才有权打开全文；标题左上角加锁形图标的，表示用户无权浏览全文。单击检索结果的文献名称，即进入浏览该篇文献详细摘要和全文预览页的界面；单击"Download PDF"，即可浏览标题左上角无锁形图标的文献全文。用户如果希望仅查看自己的机构有访问权限的内容，可以取消勾选黄色复选框"Include

Advanced Search

Find Resources

with **all** of the words

逻辑与

with the **exact phrase**

精确检索

with at least **one of the words**

逻辑或

without the words

逻辑非

where the **title** contains

标题

e.g. "Cassini at Saturn" or Saturn

where the **author / editor** is

作者

e.g. "H.G.Kennedy" or Elvis Morrison

Show documents published

| Start year | End year |

between ▼   and

🔒 Include Preview-Only content ☑

Search

图 3-28　高级检索界面

Preview-Only content"。界面左侧可以找到预先设定的筛选选项以帮助用户优化检索结果。检索结果右上方橙色图标是 RSS 订阅源，单击可获取检索结果界面的 RSS 订阅源，单击箭头图标可以以 CSV 格式下载前 1000 个检索结果列表。

　　单击文献标题进入文献详细界面，详细界面包括文献的文献类型、在线出版日期、文献标题、作者信息、发表期刊与年份、文献摘要、文献结构导航等，如图 3-30 所示。

　　在文献正文之后或右侧均可查看该文献引用的参考文献。多数参考文献提供外部链接，单击可查看参考文献摘要或原文。引用该文献，可以以 RIS 格式导出引文，可使用 Reference Manager 等引文管理工具打开或直接复制界面上的引文信息。

　　单击期刊名称，进入期刊界面，如图 3-31 所示，该界面有期刊的详细信息。

　　没有在 SpringerLink 上注册的用户只需要简单几步即可完成注册。注册个人账户可订阅期刊更新提醒，以便第一时间获得出版消息，个人帐户在 Springer 旗下多个网站可通用。

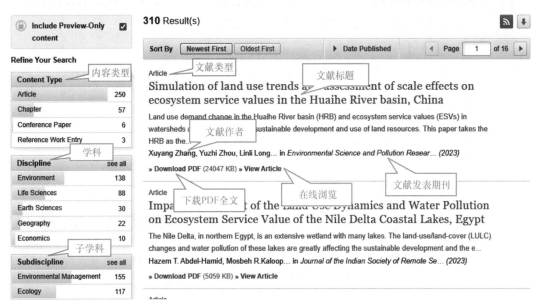

图 3-29　检索结果界面

图 3-30　文献详细界面

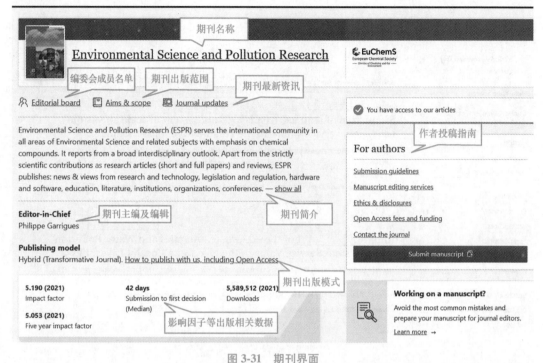

图 3-31　期刊界面

3.5　IEEE Electronic Library

IEEE Electronic Library（简称 IEL）数据库是电气电子工程师学会（The Institute of Electrical & Electronics Engineers，IEEE）出版的数据库。IEL 是 IEEE 旗下最完整、最有价值的在线数字资源数据库，内容覆盖了电气电子工程、航空航天、计算机、通信工程、生物医学工程、机器人自动化、半导体、纳米技术、电力等各种技术领域。

3.5.1　数据库简介

IEEE Xplore 是 IEL 数据库的登录平台，平台网址为 http://ieeexplore. ieee. org。IEEE Xplore 出版了世界电气电子工程和计算机领域三分之一的文献。包括 230 余种 IEEE 期刊和杂志，2000 余种 IEEE 会议录（每年）以及 10000 余种 IEEE 标准文档。平台主界面即简单检索界面如图 3-32 所示，用户可以在检索框选择不同的检索方式。

3.5.2　检索方式

IEL 数据库的检索方式有简单检索、高级检索、命令行检索与引文检索 4 种。

（1）简单检索　在检索框的左边选择文献类型和途径，包括 All（所有）、Books（专著）、Conferences（会议）、Courses（课程）、Journals & Magzines（期刊和杂志）、Standards

（标准）、Authors（作者）、Citations（引用）。在检索框中输入检索词进行简单检索，IEL 平台默认词组之间为 AND 关系，如输入："information retrieval＝information AND retrieval"。

图 3-32　IEL 简单检索界面

（2）高级检索（Advanced Search）　单击检索框下的"ADVANCED SEARCH"，进入高级检索界面，如图 3-33 所示，可提供多种高级检索选项。高级检索支持多个检索条件的组配，可选择检索字段、逻辑运算符和限定条件。IEL 的常用检索字段大多与 WOS 相同，但 Metadata Only（元数据）、IEEE Terms（IEEE 术语）、INSPEC Controlled Terms（INSPEC 控制词）、INSPEC Non-Controlled Terms（INSPEC 非控制词）等检索字段是其特有的。

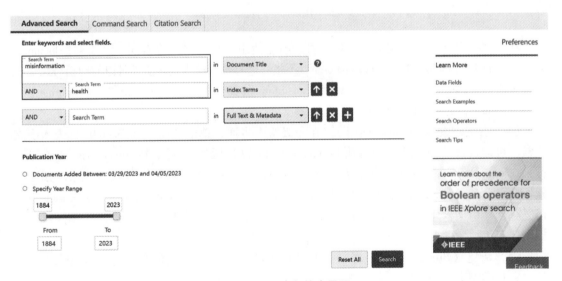

图 3-33　IEL 高级检索界面

（3）命令行检索（Command Search）　在高级检索界面，单击"Command Search"，进入命令行检索，可使用字段代码限定检索入口，通过布尔逻辑运算符和位置运算符自行构造检索式。一个检索式最多能输入 40 个检索词（一个检索子项最多含 20 个检索词），可使用位置运算符 NEAR 与 ONEAR。NEAR 代表连接的两个词之间距离小于或等于"N"个词，词序任意；ONEAR 代表连接的两个词之间距离小于或等于 N 个词，词序不变。

命令行检索可以使用通配符"＊"。在精确检索时，可以在引号内使用通配符。使用布尔逻辑运算符时可以使用通配符，NEAR 和 ONEAR 两个位置运算符也可以使用通配符。

如检索文献标题中包含"misinformation"或"disinformation"的文献。检索式如图 3-34 所示。

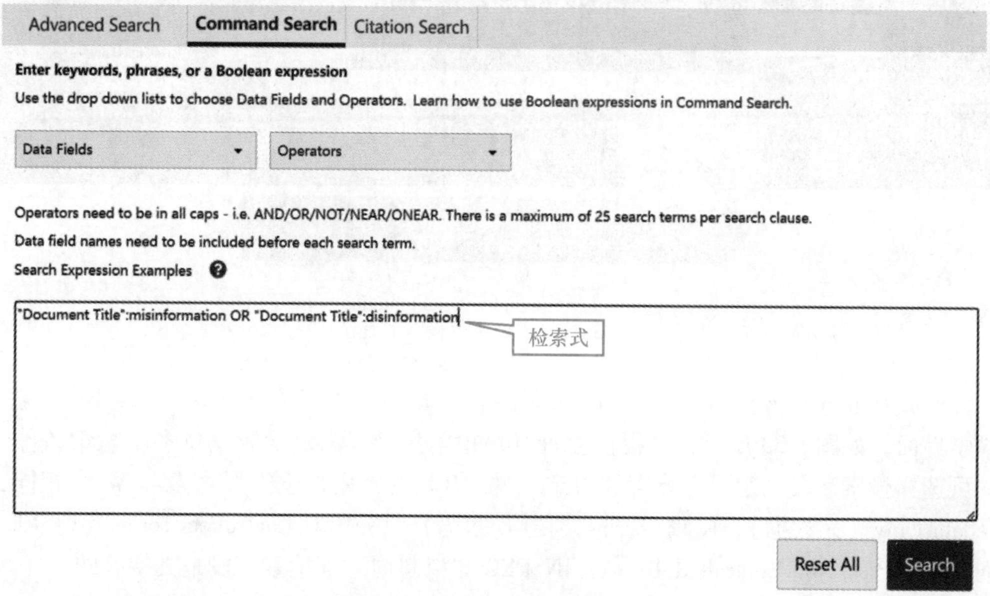

图 3-34　IEL 命令行检索式界面

在一个检索字段内使用 OR 运算符时，不能使用括号来组配检索词。因此""Document Title"：（misinformation OR disinformation）"不是一个有效的检索式。但是可以使用括号来组配检索字符串。例如：（"Document Title"：misinformation OR "Document Title"：disinformation）AND scheduling 是一个有效的检索式。

（4）引文检索（Citation Search）　在高级检索界面，单击"Citation Search"，进入引文检索。可输入文章的 DOI 号或者从 Publication Title（出版物名称），Document Title（文献名称），Year、Volume、Issue（年、卷、期），Author Name（作者姓名）等进行搜索。如要检索标题包含"Sina microblog disputed-level analysis based on sentiment analysis"的文献的引用情况。选择引文检索，在"Document title"中输入检索词，单击"Search"，具体检索界面如图 3-35 所示。

（5）浏览（Browse）　按照资料类型进行浏览，包括期刊、图书、会议、课程、标准。每一资料类型下可按不同的途径浏览。如会议、图书、期刊等可按题名和主题浏览，图书可按出版商浏览，期刊可按 virtual journals（虚拟期刊）浏览。在各类型的浏览界面上，可输入关键词进行查找，也可按照字母顺序、出版年、卷等排序相关文献。

3.5.3　检索案例

想要在 IEL 数据库检索标题中含有"虚假信息"和索引词中含有"健康"的文献。

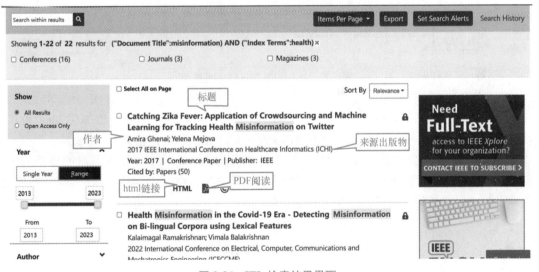

图 3-35　IEL 引文检索界面

1）在高级检索界面第一个检索框中输入"misinformation ＊"，检索字段选择"Document Title"，逻辑运算符使用 AND，在第二个检索框中输入"health"，检索字段选择"Index Terms"，单击"Search"，检索结果界面如图 3-36 所示，检索结果列表包括标题、作者、来源出版物、卷、期、页码、文献类型、文摘链接、html 链接、PDF 阅读、全文链接等内容。

图 3-36　IEL 检索结果界面

2）检索结果默认按照相关度（Relevance）排序，还可按照 Newest first、Oldest first（出版时间）、Most cited by papers（被论文引用频次）、Most cited by patens（被专利引用频次）、Publication title A-Z 或 Z-A（来源出版物名称）排序。系统默认每页显示 25 条记录，用户还可在 10 条、45 条、75 条、100 条之间自行选择。

3）检索结果界支持二次检索，在"Search within results"检索框输入检索词可进一步缩小检索结果范围。在二次检索框下系统会对检索结果按照文献类型进行展示，用户可选择相应的类型进行浏览。系统同时支持按照 Year（年份）、Author（作者）、Affiliation（作者单位）、Publication title（出版物名称）、Publisher（出版商）等途径进行精炼检索。

4）双击选中的文献标题，进入文献详细结果界面，可获取该文献的摘要、作者、关键词、出版商和计量指标等信息，如图 3-37 所示。单击"Authors"，可查看作者姓名、单位和邮箱信息。单击"Keywords"，可查看 Author keywords（作者关键词）等内容，为用户提供了多方位的备选检索词。单击 Metrics，可查看该文献的 Usage 情况（使用）和 Citation 情况（被引），从而了解一篇文献的热度和权威性。

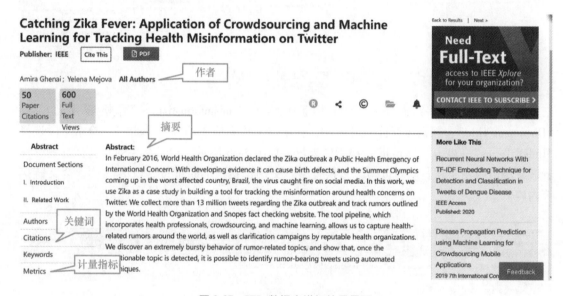

图 3-37　IEL 数据库详细结果界面

5）检索结果下载和导出，大部分文献的全文为 PDF 格式，部分文献提供 html 格式。对检索结果标记后，可下载全文，也可导出文献的题录格式和引用格式。

使用 IEEE 账号登录后，可保存检索历史，也可定制一个或多个检索策略的更新信息，实现定制热点技术信息推送，掌握权威研究人员最新进展，掌握竞争对手研究动态；可实现内容定制，定制新刊、会议、标准、书等。

3.6　其他信息检索系统

前面已经详细介绍了 Web of Science、Ei Compendex、ScienceDirect、Springerlink 与 IEEE Electronic Library 共 5 个国外数据库的检索方式，并结合案例讲解了各数据库的实践应用。在学习与研究过程中，仅使用这几个数据库并不能满足人们日益扩大的信息需求。因此，需要根据特定的文献类型与学科类别，选择其他的数据库。表 3-4 列出了有代表性的、知名出版社的信息检索系统，可根据研究需要进行筛选。

表 3-4　其他国外信息检索系统

名称与网址	简介
Scopus 数据库 （https://www.scopus.com/）	Scopus 数据库是目前全球规模最大的文摘和引文数据库之一。涵盖了由 5000 多家出版商出版发行的科技、医学和社会科学方面的 24000 多种期刊，其中同行审评期刊 21000 多种。该库还收录了 800 多种会议录以及数百种丛书，提供文献的被引用情况和文献的参考文献信息
PubMed 医学数据库 （https://pubmed.ncbi.nlm.nih.gov/）	PubMed 是目前世界上查找医学文献利用率最高的网上免费数据库。它收录了世界上 70 多个国家和地区的 4600 多种重要生物医学期刊的摘要和部分全文，其中 80% 以上的文献有英文摘要或全文链接，5% 左右可以免费查看全文。PubMed 收录的文献包括 Medline、Premedline 和出版商直接提供的文献数据库
Embase 文摘数据库 （https://www.embase.com/）	Embase 包含全部 Medline 的内容，共计涵盖 8600 种期刊以及 7000 多个会议超过 295 万条的会议摘要（从 2009 年），其中 2900 种期刊在 Medline 中无法检索到。覆盖各种疾病和药物信息，尤其涵盖了大量北美洲以外的医学刊物。Embase 纳入最新综合性循证内容与详细生物医学索引
Taylor & Francis Online （https://www.tandfonline.com/）	是 Taylor & Francis 出版集团的产品之一，内容涵盖生物、地球与环境食品、商管经济、教育学、科学技术与医学等领域，出版有 2700 余种学术期刊，40% 的人文社科类期刊被 SSCI/A&HCI 收录，70% 的科技类期刊被 SCI-E 收录，期刊都经过严格的同行评审
Wiley Online Library （https://onlinelibrary.wiley.com/）	Wiley 出版社 1807 年创建于美国，是一家具有超过 200 年历史的全球知名的出版机构。Wiley 及旗下的子品牌出版了超过 500 位诺贝尔奖得主的作品。收录有 1600 余种同行评审的学术期刊和 22000 多种书籍，涵盖科学、技术、医学、社会科学及人文科学等各领域
综合学科参考类全文数据库 （Academic Search Premier，ASP） （该数据库需要订购后才能检索）	ASP 收录 17932 种期刊的摘要，提供 4709 种全文期刊（其中 3901 种全文期刊为同行评审），还包括 379 种非期刊类全文出版物（如书籍、报告及会议论文）。ASP 有 1885 种全文期刊同时收录在 Web of Science 中，2889 种全文期刊同时收录在 Scopus 中。涵盖多元化的学术研究领域
商管财经类全文数据库 （Business Source Premier，BSP） （该数据库需要订购后才能检索）	BSP 收录 1886 年至今的 6775 种期刊摘要，提供 2166 种期刊全文（其中 1075 种同行评审期刊），以及 28061 种非期刊全文出版物（如案例分析、专著、国家及产业报告等）。收录 1200 多种知名出版社出版的国家/地区报告和 20000 多种企业报告。BSP 涵盖商业相关领域，如金融、国际贸易等
JSTOR 外文过刊全文库 （https://www.jstor.org/）	JSTOR 是以政治学、经济学、哲学、历史等人文社会学科主题为中心，兼有一般科学性主题共十几个领域的代表性学术期刊的全文库，提供从创刊号到最近三至五年过刊的 PDF 全文。有些过刊的回溯年代早至 1665 年
Emerald 期刊数据库 （https://www.emerald.com/）	Emerald 主要出版商业管理、图书馆学、工程学以及其他社会科学等专业领域的期刊 300 多种。Emerald 所有的期刊均经过同行专家评审过程以确保质量
Lexis 全球法律数据库 （https://advance.lexis.com/）	Lexis 是成立于 1818 年的为法律专业人士开发的一站式检索法律数据库（LexisNexis），收录全球范围内各类法律、案例、期刊论文、法律新闻、法学专著、相关评论等各种文献资料。目前已收录约 60 亿个可查文件，超过 45000 个资源，文件数以每周 950 万个的速度递增

（续）

名称与网址	简介
美国数学学会（American Mathematical Society，AMS）（https://www.ams.org/home/page）	美国数学学会成立于 1888 年，拥有 2.8 万名会员。该学会提供覆盖了自 1940 年以来世界范围数学文献的 MathSciNet 数据库；美国数学学会的期刊主要分为研究型期刊、会员期刊、翻译期刊、代理期刊四大类；AMS 出版物包括数学评论及多种专业期刊和图书
美国化学学会（American Chemical Society，ACS）（https://www.acs.org/）	ACS 成立于 1876 年，其会员数超过 16.3 万名。ACS 是享誉全球的科技出版机构。ACS 的期刊被 ISI 的 Journal Citation Report 评为化学领域中被引用次数最多的化学期刊
英国皇家化学学会（Royal Society of Chemistry，RSC）	RSC 成立于 1841 年，出版 40 余种高水平的化学及相关学科领域的学术期刊以及图书、数据库和杂志。旗下专业学术期刊均被 SCI 收录
美国物理学会（The American Physical Society，APS）（https://journals.aps.org/）	APS 成立于 1899 年，在全球拥有会员 40000 多人，是世界上最具声望的物理学专业学会之一。APS 出版的物理评论系列期刊包括 Physical Review、Physical Review Letters、Reviews of Modern Physics，分别是各专业领域最受尊重、被引用次数最多的科技期刊之一，其数据最早可以追溯到 1893 年
美国物理联合会（American Institute of Physics，AIP）（https://pubs.aip.org/）	AIP 创立于 1931 年，是一家出版研究性期刊、杂志、光盘、会议论文集及名录的专业出版社。AIP 数据库主要收录物理学和相关学科的文献内容，包括一般物理学、应用物理学、化学物理学、地球物理学、医疗物理学、核物理学、天文学、电子学、工程学、声学等
美国计算机协会（Association for Computing Machinery，ACM）（Digital Library https://dlnext.acm.org/）	ACM 创立于 1947 年，出版专业期刊、会议录新闻快报，于 1999 年开始提供在线数据库服务——The ACM Digital Library该数据库收录了美国计算机协会的各种电子期刊、会议录、快报等文献的全文信息，还可检索到其他 3000 多家出版机构的计算机文献的文摘索引信息
美国微生物学会（American Society for Microbiology，ASM）（https://journals.asm.org/）	ASM 是全球历史最悠久且最大的生命科学会员组织。1899 年，59 名科学家构成了该学会最初的会员，现在其会员人数已经超过了 40000 名，其中超过三分之一的会员来自美国以外的国家和地区。该学会的期刊引用率极高且具有很大知名度，其期刊引用量占所有微生物学引用的近 43%

　　总之，国外综合性的检索系统收录范围广、学科覆盖大，是查找文献信息的重要来源，部分检索系统提供原文链接，其本身不提供原文，但如果机构订购有该全文数据库，即可下载全文。出版社、学会或协会的检索系统学科特色比较强，能全面提供出版的原文，是获取文献原文不可缺少的工具。通过本章的学习，可从外文文献中获取最新、最前沿的科技知识，从而为自己的学习、科研提供支撑。

思 考 题

　　1. 希望了解重大项目"流域生态系统多功能性与水生态安全耦合机制"方面的发文情况，用 Web of Science 核心合集数据库进行检索分析。

　　2. 检索 Journal of environmental management 期刊 2022 年刊登论文被 SCI-E 收录的情况。

　　3. 检索南昌大学食品科学与工程学院 2022 年发表的 SCI-E 论文。

　　4. 检索南昌大学周创兵院士发表的论文被 EI 收录的情况。

　　5. 检索南昌大学 2022 年发表的期刊论文被 EI 收录的数量。

6. 对 Web of Science 核心合集数据库中信息科学和图书馆学学科（Information Science & Library Science）2010—2023 年 SSCI 论文的检索结果进行分析。

7. 用 Web of Science 核心合集数据库的高级检索方式，查找 2015 年以来中国以外的国家的作者撰写的标题中含有"carbon storage"的文献。

8. 通过 ScienceDirect 检索有关"人工智能伦理"方面的期刊论文 3 篇。

9. 通过 IEL 检索有关"量子计算"（quantum computing）方面的会议论文 3 篇。

10. 通过 SpingerLink 查找有关"智慧城市"（smart city）方面的论文 3 篇，摘录其摘要。

第4章

特种文献信息检索

特种文献是指出版、发行和获取途径都比较特殊的科技文献。特种文献一般包括专利文献、标准文献、学位论文、会议文献、科技报告、科技档案、政府出版物七大类。特种文献特色鲜明、内容广泛、数量庞大、参考价值高，是非常重要的信息源，在信息检索中占有重要地位。本章主要介绍特种文献中的专利文献检索、标准文献检索、学位论文检索与会议文献检索。

4.1 专利文献检索

专利是一种灰色文献，是科技信息的主要类型之一，也是获取最新科技成果的重要信息源。随着网络技术的发展，专利信息与专利数据库快速增长，专利文献检索是科研人员必须要掌握的技能。本节主要介绍专利与专利文献、专利文献检索的常用工具。

4.1.1 专利与专利文献

1. 专利

（1）专利的概念　专利（Patent）目前尚无统一的定义，我国专利教科书普遍认为专利是专利权的简称，它是由专利机构依据发明申请所颁发的一种文件。

在我国，专利包含三方面的含义：从法律角度看，指受专利法保护的权利（专利权），这种权利（专利权）具有独占的排他性；从技术角度看，指受国家法律保护的技术或者方案，即取得了专利权的发明创造；从文献角度看，指专利局颁发的确认申请人对其发明创造享有的专利权的专利证书，或记载发明创造内容的专利文献。

（2）专利的种类　专利有三种类型：发明专利、实用新型专利和外观设计专利。

1）发明专利指对产品、方法或者其改进所提出的新的技术方案。保护年限为自申请日起20年。

2）实用新型专利指对产品的形状、构造或者其结合所提出的适于实用的新的技术方案。保护年限为自申请日起10年。

3）外观设计专利指对产品的形状、图案或者其结合以及色彩与形状、图案的结合所作出的富有美感并适用于工业应用的新设计。保护年限为自申请日起15年。

（3）专利的特点　专利在申请时具有新颖性、创造性和实用性。

1）新颖性是指该发明或者实用新型专利在申请日以前未在国内外出版物上公开发表过、未在国内公开使用过或者以其他方式为公众所知。

2）创造性是指与现有技术相比，该发明或实用新型专利具有突出的实质性特点和显著的进步。

3）实用性是指该发明或者实用新型专利能够制造或者使用，并且能够产生积极效果。

2. 专利文献

（1）专利文献的定义　专利文献是实行专利制度的国家、地区及国际型专利组织在审批专利过程中产生的官方文件及出版物的总称。专利文献有狭义和广义之分，狭义专利文献是指专利说明书，广义专利文献包括专利公报、专利文摘、专利索引、专利分类表等。

专利说明书是专利文献的主体，其主要作用一方面是公开新的技术信息，另一方面是确定法律保护的范围。根据专利审批的程序即先"公开"再"公告"，专利说明书分为未经过专利性审查的申请说明书和经过专利性审查的专利说明书。

（2）专利文献的编号

1）申请号：申请号是指国家知识产权局受理一件专利申请时给予该专利申请的一个标识号码。申请号用 12 位阿拉伯数字表示，包括申请年份、申请种类号和申请流水号 3 个部分。申请号中的第 1~4 位数字表示受理专利申请的年份，第 5 位数字表示专利申请的种类（1 表示发明专利申请；2 表示实用新型专利申请；3 表示外观设计专利申请），第 6 位到第 12 位数字表示申请流水号，是受理专利申请的相对顺序。

2）专利文献号：是指国家知识产权局按照法定程序，在专利申请公布和专利授权公告时给予的文献标识号码。专利文献号用 9 位阿拉伯数字表示，包括申请种类号和文献流水号两个部分。专利文献号中的第 1 位数字表示申请种类号，第 2 位至第 9 位数字表示文献流水号，是文献公布或公告的排列顺序。

3. 专利检索系统检索字段

专利检索系统根据专利文献的特征提供多个检索字段，用户可根据需求与已知条件进行单字段或多字段组合检索。常用的国内外专利检索系统检索字段对比见表 4-1。

表 4-1 常用国内外专利检索系统检索字段对比

CNKI 专利库	万方中外专利数据库	国家知识产权局专利检索及分析系统	Espacenet 专利检索系统
专利名称	名称	名称	Title
摘要	摘要	摘要	Abstract
申请人	申请（专利权）人	申请（专利权）人	Applicant
发明人	发明（设计）人	发明（设计）人	Inventor
公开号	公开（公告）号	公开（公告）号	Publication Number
（主）分类号	（主）分类号	IPC（CPC）分类号	IPC（CPC）Classification
申请号	申请（专利）号	申请（专利）号	Application Number
无	无	公开（公告）日	Publication Data
代理人	代理人	代理人	无
无	无	优先号	Priority Number

CNKI 专利库还有主题、篇关摘（篇名、关键词、摘要）、全文、同族专利项与优先项检索字段；万方中外专利数据库有全部、主题、主权顶、优先权、代理机构等检索字段。

4.1.2 专利文献检索的常用工具

专利文献检索的常用工具可以分为三类。第一类是专利主管部门提供的专利数据库，如国家知识产权局专利检索及分析系统、欧洲专利局专利检索工具等。第二类是数据库提供的专利检索系统，如 CNKI 专利库、万方中外专利数据库等。第三类是专利服务商提供的数据库，如 IncoPat 全球科技分析运营平台、智慧芽、壹专利等。下面介绍常用的几种专利文献检索工具。

1. 国家知识产权局专利检索及分析系统

国家知识产权局专利检索及分析系统共收录了 105 个国家、地区和组织的专利，旨在面向社会公众用户提供优质的专利检索、专利分析、文献浏览和数据下载等服务，提升社会公众的专利检索、分析便利化水平。该系统提供常规检索、高级检索、命令行检索、药物检索、导航检索等检索方式，及热门工具的使用和专利分析功能。

在系统中进行专利检索、分析或使用其他功能时需要先进行用户注册和登录。用户按照系统提示填写真实有效的信息并通过邮箱验证进行注册，完成注册、登录后就可以正常使用系统的全部功能。该系统的热门工具包含同族查询、引证/被引证查询、法律状态查询、国别代码查询、关联词查询、双语词典、分类号关联查询、申请人别名查询、CPC 查询。下面重点介绍该系统的 5 种检索方式及其相关内容。

（1）检索方式　用户可通过国家知识产权局官网（https://www.cnipa.gov.cn/）政务服务平台的专利检索及分析系统模块进入系统界面，也可以直接输入网址（https://pss-system.cponline.cnipa.gov.cn）进入系统。系统界面也就是常规检索界面，如图 4-1 所示（需个人或机构注册后登录才可使用）。

1）常规检索。常规检索主要提供了一种快捷的检索模式，可通过自动识别、检索要素、申请号、公开号、申请人、发明人、发明名称的检索字段进行常规检索。用户可在选择相应的检索字段后，将光标移动到检索框"数据范围"下拉列表"ˇ"处中，此时系统自动显示该字段检索输入的可选信息。系统支持同时输入多个检索词（包括日期、关键词、号码等），较为复杂的检索条件可以在高级检索中实现。

图 4-1　常规检索界面

2）高级检索。在专利检索及分析系统界面，选择检索方式菜单导航中的"高级检索"，进入高级检索界面。如图 4-2 所示，高级检索界面主要包括 4 个区域：检索范围、检索项、检索式编辑区与检索历史。在检索范围选择时，可以同时进行中外专利联合检索，需同时输入中英文检索词。如果筛选条件中没有想要筛选的国家名称，可以单击"更多"查看更多国家名称，默认按汉语拼音名称首字母升序排序。选择想要添加到界面中的国家，单击"保存"即可。

图 4-2　高级检索界面

在检索项上部区域可查看检索字段的应用说明信息。在该区域中，申请号、公开（公告）号这两项后面有"？"符号，单击即可打开国别代码界面。IPC 分类号和 CPC 分类号后也有"？"符号，单击即可打开 IPC、CPC 分类号查询表。

如若想检索华为公司申请的关于手机的专利，可在申请（专利权）人字段输入"华为"，在发明名称字段输入"手机"，如图 4-3 所示。

在输入检索关键词之后，可以单击运算符按钮完成检索词的构建，然后单击"生成检索式"，构建后的检索式显示在检索式编辑区。检索式构建好后，单击"检索"，即可显示检索结果。

3）命令行检索。命令行检索提供专业化的检索模式，该检索模式支持以命令的方式进行检索、浏览等操作功能。在检索条件较为复杂时，高级检索不方便输入和显示多个并列的检索条件，命令行检索则更为清晰直观。

4）药物检索。药物检索是基于药物专题库的检索功能，为从事医药化学领域研究的用户提供检索服务。药物检索又分为高级检索、方剂检索和结构式检索三种模式。

5）导航检索。导航检索是根据一定的分类规则逐级细化目标来进行检索，系统按照

图 4-3　输入检索关键词操作示意图

IPC（国际专利分类）、CPC（联合专利分类）和国民经济分类三种方式提供导航检索，帮助用户快速缩小检索范围，浏览目标领域专利文献。

（2）检索结果显示与下载　对专利检索结果的浏览，系统提供了快速概览和详细浏览两种模式，如图 4-4 所示。快速概览是通过列表的形式对专利文献的著录项目信息进行展示，其排序方式默认按照专利的申请日降序排列，用户可以根据需要切换图文搭配、文字列表或多图展示的概览方式。详细浏览能够全面了解专利文献信息，除专利文献的著录项目信息外，还可以查看全文文本及全文图像信息。为方便用户快速定位专利文献关键内容，系统还提供了高亮、高密、聚焦显示和文献翻译等详览辅助工具。

图 4-4　检索结果浏览界面

系统支持专利文献单篇下载和批量下载两种下载模式，其中批量下载需要用户将检索结果导入系统的批量下载库后才能完成。每位用户每天可以进行 5 次批量下载，批量下载文献数量最大为 20000 条。

（3）检索历史与收藏　高级检索界面的最下方区域为检索历史。在该区域中，用户可以看到当前注册用户下所有检索模块的检索历史相关信息。在详细浏览专利文献的过程中，用户如果需要收藏部分专利文献，可以通过收藏功能将其收录到用户收藏夹，方便日后进行查找和浏览；如果想要对检索结果进行后续的分析，可以将专利文献加入分析库中，便于系统的专利分析功能直接调用。

2. 欧洲专利局专利检索工具

欧洲专利局（European Patent Office，EPO）是根据欧洲专利公约成立的一个政府间组织。其主要职能是负责欧洲地区的专利申请的审查、批准及欧洲专利授权公告后异议的审理以及文献出版工作。目前，EPO 共有 38 个成员国，其授权专利在 44 个欧洲国家生效。EPO 开发的多种专利信息平台和工具可划分为技术类专利信息资源、法律类专利信息资源和商业类专利信息资源。其中，Espacenet 和 European Patent Register（欧洲专利登记簿）是访问较多的互联网专利信息检索平台。

Espacenet 专利检索系统（https://worldwide.espacenet.com/? locale＝en_EP）是 EPO 开发的免费专利信息检索数据库，收录了全球 100 多个国家的超 1 亿件专利文献，支持用户对检索结果的筛选优化和统计分析。Espacenet 专利检索系统的资源包括四部分：Worldwide 数据库、Worldwide EN 数据库、Worldwide FR 数据库和 Worldwide DE 数据库。

Espacenet 专利检索系统具有其他语种专利文献可检索的说明书和权利要求书的机器翻译数据；支持所有文本和人名字段的同时检索，支持检索结果列表和文献详情在同一页面中并排显示，方便用户浏览检索结果。

Espacenet 提供三种检索方式：智能检索（Smart search）、高级检索（Advanced search）和专利分类号检索（Classification search）。

（1）智能检索　智能检索界面的检索框可以输入简单的单个词或多个词，检索词与检索词之间用空格分隔即可，也可以输入较为复杂的检索指令。在智能检索中用户只需输入描绘某项发明的词汇。此外，也可以输入某篇专利的专利号、发明人（公司）或申请年份。具体检索界面如图 4-5 所示。

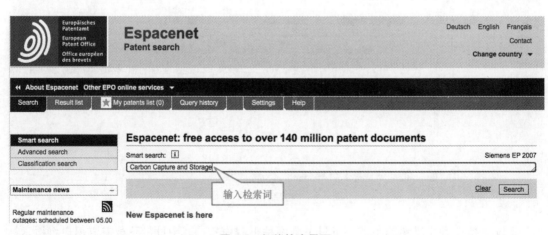

图 4-5　智能检索界面

智能检索的检索框中，最多可以输入 20 个检索词（每个可检索的著录项目字段最多 10 个检索词）并以空格或适当的运算符连接，如未指定字段，则系统可自动识别所输入的内

容并在相应的字段中进行检索。

（2）高级检索　在高级检索界面，提供了 10 个检索字段。在每个检索字段中，可使用布尔逻辑运算符 AND、OR 与 NOT 对多个检索词或检索项进行组配。在发明专利的名称及摘要中检索短语或词组时，检索词作为字符串可使用双引号。具体检索界面如图 4-6 所示。

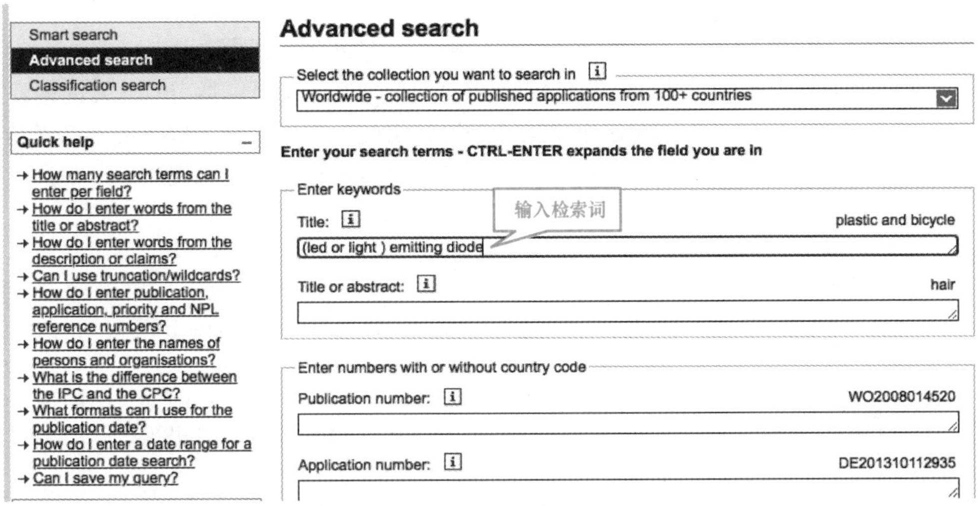

图 4-6　高级检索界面

（3）专利分类号检索　Espacenet 数据库中可以使用 CPC 进行主题检索。CPC 是欧洲专利局对专利申请分类和检索的重要工具。利用专利分类号检索，用户可以通过输入关键词检索相应的 CPC 及其含义，也可以通过选择系统提供的 8 个大类进行检索，获得对应的欧洲专利分类号。具体检索界面如图 4-7 所示。

图 4-7　专利分类号检索界面

Espacenet 数据库中可以使用布尔逻辑运算符 AND、OR、NOT。截词中用"＊"代替任意多个字符；用"？"代替 1 个字符；用"#"仅代替一个字符；如果想检索一个词组，应该用半角双引号（""）将词组引起来。

检索执行后，单击任意一条检索结果可以看到该条记录对应的详细信息。可选择查看著录项目、说明书、权利要求书、附图、原始文件、引证文献、被引证文献、INPADOC 法律状态、INPADOC 同族。还可在 32 种语言（包括中文）之间进行机器翻译。

专利文献检索的途径非常广泛，具体检索时要尽可能地利用包括 IPC、关键词、申请人、专利权人的检索字段，应用布尔逻辑运算符进行组配，准确、全面地查找到检索结果。

除了以上介绍的两种专利检索工具外，还有其他的专利检索工具见表 4-2。

表 4-2 其他专利检索工具

名称与网址	简介
CNKI 专利库 （https://kns.cnki.net/kns8s/? classid＝VUDIXAIY）	包括我国专利和国外专利。我国专利收录了 1985 年以来在我国申请的发明专利、外观设计专利、实用新型专利，共 4990 余万项，每年新增专利约 250 万项；国外专利包含美国、日本、英国等十国、两组织及两地区的专利，共计收录从 1970 年至今专利 1 亿余项，每年新增专利约 200 万项
万方中外专利数据库 （https://c.wanfangdata.com.cn/patent）	涵盖 1.56 亿条国内外专利数据。我国专利收录始于 1985 年，共收录 4060 余万条专利全文，每年新增 300 万条。国外专利 1.1 亿余条，均提供欧洲专利局网站的专利说明书全文链接，收录范围涉及中国、美国、日本、英国等十一国、两组织及两地区数据，每年新增 1000 余万条
IncoPat 全球科技分析运营平台 （http://www.incopat.com）	汇集整合全球 120 个国家、组织和地区的超过 1.4 亿项专利技术、专利数据信息。可提供专利检索字段达到 305 个，支持中文、英语、小语种语言检索。提供知识产权法律状态、诉讼信息、企业工商信息等增值数据；支持高级检索、引证检索、AI 检索、图形检索、化学检索等 10 种检索方式，多字段复杂检索式检索。开发出智能语义检索、智能图形检索等
智慧芽（PatSnap）全球专利数据库 （https://www.zhihuiya.com/）	其涵盖的专利数据来自全球 116 个国家/地区，包括中国、美国、日本、韩国、德国、英国、法国、澳大利亚、WIPO 等主要国家和组织的专利数据，收录专利文献超过 1.4 亿条，并且包含 4.2 亿条生物序列及其与公开专利关联关系的数据，收录时间范围为 1970 年至今，更新频率为每周多次
壹专利 （https://www.patyee.com/search/quick）	由广州奥凯信息咨询有限公司开发，囊括了全球超过 105 个国家、地区及组织的 1.5 亿条专利数据，每周更新 2 次以上。其智能检索功能操作简单，提供助手式的检索式编写功能，支持多种特色检索方式，包括国民经济分类检索、战略性新兴产业分类检索、国防解密专利检索等，并支持对检索结果进行二次检索和筛选
大为 innojoy 专利搜索引擎 （https://www.innojoy.com/search/home.html）	收录全球 104 个国家和地区的 1 亿余条专利数据、5000 多万件专利说明书、60 个国家和地区的法律状态、19 个国家代码化全文、14 个非英语语种国家高品质英文翻译和独有的美国增值数据。支持 12 种检索方式，从简单检索、表格检索、表达式检索、智能检索到跨语言检索、二次检索等满足各种检索要求

（续）

名称与网址	简介
SooPAT （http://www.soopat.com/）	提供中国专利和世界专利的搜索，其中包含 110 个国家和地区、超过 1 亿 6000 万项专利文献，时间跨度超过 350 年，支持使用中文查询全球各国专利。检索方式主要有表格检索、高级检索、专家检索、IPC 分类检索、引文检索以及专利族检索等
国家重点产业专利信息服务平台 （https://chinaip.cnipa.gov.cn/chinaip/index.html）	为十大重点产业、稀土产业、芯片、中医药、人工智能、种业、绿色低碳、核心工业软件等提供知识产权信息服务支持。该平台涵盖相关技术创新重点领域的国内外等 105 个国家、地区和组织的超过 1.5 亿条专利数据。提供一般检索、高级检索、分类导航检索、IPC 分类导航检索、法律状态检索、数据统计分析等功能

国外的专利数据库还有很多，比较著名的主要有：德温特专利数据库（DII）、美国专利数据库、日本专利数据库以及世界其他各国的专利数据库等，这里不再列举。

4.2　标准文献检索

随着经济全球化的发展，标准成为世界各国发展贸易、技术创新和技术进步的重要手段，标准在经济和社会发展中发挥着越来越重要的作用。标准文献作为一种重要的科技出版物，是获取工程技术信息、提高工艺和技术水平的重要信息源。本节主要介绍标准与标准文献、标准文献检索的常用工具。

4.2.1　标准与标准文献

1. 标准

标准是对重复性事物和概念所做的统一规定，它以科学技术和实验经验的综合成果为基础，经有关方面协商一致，由主管部门批准，以特定形式发布，作为人们共同遵守的准则和依据。

2. 标准文献

（1）标准文献的定义　标准文献有狭义和广义之分，狭义标准文献是指按规定程序制定，经公认权威机构（主管机关）批准的一整套在特定范围（领域）内必须执行的规格、规则、技术要求等规范性文献，简称标准。广义标准文献指与标准化有关的一切文献，包括标准形成过程中的各种档案，宣传推广标准的手册及其他出版物，揭示报道标准文献信息的目录、索引等。标准文献的特点是：技术成熟度高，约束性强，有自己独特的体系，具有期龄，需要复审，是了解世界各国工业发展情况的重要科技信息源之一。

（2）标准文献的分类　比较常用的标准文献分类方式有以下 3 种。

1）按照标准的实施范围划分，可分为国际标准、区域标准、国家标准、行业标准、部门标准和企业标准等。国际标准指国际间通用的标准；区域标准指世界某一地区通用的标准；国家标准指由国家标准化机构批准颁布的标准；行业标准指根据某专业范围统一的需要，由专业主管机构和专业标准化机构批准发布；部门标准指某个部门或企业单位等制定的适用于本部门的标准；企业标准指由企业制定的标准。

2）按照标准的实施力度划分，可分为强制性标准与推荐性标准。强制性标准具有法律属性，在一定范围内通过法律、行政法规等手段强制执行；推荐标准又称为非强制性标准或自愿性标准，是指在生产、交换、使用等方面，通过经济手段或市场调节人们自愿采用的标准。

3）按照标准化对象的基本属性，可分为技术标准和管理标准两类，前者指涉及技术的事项，后者指涉及管理的事项。

4.2.2 标准文献检索的常用工具

标准是一种重要的科技信息源，可从标准中获得权威的参数指标与检验方法等。检索标准文献的检索工具分为国内标准与国外标准。下面介绍国内外几种常用的标准文献检索工具。

1. 国内标准文献检索工具

（1）中国标准服务网 中国标准服务网（https://www.cssn.net.cn/cssn/index）创建于1998年，是中国标准化研究院主办的国家级标准信息服务网站。中国标准服务网由中国标准化研究院标准信息研究所负责运营。2021年10月，中国标准服务网改版后，以更丰富的内容和全新的面貌为广大用户服务。

（2）国家标准化管理委员会 国家标准化管理委员会（https://www.sac.gov.cn/）是统一管理全国标准化工作的主管机构，通过其标准服务平台可以链接到全国标准信息公共服务平台和国家标准全文公开系统两个标准文献检索与获取平台。在国家标准化管理委员会主页点击"办事服务"，选择"标准服务平台"，就可进入全国标准信息公共服务平台。

1）全国标准信息公共服务平台（https://std.samr.gov.cn/）提供标准信息的免费查询，包括国家标准、行业标准、地方标准、团体标准、企业标准、国际标准与国外标准等的链接。有基本检索与高级检索两种方式。提供国家标准计划查询、国家标准目录查询、国家标准外文版查询、国家标准样品查询、TC目录查询及委员聘书核验。标准数据来自国家标准化工作管理系统生成的数据信息或国内外标准化机构、国际标准化组织授权使用的资源，内容更新及时具有很好的权威性，该平台主页如图4-8所示。

2）国家标准全文公开系统（https://openstd.samr.gov.cn/bzgk/gb/）公开了国家市场监督管理总局、国家标准化管理委员会，已批准发布的所有强制性国家标准、推荐性国家标准（非采标）、指导性技术文件。收录现行有效强制性国家标准2023项，收录现行有效推荐性国家标准42307项，收录现行有效指导性技术文件601项。该系统提供普通检索、标准分类检索和高级检索三种检索模式，可对标准类别、标准状态、标准发布时间、国际标准分类进行限制，提高检索准确率，该系统主页如图4-9所示。

（3）万方中外标准数据库 万方中外标准数据库（https://c.wanfangdata.com.cn/standard）收录了所有我国国家标准（GB）、我国行业标准（HB）以及中外标准题录摘要数据，共计200余万条记录，其中我国国家标准全文数据内容来源于中国质检出版社，中国行业标准全文数据收录了机械、建材、地震、通信标准以及由中国质检出版社授权的部分行业标准。此数据库的检索方式见第2章的2.2节内容。除了提供题名、关键词、摘要通用检索字

图 4-8　全国标准信息公共服务平台主页

图 4-9　国家标准全文公开系统主页

段外，标准文献特有的检索字段有标准起草人、起草单位、标准编号、发布单位、出版单位、中国标准分类号与国际标准分类号。

（4）CNKI标准数据总库　CNKI标准数据总库（https://kns.cnki.net/kns8s/？classid=WQ0UVIAA）包括国家标准全文、行业标准全文以及国内外标准题录数据库，共计60余万项。其中国家标准全文数据库收录了由中国标准出版社出版的、国家标准化管理委员会发布的所有国家标准；行业标准全文数据库收录了现行、废止、被代替、即将实施的行业标准；国内外标准题录数据库收录了中国以及其他国家、标准化组织制定与发布的标准题录数据，共计49万余项。此数据库的检索方式见第2章的2.1节内容。特有的检索字段有标准名称、标准号、起草单位与发布单位。

（5）标准网　标准网（http://www.standardcn.com）由机械科学研究院中机生产力促进中心建设并维护的我国工业行业的标准化门户网站，该网站除了提供国家标准、国外标准等的检索查询外，主要是提供19个工业行业标准的网上管理、服务、相关技术咨询。

（6）工标网　工标网（http://www.csres.com/）可以查询国内标准，可以查询标准有效性，可以查询标准替代情况、标准公告。工标网支持多字段查询，字段以空格分隔。

标准文献检索除了利用以上介绍的标准检索工具外，还有一些专业网站也能检索标准。如中华人民共和国生态环境部生态环境标准网页（https://www.mee.gov.cn/ywgz/fgbz/bz/）；中华人民共和国住房和城乡建设部标准发布公告网站（https://www.mohurd.gov.cn/gongkai/fdzdgknr/bzgf/index.html）。同时，搜索引擎也能帮助用户找到需要的标准信息，可以按分类号、标准号或主题词等字段进行标准文献的检索。

2. 国外标准文献检索工具

1）ISO（http://www.iso.org）：国际标准化组织（International Organization for Standardization，ISO）是标准化领域中的一个国际性非政府组织，ISO负责当前绝大部分领域（包括军工、石油、船舶等垄断行业）的标准化活动。官方语言是英语、法语和俄语。组织成员包括各会员国的国家标准机构及主要工业和服务业企业。它是世界上最大的非政府性标准化专门机构。

2）IEC（http://www.iec.ch）：国际电工委员会（International Electrotechnical Commission，IEC）成立于1906年，它是世界上成立最早的国际性电工标准化机构，负责有关电气工程和电子工程领域中的国际标准化工作。

3）ANSI（http://www.ansi.org）：美国国家标准学会（American National Standards Institute，ANSI）成立于1918年。美国国家标准学会是非盈利性质的民间标准化团体。但它实际上已成为国家标准化中心，美国各界标准化活动都围绕着它进行。

4）ITU（http://www.itu.ch）：ITU标准也就是国际电信联盟（International Telecommunication Union，ITU）标准。这是一系列的标准，涉及系统包括IP会议电视、IP Phone、IP Fax、协同计算、远程教学、远程交互式购物、技术支持等，遵循ITU标准的各种多媒体应用产品可以保证其互操作的兼容性。

此外，第3章介绍的IEEE检索平台在太空、计算机、电信、生物医学、电力及消费性电子产品等领域已制定了1300多个行业标准，是查找领域标准的重要信息源。

其他有代表性的国外标准检索工具见表4-3。

表 4-3 其他有代表性的国外标准检索工具

名称与网址	介绍
加拿大标准委员会 （Standards Council of Canada，SCC） （http://www.scc.ca）	加拿大标准委员会由加拿大政府于 1970 年创建，是一家国有公司，其任务是促进加拿大高效和有效的标准化。作为加拿大标准化网络的领导者，SCC 领导并促进国家及国际标准与认证服务的开发和使用，以提高加拿大的竞争力
澳大利亚标准 （Standards Australian，SA） （https://www.standards.org.au/）	澳大利亚标准协会是澳大利亚领先的独立、非政府、非营利性标准组织。作为国际标准化组织（ISO）和国际电工委员会（IEC）的代表，也是澳大利亚制定和采用国际统一标准的专家
英国标准协会 （British Standards Institution，BSI） （https://www.bsigroup.com/）	英国标准协会于 1901 年成立，两年后 BSI 风筝标志被注册。到 1942 年，BSI 被英国政府认可为全国唯一的标准制定者，并成为英国消费者的保护者
德国标准化学会 （German Institute for Standardization，DIN） （https://www.din.de/en）	德国标准化学会是德国最大的具有广泛代表性的公益性标准化民间机构，成立于 1917 年。通过有关方面的共同协作，为了公众的利益，制定和发布德国标准及其他标准化工作成果并促进其应用

4.3 学位论文检索

学位论文作为一种重要的信息源，越来越受到科技工作者的重视。学位论文多数不公开出版发行，其应用范围有限。近年来，随着我国高校教育规模的扩大及高校学生数量的增长，人们开始重视学位论文信息源的利用，各种学位论文数据库相继涌现，给用户提供了便利。为帮助用户全面系统地查找并获取相关专业领域的学位论文，了解国内外同行的最新研究进展，本节在介绍学位论文定义与种类的基础上，重点介绍了国内外学位论文检索的常用工具。

4.3.1 学位论文的定义和种类

1. 学位论文的定义

学位论文的英文名称是 Thesis 或 Dissertation，是学位论文作者提交的用于获得学位的文献。我国国家标准定义的学位论文是作者对所从事的科学研究，取得了创造性的成果或有了新的见解，并以此为内容撰写而成的，作为提出申请授予相应学位时用作评审的学术论文。学位论文是随着学位制度的实施而产生的，是在专业导师指导下撰写的本学科前沿性的理论或应用方面的课题文章，论文中对问题的阐述比较详细和系统，实验数据详细可靠，内容新颖，专业性强。

2. 学位论文的种类

根据学位制度，学位论文分为学士论文、硕士论文和博士论文三级。

（1）学士论文 学士论文是成绩合格的本科毕业生撰写的论文。学士论文表明作者较好地掌握了本门学科的基础理论、专业知识和基础技能，并具有从事科学研究工作或承担专门技术工作的初步能力。

（2）硕士论文　硕士论文是攻读硕士学位的研究生撰写的论文。表明作者在本门学科上掌握了坚实的基础理论和系统的专业知识，对所研究课题有新的见解，并具有从事科学研究工作或独立承担专业技术工作的能力。

（3）博士论文　博士论文是攻读博士学位的研究生撰写的论文。表明作者在本门学科上掌握了坚实、宽广的基础理论和系统、深入的专门知识，在科学研究和专门技术上做出了创造性的成果，并具有独立从事创新科学研究工作或独立承担专门技术开发工作的能力。

通常硕士和博士学位论文的研究水平较高，受到教学、研究等众多领域的研究人员的极大关注，其参考利用价值较高。

4.3.2　学位论文检索的常用工具

1. 国内学位论文检索工具

我国各机构图书馆大多建有各机构自有的学位论文数据库。除此之外，常用的学位论文数据库有 CALIS 高校学位论文库、中国学位论文数据库、中国优秀博硕士论文全文数据库、中国国家图书馆博士论文库、中国科学院学位论文知识发现系统、中国科学技术信息研究所的学位论文数据库等。

（1）CALIS 高校学位论文库　CALIS 高校学位论文库收录了国内 80 余所 CALIS 成员馆从 1995 年至今的博硕士学位论文的摘要信息，数据量约 42 万条。成员馆在收取学位论文的同时取得了作者的使用授权书，并在作者授权范围内提供直接下载、文献传递等服务；非成员馆通过 CALIS 的馆际互借系统申请获取学位论文全文。该系统采用 e 读搜索引擎（http://www.yidu.edu.cn/），检索功能便捷灵活，提供一框式检索功能，可从出版年、语种、类型、学科、收录数据库、收录馆等多角度精炼检索结果。检索结果界面可以获得文献标题、出处、作者、主题词、摘要等信息，还可以进行文献传递。具体检索步骤见第 2 章的 2.6.2 节内容。

（2）中国学位论文数据库　中国学位论文数据库是万方资源系统的一部分，包括中国学位论文文摘数据库和中国学位论文全文数据库两部分。它是由国家法定学位论文收藏机构——中国科技信息研究所提供，并由万方数据库加工建库，文摘数据库收录了自 1977 年以来中国自然科学领域博士、博士后及硕士研究生论文，现已收录 632.87 余万篇；全文数据库收录始于 1980 年，年增 35 万余篇，涵盖各个学科领域。具体检索步骤见第 2 章的 2.2 节内容。

（3）中国优秀博硕士论文全文数据库　该数据库是 CNKI 资源系统的一部分，包括中国博士学位论文全文数据库和中国优秀硕士学位论文全文数据库，是目前国内资源完备、质量上乘、连续动态更新的中国博士、硕士学位论文全文数据库。该数据库出版了 520 余家博士培养单位的博士学位论文 50 余万篇，790 余家硕士培养单位的硕士学位论文 540 余万篇，最早可回溯至 1984 年，覆盖各个学科领域。具体检索步骤见第 2 章 2.1 节的内容。

（4）中国国家图书馆博士论文库　中国国家图书馆学位论文收藏中心是国务院学位委员会指定的全国唯一负责全面收藏和整理我国学位论文的专门机构。中国国家图书馆收藏博士论文 20 多万册，此外，该中心还收藏部分院校的硕士学位论文和部分海外华人华侨的学位论文。现提供 20 万余种博士论文的展示，用户可以免费浏览论文的详细目录信息、论文的完整提纲和前 24 页的内容。用户还可以查看各高等院校与研究机构给中国国家图书馆提交的学位论文数量等。

　　该库（http：//read. nlc. cn/allSearch/searchList？searchType = 65&showType = 1&pageNo = 1）有基本检索和高级检索两种方式，高级检索可通过标题、论文作者、学位授予单位与出版时间进行检索，检索界面如图 4-10 所示。

图 4-10　中国国家图书馆博士论文高级检索界面

　　（5）中国科学院学位论文知识发现系统　该系统收录了 1983 年以来中国科学院大学（中国科学院研究生院）授予的博士、硕士、工程硕士、同等学历等学位论文及部分博士后出站报告，收录论文将近 13 万篇、年度更新 10000 余篇。学位论文摘要和目录面向订购用户开放；学位论文前 16 页服务面向中科院各单位开放；学位论文全文服务面向论文所属培养单位开放；非中科院院属单位所需全文服务需采用原文传递模式。

　　在系统主界面或单击"检索"，即可看到论文检索功能，用户可根据下拉列表框的内容，直接在选定的检索字段中输入检索词，进行快捷检索，也可选择多个检索字段，进行组合检索。论文检索可分为来源文献检索和引文检索两项，来源检索即查找所需要的学位论文。如以检索 2009—2016 年，题名中包含"大数据"的学位论文为例，可按如图 4-11 所示进行条件设置。首先在检索字段下拉列表框中选择所需字段为"题名"，然后在文本框中输入检索词"大数据"，设定论文发表时间，单击"检索"即可查看检索结果。

　　（6）中国科学技术信息研究所的学位论文数据库　中国科学技术信息研究所的国家工程技术数字图书馆（https：//netl. istic. ac. cn/site/expert）同时收藏了中外文学位论文，截至 2023 年 12 月累计收藏学位论文 621. 49 万余条，其中博士论文 62. 57 万余条，硕士论文 558. 87 万余条。该网站可按关键字进行检索，其检索界面如图 4-12 所示。需要学位论文全文服务可采用原文传递模式，付费获取。

　　以上各类学位论文数据库各有侧重，各有其特色。因此，在进行国内学位论文检索时，最好同时检索这几个数据库，保证文献的查全率。此外，大多数高等院校都建有自己的电子版学位论文数据库，访问高等院校图书馆的自建博硕论文数据库即可获得大量的学位论文信息。

图 4-11　中国科学院学位论文知识发现系统检索界面

图 4-12　中国科学技术信息研究所的学位论文数据库检索界面

2. 国外学位论文检索工具

国外的学位论文由国家级的图书馆统一保存和保管，或由公司商业化运作。现介绍常用的几个学位论文检索工具。

（1）ProQuest Dissertations & Theses 数据库　ProQuest 博硕士论文数据库（ProQuest Dissertation & Theses，PQDT）是由 ProQuest Information and Learning 公司提供的，是世界上最大和使用最广泛的学位论文数据库之一。学科范围覆盖了数学、物理、化学、农业、生物、商业、经济、工程和计算机科学等。收录了美国、加拿大等北美地区国家的 1000 多所著名大学的博士、硕士论文引文和摘要，同时收录少量欧洲和亚洲的学位论文。我国一些研究生培养机构的学位论文也收录其中，比如中国科学院、浙江大学、兰州大学、华中科技大学、香港大学等。

ProQuest 与全球 2000 多所大学建立了学位论文出版合作关系，是美国国会图书馆指定的收藏全美博士、硕士论文的机构，也是加拿大国家图书馆指定的收藏全加博士、硕士论文的机构。收录自 1861 年起至今 100 多年的数据，数据时间跨度长。数据每两周更新，可及时收录和检索最新的学位论文。

PQDT 包含文摘库和全文库两种类型。通过文摘库可检索自 1861 年以来世界上 2000 余所大学文、理、工、农、医等领域超过 200 万条博士、硕士论文的摘要及索引。

PQDT 检索主要利用 ProQuest 检索平台。ProQuest 检索平台提供基本检索、高级检索、浏览等多种检索功能。下面介绍基本检索与高级检索两种检索方式。

1）基本检索。PQDT 默认主界面为基本检索界面，如图 4-13 所示。在检索框内输入检索词，不提供检索字段选项，默认在论文标题、作者、摘要、主题、论文全文等字段中检索。

图 4-13　PQDT 基本检索界面

在检索框中输入多个检索词时，系统会默认词与词之间是 AND 的关系。例如输入"artifical intelligence"，将会在默认字段中查找同时包含"artificial"和"intelligence"的文献。PQDT 支持布尔逻辑运算符（AND、OR、NOT）和位置运算符（NEAR/n、N/n、PRE/n、P/n、-）、EXACT、X、LNK 等逻辑运算符的运用，以便扩大和缩小检索范围。

各逻辑运算符的优先级为 PRE>NEAR>AND>OR>NOT。例如输入"（"artificial intelligence" or AI）and deep learning"，可检索到有关人工智能中深度学习的论文。输入"shares P/4 technologies"，检索到的文献中"shares"和"technologies"之间间隔的词小于和等于 4。

基本检索下有：精确检索（勾选后检索不分隔词，将整个输入框的检索词作为一个整体检索），仅博士论文（勾选后检索出的结果必定是博士论文），可荐购论文（勾选后检索出的结果必定未被订购，可以被荐购选文）与机构有全文（勾选后检索出的结果必定已被订购，可以查看全文 PDF）。

2）高级检索。高级检索界面如图 4-14 所示，提供两个检索词输入框，如果需要，可单击"添加行"（add a row）。检索框的右边为下拉列表框，可选择检索字段。检索字段包括所有字段、标题、摘要、作者、导师、学校/机构、学科、ISBN、FullText、论文编号。用户可通过多种方式限定文献的出版日期，包含所有日期、最近 2 年、最近 5 年、最近 10 年、特定日期范围等。在高级检索界面的下半部分，还可限定作者、导师、大学/机构、学科、稿件类型、论文全文等条件。

在高级检索中提供两种方式，第一种为用户自己定义条件组合，第二种为使用数据库提供的默认条件组合。用户自定义多个检索项组合检索，数量不限制，单击"添加行"即可；

图 4-14　PQDT 高级检索界面

可以指定检索字段也可检索所有字段，条件之间有 AND、OR 的关系，相关逻辑如下：①属性字段优先级问题，所有字段优先级最高（即便是在最后添加行），其他字段按照行出现顺序；②AND、OR 优先级问题，越靠前的优先级越高；③检索框中输入两个词，中间有空格。比如输入"science data"，中间空格代表 OR；④多组合检索并且条件是 AND 时，遵循逻辑前面检索的结果是后面检索的最大检索范围。

此外，PQDT 提供按主题分类和按学校分类两种方式的分类导航，可根据字母顺序浏览数据库中的论文。

3）检索结果。PQDT 检索结果界面如图 4-15 所示。检索结果界面的左侧为收窄检索结果区域，可按全文文献、发表年度、学科、学校/机构、语言等进行筛选，选择所需条目可缩小检索结果范围。在 PQDT 检索结果界面，默认按照相关度排序，还可按照发表年度、全文上传时间排列，也可对检索结果进行浏览与导出。

图 4-15　PQDT 检索结果界面

系统默认提供粗略查看模式，可浏览论文的题名、作者、培养单位、时间等信息。单击"摘要"，系统会弹出摘要详情。再单击"查看详情"，可在当前界面查看记录的题名、作者、摘要、主题、分类、关键词、培养单位、时间、出版信息、语言、文档类型、更新时间等多种信息。

用户可对检索结果进行单篇和批量标记。标记过的记录可通过发送电子邮件、打印、引用、保存为本地文件或导入文献管理软件。如果已经登录 My Research 账号，可以保存检索策略（save search）、创建通知（create alert）、创建 RSS 源（create RSS feed），可以导出为 RIS、EndNote、NoteExpress 与 BibTex。

（2）ProQuest™ Dissertations & Thess Citation Index 数据库　Web of Science 平台下的 ProQuest™ Dissertations & Thess Citation Index 数据库收录了 1637 年至今的学位论文，是全球最全面的世界各地多学科论文和学位论文集，提供来自数千所大学超过 500 万篇引文和 300 万篇全文著作。

该数据库有基本检索与高级检索方式，基本检索界面如图 4-16 所示。包括有主题、标题、作者等 17 个检索字段，各检索字段代码大多与第 3 章的 3.1 节内容相同，特有的检索字段有 AV = 导师、COMM = 委员会成员、CLF = 论文和学位论文主题、DG = 学位类型、DPT = 部门。检索方式见第 3 章 3.1 节的内容。

文献	研究人员

选择数据库: **ProQuest™ Dissertations & Theses Citation Index** ∨

文献

标题 ∨	示例: water consum* ecosystem service*	✕
⊖ OR ∨　标题 ∨	示例: water consum* environment* service*	✕

[＋ 添加行]　[＋ 添加日期范围]　高级检索

[✕ 清除]　[检索]

图 4-16　**ProQuest™ Dissertations & Thess Citation Index 数据库基本检索界面**

除了前面介绍的数据库外，国外还有其他的学位论文检索系统，各国具有代表性的学位论文检索工具及基本情况见表 4-4。

表 4-4　国外其他学位论文检索工具及基本情况

名称与网址	简介
Dspace 学位论文系统 （http://dspace. mit. edu/handle/1721. 1/7582）	Dspace 是一种开放式学位论文系统，由美国麻省理工学院开发，收集了包括麻省理工学院在内的 200 多家科研单位的学位论文。数据库里包含超过 58000 篇在麻省理工学院完成的论文，其历史可以追溯到 1800 年代中期
澳大利亚数字论文项目 （Australian Digital Theses Program，ADT） （http://research. anu. edu. au/thesis/）	澳大利亚国立大学的所有论文都是数字形式的，可以通过澳大利亚国立大学开放研究的论文集在线搜索它们，也可以通过图书馆目录进行搜索。其中大多数论文都是公开的，但少数论文由于文化敏感性、版权控制或其他原因而受到限制

（续）

名称与网址	简介
国际博硕士论文数字图书馆 （Networked Digital Library of Theses and Dissertations，NDLTD） （http://www.ndltd.org/）	NDLTD 是致力于促进电子论文和学位论文（ETD）的采用、创建、使用、传播和保存的国际组织。支持电子出版和开放获取奖学金，以加强全球知识共享。包括面向大学管理人员、图书馆员、教职员工、学生和公众的资源
美国博士论文档案数据库 （EBSCO Open Dissertations） （https://opendissertations.org/）	EBSCO Open Dissertations 记录了来自世界各地 320 余所大学 140 余万篇电子论文和学位论文，并通过 EBSCO 开放论文。主要收录美国大学从 1933 年至今的博士学位论文和学位论文的记录
WorldCat Dissertations——WorldCat 硕士、博士论文数据库（OCLC）	收集了 WorldCat 数据库中所有硕士、博士论文和以 OCLC 成员馆编目的论文为基础的出版物，涉及所有学科，涵盖所有主题。WorldCat 硕士、博士论文数据库最突出的特点是其资源均来自世界一流高校的图书馆，共有 2600 余万条记录，其中 100 余万篇有免费全文链接，可免费下载，是学术研究中十分重要的参考资料。该数据库每天更新

4.4 会议文献检索

会议论文是了解国内外科技水平、追踪科技发展趋势，进行信息分析与研究的重要文献，是传递科技信息、交流科技成果的重要信息源之一。参加学术会议有助于促进学术交流、共享科研成果、掌握专业发展动态，为进一步的专业研究和学术交流积累信息。因此，对会议论文及会议信息进行检索对撰写学术会议论文与参加学术会议具有重要意义。本节介绍会议文献的定义、种类及会议文献检索工具。

4.4.1 会议文献的定义和种类

1. 会议文献的定义

会议文献一般是指在各种学术会议上发表的学术报告、会议录和论文集。会议文献包括会前文献、会中文献、会后文献三种。会前文献包括会议日程报告、征文启事等，预报了会议内容及召开的时间、地点等，为科研人员及时了解和掌握世界范围的专业会议信息、撰写会议论文并参加会议提供了帮助；会中文献有开幕词、讲话或报告、讨论记录、会议决议和闭幕词以及在会上发放的临时性材料等；会后文献是指会议结束后出版的会议文献，包括会议录、会议记录、专题论文集、会议论文汇编、会议论文集、会议报告集、会议出版物及会议纪要。

2. 会议文献的种类

会议文献包括以下几种：

1）学术会议论文一般指在学术会议或研讨会上发表的论文，这类文献主要反映学术界最新的研究成果和进展。

2）报告性会议论文一般指在工程技术领域的会议上发表的论文，主要是报告新产品、新技术、新工艺等方面的内容。

3）会议论文集由一系列相关主题的论文组成，一般在学术或技术会议上出版。

4）会议摘要集概括了所有本次会议所发表论文的摘要，常常作为会议记录或引导读者选择相关论文的主要依据。

5）会议纪要概括了会议的主题、议题、讨论的主要内容、会议决议等，是反映会议情况的重要文献。

4.4.2 会议文献检索的常用工具

会议文献大多整合在综合性检索平台或学会检索平台上，如中国知网、万方数据库等综合平台，Web of Science 平台可检索国际会议 CPCI-S 与 CPCI-SSH，检索平台如 IEEE 也可以检索会议文献。另外，搜索引擎和专业网站是获取会议信息的重要工具，下面介绍常用的几个会议论文数据库与专业网站。

1. CNKI 国内外重要会议论文全文数据库

CNKI 重点收录了 1999 年以来，中国科学技术协会系统及国家二级以上的学会、协会，各高校、科研院所，政府机关举办的重要会议以及在国内召开的国际会议上发表的文献，部分重点会议文献可回溯至 1953 年。目前，CNKI 已收录国内会议、国际会议论文集 20000 余本，累计文献总量 373 万余篇，可提供基本检索、高级检索、知识元检索和引文检索等检索方式。

2. 中国学术会议文献数据库

中国学术会议文献数据库会议资源包括中文会议和外文会议，中文会议收录始于 1982 年，收录中文会议论文共计 538 万余篇，年收集 4000 多场重要学术会议，年增 20 余万篇会议论文全文，每月更新；外文会议主要来源于外文文献数据库，收录了 1985 年以来世界各主要学会协会、出版机构出版的学术会议论文，共计 766 万余篇。该数据库提供一框式检索、高级检索、专业检索、作者发文检索 4 种检索途径，检索功能和用法与万方其他数据库类似。

3. Web of Sciences 核心合集数据库中的会议录引文索引

会议录引文索引（自然科学版）（CPCI-S）收录了世界上最著名的会议、座谈、研讨会和专题报告会的会议录资料。会议录引文索引（社科人文版）（CPCI-SSH），收录社会科学、人文科学和艺术的所有领域会议录文献，数据可回溯至 1996 年。与 CPCI-S 一起共收录超过 20 万个会议录，涉及 250 多个学科。该数据库的具体检索见第 3 章 3.1 节的内容。

4. 通过国内外著名学术机构和学术团体的网站和出版的数据库检索会议信息

通常来说，国内外著名学术机构和学术团体的专业网站报道会议预报信息较全面、系统、及时，只要及时跟踪就可以及时了解各种会议信息及会议文献内容，影响力大的学术机构和学术团体有美国物理学会、美国物理联合会、美国化学学会、英国皇家化学学会、美国计算机协会、电气电子工程师学会等。

5. 通过搜索引擎检索会议信息

可以在如百度、搜狐、新浪等搜索引擎的检索框内输入会议的关键词，对不同专业的会议信息进行搜索。英文会议可以使用 meeting、proceeding、conference、congress、symposium、proseminar 等搜索。还可使用高级检索，高级检索结果会更加符合需要。

另外，也可以利用分类目录检索。使用各搜索引擎如搜狐或雅虎的 Health（卫生与健康）类目下的 Conferences（会议与展览）类目，逐层展开检索，可获取到会议的中英文信息。但这类常规网络检索工具检索的信息较分散。

<h1 style="text-align:center">思 考 题</h1>

1. 分别利用国家知识产权局专利检索及分析系统、Espacenet 专利检索系统查找华为申请的手机专利三篇，各下载一篇中文、外文专利说明书。

2. 查找并获取 GB/T 7714—2015《信息与文献 参考文献著录规则》全文，请简要写出具体步骤并截屏（提示如果不能获取全文可以进行文献传递）。

3. 分别运用 CNKI 与万方数据库的学位论文数据库检索本校的从 2005 年至今的博士学位论文与硕士学位论文总数，比较有何不同。

4. 检索本校被 CPCI-S 与 CPCI-SSH 收录的会议论文。

第 5 章

搜索引擎与开放获取

随着网络与计算机技术的快速发展，网络信息正以前所未有的速度不断增长和积累。网络信息资源已经引起了人们的重视。网络信息资源是一种新型的数字化信息资源，以电子数据形式把文字、图像、声音、动画等多种形式的信息存储于载体中，并通过网络通信、计算机或终端等方式再现出来。网络信息资源在人们的日常生活、学习与工作中发挥着重要作用，因此人们要掌握网络信息资源的检索与利用。本节主要介绍搜索引擎、开放获取资源、就业与考研申博信息获取、课程与考试信息获取、政府与统计信息获取等。

5.1 搜索引擎

搜索引擎是网络信息资源检索的重要核心工具，用户只需要在搜索引擎搜索框中输入检索词，通过浏览器提交后，搜索引擎就会出现与检索词相关的信息列表，从而帮助人们准确、快速地查找到自己所需要的信息。下面介绍搜索引擎的原理与分类、综合性搜索引擎与智能搜索引擎。

5.1.1 搜索引擎的工作原理与分类

搜索引擎作为人们在网络上进行信息检索的工具之一，一般由搜索器、索引器、检索器和用户接口四个部分组成。

1. 工作原理

搜索引擎的工作原理是对信息集合和需求集合的匹配，具体的工作过程为：搜索器在互联网中搜集和发现信息；索引器理解搜集到的信息，抽取索引项，建立索引库；检索器根据用户提供的检索式对索引库进行检索；用户接口则为用户提供可视化的查询输入和结果输出界面。搜索引擎各组成部分的功能如下。

（1）搜索器 搜索器的功能本质是对数据的采集。搜索器利用自动搜索程序如 Spider、Robot 等对互联网上的数据进行搜集、发现，向各种网站不断地发起数据请求，并将所搜集到的信息保存到本地的文档库。为了提高搜索效率，目前搜索引擎采取的方式是分布式并行爬取，整个爬取系统由多个分布式数据中心共同构成，每个数据中心由多台与高速网络连接的分布式抓取服务器组成，且每台服务器上部署多个多线程爬取程序，构成多层级分布式爬虫体系，保证数据抓取的全面性和及时性。

（2）索引器 索引器的功能本质是对数据的分析与标引。在搜索器进行了数据采集工作之后，索引器面对海量的原始网页数据库，必须对原始界面进行预处理，在符合规则的网页中提取关键词，从中抽取出索引项，将文档表示为一种便于检索的方式并存储在索引数据库中，生成文档库的索引表。

（3）检索器 检索器的功能本质是根据用户的查询在索引库中快速检索文档，进行相关度评价，并且根据排名算法计算出哪些网页应该排在前面，然后按照一定格式返回到搜索界面，按用户的查询需求合理反馈信息。

（4）用户接口 用户接口的功能本质是为用户提供可视化的查询输入和结果输出界面，提供用户相关性反馈机制。用户接口使用的是人机交互的理论和方法，以充分适应人类思维和使用习惯。

2. 搜索引擎的分类

根据不同的标准，搜索引擎可分为不同的类别，最常用的方式是根据检索范围与工作机制进行划分。

（1）根据检索范围划分　根据搜索引擎的检索范围，可以把搜索引擎分为综合型搜索引擎与垂直型搜索引擎。

1）综合型搜索引擎是一种能够搜集所有类别 Web 界面的搜索引擎，又称为通用型搜索引擎。综合型搜索引擎所检出的资源覆盖面广，不仅涉及文字、图片等单一的资源类型，还涉及各式各样的音频、视频、文件等所有常见的资源类型，几乎输入每一个关键词都能检索出资源。目前国内比较著名的综合型搜索引擎有百度、360 搜索、搜狗搜索等，国外比较著名的主要有 Google、微软必应等。

2）垂直型搜索引擎是一种专门应用于某一行业或学科衍生出的查询工具，搜索的结果更具有专业性，更能够满足不同用户的个性化需求，因此也常常被称为专业搜索引擎或专题搜索引擎。垂直型搜索引擎和综合型搜索引擎的区别在于，垂直型搜索引擎对网页信息进行了特定的收集，将网页中的非结构化数据抽取并形成结构化的信息数据，这使得垂直型搜索引擎的资源更加细化。当前，垂直型搜索引擎的应用领域非常广泛，包括工作搜索、旅游搜索、地图搜索、房屋搜索等。例如工作搜索领域的 BOSS 直聘、智联招聘和前程无忧（51job）等；旅游搜索领域的携程旅行、去哪儿网和同程旅行等；地图搜索领域的腾讯地图、高德地图和百度地图等；房屋搜索领域的安居客、链家网和自如网等。

（2）根据工作机制划分　根据搜索引擎的工作机制，可以把搜索引擎分为独立搜索引擎与元搜索引擎。

1）独立搜索引擎是一种没有通过链接别的搜索引擎而独立进行相关资料搜索的搜索工具。独立搜索引擎有自己独立的索引数据库，用户提交的检索式只在该引擎的数据库内进行检索。比较大的搜索引擎如百度、必应等都是独立搜索引擎。

2）元搜索引擎是一种调用其他独立搜索引擎的引擎，又称为多搜索引擎，主要用于提高搜索的广度。元搜索引擎是对多个独立搜索引擎的整合、调用、控制和优化利用。元搜索引擎没有网页搜寻机制，也无独立的索引数据库，它可以灵活地选择所要采用的独立搜索引擎。通过选择那些典型的、性能优越的独立搜索引擎的方法保证了搜索结果的权威性和可靠性。此外，元搜索引擎还可以充分发挥各个独立搜索引擎在某个搜索领域的功能，弥补独立搜索引擎信息覆盖面上的局限性。

除此之外，搜索引擎按自动化程度分为智能搜索引擎和非智能搜索引擎；按照查找内容分为文本搜索引擎、语音搜索引擎、图形搜索引擎、视频搜索引擎等。无论采用哪种分类方法，其目的都在于从不同的角度加深对搜索引擎的理解与应用。

5.1.2　综合型搜索引擎

国内常见的综合型搜索引擎有百度（http://www.baidu.com）、360 搜索、搜狗搜索等，国外的主要有 Google、微软必应等。下面以百度为例介绍综合型搜索引擎的检索方法与技术。

百度提供的检索方式有简单检索和高级检索两种。

（1）简单检索　百度的主界面较为简洁，其中比较醒目的是搜索框，用户只需要在搜索框内输入检索词，就可以得到检索结果。通过检索结果列表的链接，进入目标页面。如在检索框中输入"知识产权 gov"进行简单检索，检索结果如图 5-1 所示。

图 5-1　百度简单检索结果界面

单击"国家知识产权局"标题，可以直接打开结果界面。检索结果摘要是搜索引擎通过程序对检索结果网页的自动描述，通过摘要，用户可以判断这个结果是否满足需要。检索结果 URL 即为检索结果网页的网址，通过网址用户可以了解这个网页来自哪个网站。检索结果界面最下方还有相关搜索，是与检索用户有相似搜索需求的其他用户所选择的查询词。

（2）高级检索　简单检索虽然操作方便，但不对检索的范围进行限制，展现的是全部的搜索结果。如果要更精确地限定搜索范围，如限定检索结果时间范围，只搜索指定的文件类型、网站来源等，需要使用百度的高级搜索功能。百度的高级搜索可通过高级语法在简单检索的检索框中实现；也可通过百度的高级搜索界面实现高级搜索。单击简单检索右上角的"设置"，选择"高级搜索"，进入高级搜索设置界面，如图 5-2 所示。

图 5-2　百度高级检索界面

高级检索还可以通过高级检索语法实现，百度的高级检索常用语法见表 5-1。

表 5-1　百度高级检索常用语法

检索限定	检索格式	案例
限定文件类型	检索词 filetype：文件格式	搜索电子商务方面的 PPT 文件 检索式：电子商务 filetype：ppt

（续）

检索限定	检索格式	案例
限定在标题	intitle：关键词 或 title：关键词	搜索标题中含有"数字经济"的网页 检索式：intitle：数字经济
限定特定站点	关键词 site：站点地址	搜索南昌大学公共政策与管理学院的导师 检索式：导师姓名 site：spm. ncu. edu. cn
限定在 url	inurl：关键词	搜索 CET-6 考试的历年真题 检索式：历年真题 inurl：CET-6
精确匹配	"关键词"	检索式："大学生数字素养"
逻辑组配	逻辑与（AND 或空格）	搜索同时包含信息素养和数字素养的信息 检索式：信息素养　数字素养
	逻辑或（OR 或丨）	搜索包含信息茧房或信息孤岛的信息 检索式：信息茧房丨信息孤岛
	逻辑非（NOT 或-）	搜索包含元宇宙信息的网页但去除广告 检索式：元宇宙-广告

5.1.3 智能搜索引擎

人工智能技术已日渐渗透到社会经济的方方面面，并显著改变了人们的工作、消费与生活习惯。智能搜索引擎是人工智能技术应用于搜索的展示，通过人工智能技术的普及应用，搜索引擎服务得以便捷地分析、搜索和处理各类独特的数据结构，进而实现快速、精准和有意义的查询搜索。

1. 智能搜索引擎的定义

智能搜索引擎是指结合了人工智能技术的新一代搜索引擎，相比传统搜索引擎，智能搜索引擎具有更好的语义理解能力、更高的信息处理效率和更智能的用户服务能力。智能搜索引擎能够通过自然语言处理技术对用户输入的关键词和上下文进行分析，提供更加精准和相关的搜索结果，同时还能自动纠正拼写错误、过滤广告等，提高用户的搜索体验。智能搜索引擎还能够根据用户的历史搜索记录和兴趣爱好等信息，提供个性化的搜索结果和智能推荐，帮助用户更好地管理和组织信息。

智能搜索引擎是目前搜索引擎的发展趋势，将使信息检索从目前基于关键词层面提高到基于知识（概念）层面，对知识有一定的理解与处理能力，能够实现分词技术、同义词技术、概念搜索、短语识别以及机器翻译技术等，能进一步提高系统性能和检索的精度与效果。

2. 智能搜索引擎的特征

智能搜索引擎实现了网络搜索与人工智能的有机结合，其特征主要体现在以下七点。

（1）智能性　智能搜索引擎具备对信息进行理解和分析的能力，能够通过自然语言处理、图像识别等技术理解用户的查询意图，提供更精确的搜索结果。

（2）主动性　智能搜索引擎能够主动地分析用户的兴趣和行为，主动推送相关内容，而不需要用户频繁地发出查询请求。

（3）交互性　智能搜索引擎与用户进行交互的方式更加自然和智能，用户可以通过语音、文字、图片等多种方式与搜索引擎进行交互，使得信息检索更加方便快捷。

（4）个性化　智能搜索引擎能够根据用户的个人特点和需求，提供个性化的搜索结果和信息服务，满足用户的需求。

（5）多元化　智能搜索引擎支持多种媒体和格式的搜索，包括文字、图片、视频等，提供多元化的信息服务。

（6）知识性　智能搜索引擎的信息检索不再仅仅停留在关键词层面，而是能够理解词语、句子的语义和上下文含义，提供更加精准和深入的知识服务。

（7）自主学习性　智能搜索引擎具备自我学习和自我优化的能力，能够根据用户的反馈和行为不断优化搜索算法和结果，提高搜索的准确性和效率。

这些特征使得智能搜索引擎在信息检索、知识服务、用户交互等方面具有更大的优势，能够更好地满足用户的需求，提高信息获取的效率和精度。

3. 代表性的智能搜索引擎

（1）文心一言　文心一言（https://yiyan.baidu.com）是百度全新一代知识增强大语言模型，能够与人对话互动、回答问题、协助创作，高效、便捷地帮助人们获取信息、知识和灵感。文心一言持续从海量数据和大规模知识中融合、学习，具备知识增强、检索增强和对话增强的技术特色。2023 年 8 月 31 日，文心一言正式向公众开放服务。2023 年 11 月 1 日，文心一言正式上线文心大模型 4.0 会员服务，而文心大模型 3.5 仍可免费使用。文心一言的界面如图 5-3 所示。

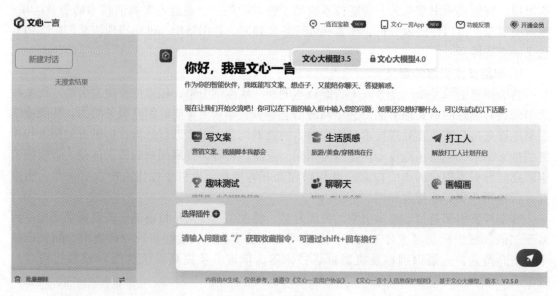

图 5-3　文心一言的界面

（2）必应（Bing）　由微软开发的 Bing（https://cn.bing.com/）由人工智能驱动，即便用户提出非常复杂的问题，也可以从 Bing 中获得详细的答案。Bing 的聊天体验使用户能够优化其搜索内容，直到得到他们想要的答案。新版本的 Bing 基于下一代 OpenAI 大型语言模型运行，该模型比 ChatGPT 更强大，使用户能够更快、更轻松地找到他们需要的信息。

Bing 搜索引擎有国内版和国际版，可进行语音搜索。Bing 的检索界面如图 5-4 所示。

图 5-4　Bing 的检索界面

4. 星火科研助手

星火科研助手（https://paper.iflytek.com 或 https://sciai.las.ac.cn）提供成果调研、论文研读、学术写作三大核心功能，旨在为科研工作者打造高效精准的科技文献服务。星火科研助手中的成果调研功能旨在帮助用户快速了解某一研究方向的论文成果、学者和研究机构，具体包括生成研究综述，学者论文调研与学者论文总结，研究方向论文调研与论文总结，研究方向学者/机构推荐等。论文研读可实现智能解读论文，快速回答相关问题。学术写作能够对论文写作提供润色修改，进行论文专业学术翻译。星火科研助手的界面如图 5-5 所示。

图 5-5　星火科研助手的界面

除了以上介绍的智能搜索引擎外，还有以下多种搜索引擎，它们各有特点和优势，用户可以根据自己的需求选择适合自己的搜索引擎，见表 5-2。

表 5-2　其他智能搜索引擎简介

智能搜索引擎名称	简介
Poe	Poe 内置了 Sage、Claude、Dragonfly 和 ChatGPT。其中，Sage 是基于 ChatGPT 简化版本的 AI 机器人。目前 Poe 移动端只支持 iOS 版本，是目前使用频率比较高的一个工具
Aski	Aski 是一款基于 OpenAI 的 GPT-3 自然语言处理模型的中文 AI 问答服务。回答快速，几乎无延迟。在问答服务之外，Aski 还提供了内容创作服务，支持内容写作、优化，最近又推出了绘画功能。目前，Aski 支持网页端、移动端
You	you.com 是一个搜索引擎，Chat 是这款搜索引擎中的一个模块。左边是聊天框，可以和 AI 进行对话，界面右边有相关网页链接，可以和 AI 的回答进行对比确定答案的准确性

（续）

智能搜索引擎名称	简介
Consensus	Consensus 是一款基于 AI 的搜索引擎，助力科研工作，搜索的时候建议使用英文搜索会更加准确，也可以使用中文，有时中文搜不出结果更换成英文即可
Phind	Phind 是一款面向开发人员的 AI 搜索引擎。无需登录即可使用，支持中文搜索，界面右边还有来自知乎社区的参考答案，对答案不满意还可以选择开启 Expert、Concise、Creative 三个按钮，使得答案更加准确和丰富

5.2　开放获取资源

开放获取运动于 20 世纪 90 年代末兴起，主要由国际学术界、科技界、出版界、信息传播界和图书情报界等推动。开放获取运动源于商业出版机构日益垄断出版市场（尤其是期刊市场），不断提高期刊订购的价格，而且版权产业集团也在不断扩展数字版权的应用范围，造成学术交流和科技成果交流所受限制和困难越来越多，所需费用越来越高，导致了所谓的"学术交流危机"。

公众的需求促进了开放获取运动的发展。一方面，用户希望能在可以承受的价格范围内及时、准确、全面地获取最新的科研成果和信息；另一方面，用户很多领域内的科学研究，特别是自然科学领域、医药领域、卫生领域，得到了国际组织和各国各部门的大量经费支持，其成果也理应由公众免费享用。开放获取正是在这样的社会呼声下，为了满足公众的知情权而发展壮大起来的。

此外，网络信息技术的迅猛发展不仅促进了开放获取的兴起，还为其提供了坚实的技术支持和保障。在传统的印本时代，即使版权所有者有意采用开放获取，也很难实现。然而，随着互联网应用的逐渐普及，不通过纸质介质而从互联网上下载科技论文成为现实。与此同时，信息技术的进步也促进了科技论文的数字化发展，使得信息的检索和交换变得更加方便和迅速。因此，从互联网获取科技论文已成为一种趋势，开放获取在这一信息技术大发展趋势下大放异彩。

5.2.1　开放获取的定义

关于开放获取的定义，不同的专业学会、学术出版单位、政府机构、科研单位有不同的解释。目前比较权威、较为准确并被人们广泛使用的定义是 2001 年匈牙利"布达佩斯开放获取倡议"中关于开放获取的界定：开放获取文献是指互联网上公开出版的，允许任何用户对其全文进行阅读、下载、复制、传播、打印、检索或连接，允许爬行器对其编制索引，将其用作软件数据或用于其他任何合法目的，除网络自身的访问限制外不存在任何经济、法律或技术方面障碍的全文文献。2003 年，德国的"柏林宣言"和美国马里兰州的"贝斯达开放获取出版宣言"，又对开放获取进行了细化与扩展。它们都认为开放获取必须满足两个条件：1）版权授权和免费使用权承诺，作者和版权持有人必须明确承诺，允许所有用户在不受费用、内容更改限制的情况下，永久地使用其作品；2）完整版本的作品及其附属资料需在线存储和归档。

5.2.2 开放获取资源的类型

开放获取资源的类型主要分为开放获取期刊与开放获取仓储两种。

1. 开放获取期刊

开放获取期刊（Open Access Journals，OA 期刊）采用新型的电子期刊出版模式，实行与传统期刊相同的同行评审机制，利用网络向读者提供免费的期刊资源获取服务。开放获取期刊一般采用作者付费出版，读者免费获取的出版模式。大多数科研人员的出版费用，比如文章处理费、服务费等一般都会由机构科研经费来承担。

从开放程度上来看，开放获取期刊主要分为完全 OA 期刊、部分 OA 期刊、延时 OA 期刊三个类型。

1）完全 OA 期刊，即作者付费出版，读者免费获取，如 PLOS 期刊。也包括作者免费出版，读者免费获取，如 D-Library 期刊。

2）部分 OA 期刊，免费获取部分的论文，如 BMC 部分期刊。

3）延时 OA 期刊，允许读者在论文出版一段时间后用户免费获取，如 HighWirePress 部分期刊等。

2. 开放获取仓储

开放获取仓储（Open Access Repositories，OAR）是开放获取的主要实践方式，也是一个为科学研究者提供电子版科技文献存储和检索的数据库。通过开放获取仓储，科学家们可以利用自我归档技术提交、保存自己的研究成果，甚至是发表的文章，从而使其文献可以迅速、便捷地在其学科领域内被传播、检索，从而实现推动无障碍学术交流的目的。开放获取仓储中可以包括电子文档、论文、课程资料、数据文件、声像文件、机构记录以及任何类型的数字文档。一般来说，开放获取仓储可分为学科开放获取仓储和机构开放获取仓储。

1）学科开放获取仓储，是以学科为主线，专门收集某一特定学科或主题研究资源的各种类型的电子文档，并对其进行整理、描述、组织、存储，从而实现对这些资源的共享与利用。最早的学科开放获取仓储是由一些学术组织自发地将物理、计算机、天文学等领域的文献以预印本文库的形式放在网上进行专题领域内自由开放的学术信息交流，比如 arXiv 数据库。

2）机构开放获取仓储，也称为机构知识库，是近几年来发展相当迅速的开放获取仓储形式。机构开放获取仓储是收集、存放由某个或多个学术机构（例如大学、研究所、图书馆、博物馆等）的专家、教授学术创造的、可供机构内外用户共享的学术文献数据库。这种方式保证了机构自身所有产出成果的完整性和连贯性，对于促进机构的发展有着显而易见的推动作用，因而也就得到了越来越多的机构支持。各大学和研究机构纷纷着手构建本单位的机构开放获取仓储，开放获取仓储也成为主流发展趋势。

5.2.3 国内外主要开放获取资源

随着网络技术的发展，开放获取资源得到了空前的发展。开放获取期刊和开放获取仓储为研究人员获取学术资源提供了一条崭新的途径。但是，许多开放获取资源是分散存放在世界各地不同的服务器和网站上的，用户很难直接、全面地检索到这些资源。因此，国内外开放获取资源平台快速发展，质量也在稳步提升，目前比较权威与受到各界认可的开放资源获取平台有 Socolar 资源一站式服务平台、国家科研论文集中发布平台、arXiv 等。

1. Socolar 资源一站式服务平台

Socolar（https://www.socolar.com/）是中国教育图书进出口有限公司基于用户的信息需求和信息检索角度考虑，顺应国际开放获取的发展趋势，方便学生、老师、研究人员和学者对开放获取资源的使用，对世界上重要的开放获取期刊和开放获取仓储资源进行全面地收集和整理，为用户搭建的开放获取资源的一站式检索服务平台。

Socolar 平台内容涵盖来自全球 100 多个国家、近 7000 家出版社的 3 万种学术期刊资源，提供近千万篇开放获取文章的免费下载，以及 5600 余万篇期刊文章的付费下载服务。收录的期刊文章广泛覆盖被 SSCI、SCI-E、A&HCI、EI、PubMed、DOAJ 索引的期刊内容，文章语种包含英语、西班牙语、德语、葡萄牙语、法语等四十多种语言。Socolar 平台提供中英文界面，期刊按中国图书馆分类法或首字母顺序导航，通过期刊导航可以直接浏览各个学科收录的开放获取期刊，平台提供简单检索和高级检索两种检索方式。图 5-6 所示为 Socolar 平台的文章检索界面。

图 5-6　Socolar 平台的文章检索界面

2. 国家科研论文集中发布平台

国家科研论文集中发布平台（https://coaa.istic.ac.cn/）是面向中国科研实践和管理活动的系列高水平信息服务平台的总称，既是基础性的科技文献保障交流平台，也是多门类科技信息服务门户。

该平台包括了国家预印本平台、国家科技期刊开放平台、国家知识仓储平台。其中，国家科技期刊开放平台已实现国内 1300 多种科技期刊、1000 多万篇论文的集中开放服务。国家预印本平台有 21 个学科分类，其检索界面如图 5-7 所示。

国家预印本平台有基本检索、高级检索与专业检索 3 种检索方式。高级检索有标题、作者、关键词、摘要、基金与作者单位等检索字段，支持逻辑与、或、非。

图 5-7 国家预印本平台检索界面

3. arXiv

arXiv（https://arxiv.org/）是第一个预印本网站，最初叫 LANL 预印本数据库，由美国的洛斯阿拉莫斯国家实验室于 1991 年创建，其建设目的是为了快速传递高能物理领域的研究成果，帮助科研人员追踪本学科最新研究进展，避免研究工作重复。该平台后转给康乃尔大学维护，由美国国家科学基金会和美国能源部资助。

arXiv 支持全部研究论文的自动化电子存储和发布，是典型的学科仓储。刚建立时只收录物理学文献，目前已发展成为传播物理学、数学、计算机科学、非线性科学和统计学等领域的主要阵地，包含各领域的学术文章，所收录的文献包括 preprints 和 postprints。研究者将论文按照一定的格式排版后，利用 Email、FTP 等方式依照学科类别上传，所有文章完全免费获取。

arXiv 几乎是每日更新，主界面如图 5-8 所示。arXiv 可以根据指定学科领域进行搜索，比如检索 Computer Science，选择后单击"Search"按钮，界面将会自动跳转到 Computer Science 模块。在该模块下，可以根据文章的标题、作者、摘要、评论、参考文献等各个方式进行简单检索或者高级检索。

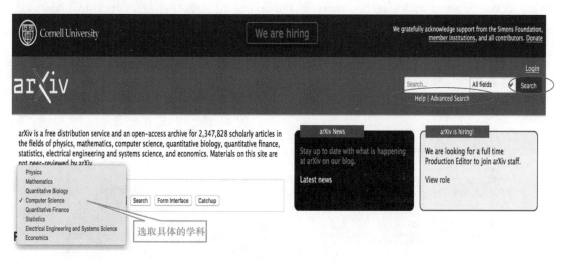

图 5-8 arXiv 主界面

4. OALIB

OALIB（https：//www.oalib.com/）是 Open Access Library 的简称，即开放存取图书馆。OALIB 致力于提供最全面、最及时、最高质量的英文学术论文，满足各个领域学者的需求。目前 OALIB 可以免费获取超 573 万余篇学术论文，这些学术论文大部分来自国内外知名的出版商，内容涵盖数学、物理、化学、人文、工程学、生命科学、材料学、医学等领域。同时，那些已经评审或者未发表的文章都可以在线查看或下载，不需要注册和交任何费用。OALIB 的主界面如图 5-9 所示，有基本检索与高级搜索两种检索方式。

图 5-9　OALIB 主界面

5. DOAJ

DOAJ（https：//doaj.org/）是开放获取期刊目录（Directory of Open Access Journals）的简称，建立于 2003 年 5 月，是由瑞典隆德大学图书馆主办，开放社会研究所、学术出版和学术资源联盟协办，可通过互联网免费获取全文的学术性期刊的网络平台，也是目前最权威、认知度最高的开放获取资源目录之一。DOAJ 的使用，有助于提高开放获取学术期刊的知名度、使用量和影响力，推动全球范围内的学术交流。DOAJ 收录内容覆盖科学技术、医学、社会科学、艺术与人文科学等全部学科领域，能够满足各种不同学科背景、不同研究领域的研究人员的需求。此外，DOAJ 收录的开放获取期刊有着严格的质量控制和评价体系，所收录的期刊都是经过专业同行评议或评审的学术性和研究性期刊，可免费下载全文。

DOAJ 的主界面如图 5-10 所示，可以检索期刊也可以检索论文，期刊的检索字段有 Title、ISSN、Subject、Publisher、Country of Publisher。论文的检索字段有 Title、Abstract、Subject、Author。

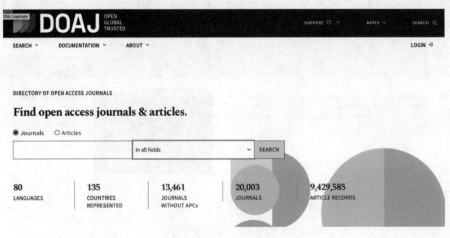

图 5-10　DOAJ 主界面

除了以上介绍的五个国内外常见的开放获取资源平台外，还有其他开放获取资源平台，现罗列出部分其他开放资源的网址和简介供读者参考，见表5-3。

表5-3　部分开放资源简介

资源名称与网址	简介
国家哲学社会科学文献中心 （http://www.ncpssd.org/）	国家哲学社会科学文献中心收录了社会科学精品学术期刊458种（中国社会科学院主办期刊72种、国家社科基金资助期刊200种、核心期刊332种）
国家自然科学基金大数据 知识管理服务门户 （http://kd.nsfc.cn/）	国家自然科学基金大数据知识管理服务门户是面向基金委工作人员、科研管理部门、科研人员及公众的服务系统，提供包括科学基金资助项目、结题项目、项目成果的检索和统计，项目结题报告全文和项目成果全文的浏览，相关知识发现和学术关系检索等服务
中国科技论文在线 （http://www.paper.edu.cn/）	中国科技论文在线是由中国科学技术信息研究所开发和维护的一个在线学术期刊资源共享平台。该平台的宗旨是提高国内学术期刊的质量和影响力，促进学术交流和知识共享，推动中国学术期刊的国际化发展
中国科学院科技论文 预发布平台 ChinaXiv （http://www.ChinaXiv.org/）	ChinaXiv 是中国科学院文献情报中心建设的，致力于打造支撑国内外学术团体构建新型学术交流体系的国家级预印本交流基础设施。支持中英文科技论文预印本的发布、传播、下载和评论
MedRxiv（医学） （https://submit.medrxiv.org/）	MedRxiv 由美国冷泉港实验室、BMJ（British Medical Journal）和耶鲁大学联合运营，2019年6月正式上线。医学科研人员可以在 MedRxiv 平台上免费发布未经过同行评议的研究
bioRxiv（生命科学） （https://www.biorxiv.org/）	bioRxiv 是仅针对生命科学领域的预印本平台。在 bioRxiv 上发表或阅读文章都是免费的，还可以评论及转发到相关的社交媒体上
OSF Preprints （https://osf.io/preprints/）	OSF Preprints 是预印本集合查询平台，整合其他平台如 arXiv、AgriXiv、bioRxiv、Cogprints、EarthArXiv、engrXiv、Focus Archive、INARxiv、LawArXiv、MindRxiv、PeerJ 等的论文预印本资料
Hans （https://www.hanspub.org/）	Hans 是一家国际综合性开源学术期刊出版机构，期刊覆盖多学科领域。许多期刊已被国际知名 DOAJ 开源数据库以及中国万方、维普数据库收录
HighWire （https://www.highwirepress.com/）	HighWire 是全球最大的学术文献全文免费服务系统之一，1995年由美国斯坦福大学图书馆创立，收录学术出版物包括期刊、图书、参考工具等，覆盖的学科领域有生命科学、医学、物理学以及社科等

5.3　就业与考研申博信息获取

近年来，随着大学毕业生人数激增，就业与考研形势严峻。对于广大毕业生来说，如何突围显得尤为重要。大学生就业与考研申博是否理想不仅取决于自身的专业素养和综合技能，还与就业与考研信息的获取和利用紧密相关。谁能够在第一时间尽可能多地掌握就业与考研申博信息，谁就能在激烈的竞争中占据优势。下面介绍就业信息与考研申博信息获取的方法。

5.3.1 就业信息获取

就业信息是求职的基础，是通向用人单位的桥梁，是择业决策的重要依据，更是顺利就业的可靠保证。就业信息的搜集越广泛，求职的道路就越宽广，就业信息的质量越高，成功就业的机会就越大。本节介绍就业信息的定义与分类、就业信息检索的途径与就业信息的筛选。

1. 就业信息的定义与分类

就业信息是指经过加工整理，通过各种媒介传递，能被择业者所接受，并对其选择从事职业或职位具有一定参考价值的有关信息、资料或情报。就业信息包括就业政策、就业机构、人事制度、国家发展规划、经济发展形势与趋势、劳动力供求状况、劳动用工制度、就业方法、招聘信息等。

就业信息分宏观就业信息和微观就业信息，宏观就业信息包括毕业生就业的总体形势，社会对人才的需求趋势、就业政策、就业活动等；微观就业信息主要是单位对人才的具体要求，包括需求单位的性质、企业文化、专业要求，行业现状及发展前景、岗位描述、对计算机和外语水平的要求、生源地、性别要求、单位提供的用人条件、工作性质、晋升机会、工资福利待遇、空缺岗位等。

高校毕业生应该主动出击并通过各种渠道和手段，力求广泛、全面、准确、有效地搜集各类就业信息，逐步培养就业信息的搜集、整理、分析和运用的能力，为成功求职做好充分的准备。

2. 就业信息检索的途径

（1）国家大学生就业服务平台　国家大学生就业服务平台（https://www.ncss.cn/）是教育系统及有关部门开展高校毕业生就业服务、就业指导与就业管理的综合性平台。主要面向高校毕业生，平台提供就业意愿登记、简历填写、职位检索、职位推荐、专场招聘等求职应聘服务；提供职业指南、职业测评、风险防范提示等就业指导服务；提供重点领域、国际组织、应征入伍和基层就业等引导服务。

（2）各省市人才招聘网　为招聘人才、促进就业，各省市均有人才交流类的专业网站或微信公众号发布各类招聘信息、提供招聘服务，如上海人才网、广东人才网、深圳人才网、湖北人才网、浙江人才网、南方人才网等。用省份名加就业服务，就能找到对应公众号，全省的各类招聘信息大部分会在所在省份的就业信息公众号发布，比如"江西省就业创业服务中心"。由于人才需求量大，一些单位除了利用求职招聘网站发布招聘信息，还会把人才招募需求发布在自己的官方网站或官方微信公众号上。因此，求职者可以通过直接访问目标企业的官方网站获取人才需求信息。用单位名称和招聘关键词进行搜索，就能找到对应的招聘公众号，比如腾讯招聘等。

（3）专业求职招聘网站　专业的求职招聘网站能够为求职者提供更加全方位和多样化的岗位选择。求职者可以通过这些网站发布自己的求职简历信息。网站提供站内检索入口，求职者按照自己想要的关键词进行搜索就可以得到众多符合自己预期的工作岗位。目前比较知名的求职招聘网站有 BOSS 直聘、前程无忧、智联招聘、58 同城等。

（4）招聘会　相对于通过网络获取招聘信息，通过参加现场招聘会获取的信息更为直接，求职者和用人单位可以面对面直接沟通，而且参加招聘会的用人单位众多，求职者有更

多的机会。一般高校每年都会举办多场招聘会，政府部门也会定期或者不定期举办各种类型的招聘会。另外，多数城市还有较为固定的长期招聘会场。招聘会信息可以通过学校就业服务机构网站、报纸、搜索引擎等渠道获取。

（5）高校就业服务机构　为了促进学生就业，各高校均建有就业服务网站和公众号，为本校毕业生提供最新的招聘和就业信息。用学校名称和就业关键词，就能找到对应的公众号，一般学校第一手的招聘信息都会在公众号上发布。还有校招日历提供校招求职、寒暑假实习、名企内推等优质的求职信息。

（6）社会关系推荐　在寻找就业信息的时候可以通过老师、亲戚、朋友、高年级同学等推荐，大多数用人单位更愿意录用经人介绍和推荐过来的求职者。亲友利用个人的社会关系从不同渠道带来各种用人单位的需求信息，相对来讲信息较可靠，转变为就业岗位的可能性较大。本专业的教师了解本专业毕业生适合就业的方向和范围，与校外的研究所、企业、公司合作开展科研项目，了解一些对口单位的人才需求信息。校友提供的就业信息的最大特点是比较接近本专业，有高年级同学在目标单位就职时，可以通过学校的校友会找到他们的联系方式，向他们了解目标公司的情况，请他们内推自己。

3. 就业信息的筛选

就业信息的筛选，就是对所获得的大量关于就业方面的原始信息进行去粗取精、去伪存真的分析研究，从中筛选出适合的单位，了解用人单位的具体要求，以便结合自己的实际情况有针对性地参与竞聘。就业信息的筛选要注意以下几点。

（1）就业信息的可靠性筛选　根据就业信息的内在逻辑来验证其可靠性，如要求求职者汇款作为报名费、押金、手续费时，求职者应当立即放弃，甚至向有关部门举报。

根据实践经验来判断就业信息的可靠性，如招聘单位联系地址不详细或根本没有；联系电话为移动手机，没有固定电话；招聘要求非常低，工资待遇异常高；未出具招聘单位的相关资质证明等都可能是虚假招聘信息。

根据就业信息的来源渠道进行分析判断。一般来说，从正规渠道获得的就业信息的可靠性大一些，从非正规渠道获得的就业信息的可靠性小一些，如政府主管部门主办的杂志、有影响力的报纸发布的就业信息，可靠性就大一些；散发的一些招聘信息，可靠性就小一些。

对于求职者来说，应尽量选择大型、专业、知名的人才网站进行浏览、注册，因为这些正规的网站对招聘单位都进行了审核，其提供的信息可信度高。正规的人才网站会对个人简历的重要信息，如联系方式、电子邮箱、家庭住址等，做一定程度的保密处理，只有向网站提供合法资质证明的招聘单位才能看到，安全性高。

（2）就业信息的针对性筛选　就业信息的针对性筛选就是指应聘者从就业信息中筛选出自己较为满意的用人单位，根据用人单位列出的招聘条件、岗位要求等，与自身的性格、兴趣、特长进行对比分析，看自己与哪些信息更吻合，哪个单位对自己的发展更有利等。应聘者要不断调整和优化自己的求职目标与定位，在求职的专业领域或岗位、薪酬、工作环境、个人发展的可能性等方面，确保自己的求职目标更贴近实际。

正规招聘单位一般有固定的办公场所，若网上单位将面试地点选在宾馆、饭店等场地，要高度注意，谨防上当受骗；面试时间若安排在晚上，为保证人身安全，可以和用人单位商量改到白天。

5.3.2 考研申博信息获取

信息是决定考研申博成败的重要因素之一，考研申博就是一场信息战，信息不对称注定要输掉考研申博这场战役。可以通过事先进行考研申博信息检索，了解院校竞争难度和考试通过概率，确定考试复习范围与重难点，达到事半功倍的效果。本节介绍考研申博需要的信息分类、搜集考研申博信息的渠道与考研申博相关信息的搜索。

1. 考研申博需要的信息分类

考研申博不仅是一场智力与体力的比拼，同时还是一场信息和资料收集能力的比赛，资料和信息收集是考研路上的头等大事。考研申博需要了解的信息可以大致分为以下五类：

（1）专业问题　报什么专业需要认真考虑，要知道自己的兴趣点，要明晰自己的优势、劣势，这样才能从实际出发、理性选择、精准定位。

（2）目标院校　定好了专业，接下来就是选择自己心仪的学校。搜索学校需要考虑几个关键点：院校及学科排名、历年分数线、招生人数（包括推免人数）、报录比、专业目录和招生简章、毕业以后的就业情况等。

（3）备考资料　考研申博目标确定以后，就要根据目标院校的招生要求准备相应的备考资料，备考资料大致包括公共课的考试内容和题型、参考书目、考试大纲、专业课考试内容和题型、专业课教材、历年真题、复试主要内容和方式以及各种考试辅导书和内部资料。

（4）调剂信息　调剂一方面可以平衡冷、热门学校及冷、热门专业的招生情况，另一方面也能让没有满足第一志愿录取条件的同学获得读研的机会。所以一定要关注调剂信息，及时做出决策。

（5）导师信息　导师的选择关乎以后的学习和科研，尽可能多地搜集心仪导师的信息，有助于了解自己的学习方向是不是与导师的研究领域吻合，有助于判断自己是否对导师研究的领域感兴趣，有助于预设自己将来所要从事的职业。

2. 搜集考研申博信息的渠道

（1）中国研究生招生信息网　中国研究生招生信息网简称"研招网"（https://yz. chsi. com. cn），是隶属于教育部的、以考研为主题的官方网站，是教育部唯一指定的研究生入学考试网上报名及调剂网站。主要提供研究生网上报名及调剂、专业目录查询、在线咨询、院校信息、报考指南和考试辅导等多方面的服务和信息指导。网站信息较为全面，是每个研考学生查询各类考研信息重要的渠道之一。

（2）教育部学位与研究生教育发展中心　教育部学位与研究生教育发展中心（http://www. cdgdc. edu. cn/）为教育部所属事业单位，在教育部、国务院教育督导委员会及国务院学位委员会的领导下开展工作。该中心起源于 1998 年国务院学位委员会、教育部批准成立的"学位与研究生教育发展中心"，后更名为"全国学位与研究生教育发展中心"。2003年，名称变更为"教育部学位与研究生教育发展中心"。

（3）中国高等教育学生信息网　中国高等教育学生信息网（http://www. chsi. com. cn/），简称学信网，是教育部学历查询网站、教育部高校招生阳光工程指定网站、全国硕士研究生招生报名和调剂指定网站，单击其首页的研招选项后自动跳转到中国研究生招生信息网。注册登录后可以实现学历查询在线验证、硕士研究生网上报名和录取查询、硕士研究生招生调剂、学历认证等功能。

（4）目标院校招生官网或研究生院　院校研究生招生各类重要信息一般都会在院校官网发布，主要包含招生简章、专业目录、历年数据、招生公告以及院校联系方式等信息。不论是考研申博择校，还是初试复试录取，其都是报考学校考研申博信息的权威发布渠道。

（5）各省教育考试官网及官方微信公众号　各省官方考试院官网及其微信公众号的信息可能没有其他的官方渠道来得那么及时，但还是有考试相关的信息通知。

可以通过以上网站查询课程设置、导师研究方向、科研成果及硕士、博士学位论文等信息，还有一些院系就考生常问到的一些问题作出解答，在网上公布出来，另外最好能联系到导师和在读研究生，通过这种渠道，可能会有意想不到的收获。总之尽可能多地了解一些信息，以便尽早确定报考学校和专业，并做好后期考试准备。

3. 考研申博相关信息的搜索

（1）导师信息搜索　检索导师信息有三个入口，可全面了解导师的科研方向、专业特长、学术观点：一是到导师所在学校的院系主页进行查看；二是网络检索，该方式适合较为知名的导师，直接使用搜索引擎就可查看导师情况；三是通过中国知网、万方、Web of Science等数据库检索，根据导师近几年发表或指导学生发表的论文，了解其各阶段的学术研究方向和水平。

（2）备考资料搜索　考试大纲的电子版可在中国研究生招生信息网（研招网）上获取，纸质版可以在大纲发布后购买。全真试题可以到专门的考研书店购买，也可以从网上获得。有的学校提供专业教材的书目，有的学校不提供，学生可以参考其他学校的书目。考研辅导书可从书店购买，也可以通过参加考研辅导班获取。内部资料多从目标院校的高年级同学那里获取，往届的专业课试题可在报考学校官网或考研论坛获取。

（3）调剂信息搜索　所有的调剂必须经过中国研究生招生信息网调剂系统。除此之外，还可以通过这几种方式搜索：首先是专业院校的研究生网站，其次是各大网站、平台公布的调剂信息，再次可以通过往届考研调剂成功的高年级同学获取，最后可在考研论坛、贴吧等搜索相关信息。

5.4　课程与考试信息获取

课程学习与考试是大学生获取知识、提升能力的重要手段和主要形式。课程学习与考试的信息资源数量大、种类多，如何高效学习课程、应对考试、获取课程与考试信息非常重要。本节主要介绍在线获取课程与考试信息的方法。

5.4.1　在线课程资源检索

随着互联网的发展，社会信息环境和课程学习的方式已发生深刻变化，以精品资源共享课、公开课、MOOC为代表的在线课程发展迅速，为学习者提供了丰富的在线课程资源。下面介绍精品资源共享课、MOOC、公开课三类在线课程资源。

1. 精品资源共享课

精品资源共享课是教育部评选的优质课程项目，2012—2016年共评选出2882门高校课程，以高校教师与学生为服务主体，同时面向社会学习者。课程建设以课程资源的系统性、完整性为基本要求，以基本覆盖各专业的核心课程为目标。

爱课程（https://www.icourses.cn/mooc/）平台是获取精品资源共享课的主要渠道。在平台提供的检索入口，可以通过课程名、学校名和教师名来检索课程。

2. MOOC

MOOC 也称为"慕课"，一般由大学老师面向大众学习者开设，具有确定的开课计划和考核体系，通过网络平台免费发布。MOOC 突破了传统课程对人数的限制，学习者即使没有学籍，也可以通过 MOOC 平台自由选择并获取自己想要学习的课程，MOOC 具有较强的交互性和较及时有效的反馈效果。

国外 MOOC 平台有 Coursera（https://www.coursera.org）、edX（https://www.edx.org）、FutureLearn（https://www.futurelearn.com）等。其中 Coursera 是由斯坦福大学的教授吴恩达和达芙妮·科勒于 2012 年 1 月联合创建的 MOOC 平台，截至 2022 年 3 月 20 日已经有超1.13 亿注册用户，与 200 多所顶尖大学和公司合作提供 5200 多门课程。

中国大学 MOOC（https://www.icourse163.org）是由网易与高等教育出版社携手推出的在线教育平台，承接教育部国家精品开放课程任务，承载了 10000 多门开放课、1400 多门国家级精品课，与 803 所高校开展合作，已经成为我国最大的中文慕课平台。除此之外，学堂在线（https://www.xuetangx.com）、智慧树（https://www.zhihuishu.com）等也是我国目前主流的 MOOC 平台。

3. 公开课

公开课是面向社会公众免费开放的在线视频课程或讲座类视频。随着互联网的快速发展，以视频为主要形式的公开课更受到大众的欢迎，视频公开课所占比重也在逐步提高。目前国外比较有代表性的公开课平台有麻省理工学院（https://ocw.mit.edu）、耶鲁大学（http://oyc.yale.edu）等高校的公开课平台；国内有网易公开课（https://open.163.com/）、新浪公开课（http://open.sina.com.cn）等。

网易公开课是门户网站网易于 2010 年 11 月 1 日推出的"全球名校视频公开课"项目。首批上线的主要是哈佛大学、牛津大学、耶鲁大学等国际名校的公开课视频，并组织翻译力量对课程视频配以中英文字幕供学习者使用。后续该平台相继引入了 TED、可汗学院、Coursera 等国际知名课程项目，内容涵盖文学、社会、哲学、金融、历史、艺术等诸多领域，为学习者创造了一个公开的免费课程平台。

5.4.2 考试资源检索

出于对知识学习、能力提高、工作就业、出国留学等的需要，大学生除了常规的课程考试外，还会参加一些其他类型的技能考试。技能考试种类繁多，形式多样，比较常见的有英语四六级考试、全国计算机等级考试、会计师水平考试、证券从业资格考试等。因此，人们需要学会通过检索和获取信息来提高学习效率，更好地准备和通过考试。

这些资格考试的信息大多可以通过官方的平台进行查询。主要有以下几种渠道。

1. 中国教育考试网

中国教育考试网（https://www.neea.cn/）是教育部考试中心的官方网站，提供全国大学生英语四六级考试、全国计算机考试、全国英语等级考试等多种考试资讯、考试报名、成绩和证书的查询。

2. 主管部委资格考试或资格管理部门

有些资格考试和认证是由政府各部委负责组织与管理的，相关信息查询可以在其官方网站上找到线索。例如初级会计师、中级会计师等会计从业技术资格考试信息及成绩可以通过中华人民共和国财政部旗下的会计财务评价中心（http://kzp.mof.gov.cn/）进行查询。

3. 各行业协会

注册会计师、证券从业资格、银行从业资格等一些资格考试是由各行业协会负责组织和认证的，而这些行业协会一般具有半官方背景，相对比较权威可靠，人们可以通过这些行业协会网站查询和获取相关考试信息。

另外，近年来，考公、考编人数不断增长。人们可从各省市招考公务员的官方网站即各省市的公务员招录系统和各地区的人力资源与社会保障部门网站获取招考公告、考试科目大纲、考试成绩等信息。

5.5 政府与统计信息获取

政府与企业信息资源是全社会信息的重要组成部分，是人们了解政府与企业行为的直接途径，也是人们监督政府与企业行为的重要依据。政府信息资源具有权威性，企业信息资源具有专业性。

5.5.1 政府信息获取

根据《中华人民共和国政府信息公开条例》，政府信息是指行政机关在执行公务时制作或者获取的，以某种形式记录和保存的资料。公民了解政府信息的途径主要有政府门户网站、政务新媒体平台等途径。

1. 政府门户网站

政府门户网站是指一级政府在各部门的信息化建设基础之上，建立起跨部门的、综合的业务应用系统，使公民、企业与政府工作人员都能快速便捷地接入所有相关政府部门的政务信息与业务应用，并获得个性化服务的网站。政务门户网站是公民检索政府信息的有效途径。政府门户网站分为中央政府门户网站和地方政府门户网站，登录网站，可以了解到相关政务信息、政务数据等内容。主要政府信息获取途径见表5-4。

表5-4 主要政府门户网站网址及功能

名称	网址	主要信息功能
中华人民共和国中央人民政府	https://www.gov.cn/	政策、法规、新闻
中华人民共和国教育部	http://www.moe.gov.cn/	成绩、学籍、学位、出国等
国家知识产权局	http://www.cnipa.gov.cn/	专利、商标、地理标志等
国家药品监督管理局	https://www.nmpa.gov.cn/	医疗器械、药品、化妆品
国家市场监督管理总局	http://www.samr.gov.cn/	规章、政策、标准
国家企业信用信息公示系统	http://www.gsxt.gov.cn/	企业信用信息

2. 政务新媒体平台

在数字技术广泛应用于传媒领域的背景下，新媒体平台成为获取政府信息的重要渠道。政务新媒体指的是各个政府部门在第三方平台包括微博、微信公众号、抖音平台等开通账号，或以信息技术为媒介自行创设移动客户端。政务新媒体打破了时间和空间上的限制，有利于人民群众随时随地了解到最新的政务消息。

3. 国家档案馆、公共图书馆等场所

按照 2019 年修订的《中华人民共和国政府信息公开条例》第二十五条规定，各级人民政府应在国家档案馆、公共图书馆、政务服务场所设置政府信息查阅场所，并配备相应的设施、设备，为公民、法人和其他组织获取政府信息提供便利。所以公共图书馆也是公民检索政府信息的重要场所。

5.5.2 统计资料获取来源

统计资料是统计工作活动过程中所取得的反映国民经济和社会现象的数字资料以及与之相联系的其他资料的总称，包括调查取得的原始资料和经过一定程度整理、加工的次级资料，其形式有统计表、统计图、统计手册、统计年鉴、统计资料汇编、统计公报、统计报告和其他有关统计信息的载体。公开的统计资料获取途径主要有以下两种。

1. 通过统计数据发布机构获取

我国实行统计资料分级管理与发布，国家统计局提供最主要和权威的全国统计数据，一般只发布全国和分省的宏观统计数据。获取省级及以下城市及区县的详细统计资料，需要通过各级统计机构。另外，特定领域的管辖机构，比如教育部、科学技术部、农业农村部、商务部、文化和旅游部、国家发展和改革委员会、工业和信息化部、中国人民银行、国家卫生健康委员会、国家市场监督管理总局、国家金融监督管理总局、上海证券交易所、中华人民共和国海关总署等也会发布相关的统计数据。还有一些成熟行业的行业协会，比如中国保险协会、中国银行业协会等，也会定期发布相关报告。

人们需要通过相关统计部门的官方网站或者出版的统计类出版物搜索和查询所需要的信息。比如在国家统计局官网（http://www.stats.gov.cn）首页底部的"网站链接"栏目专门提供了"地方统计网站""地方政府网站""国外官方统计网站"与"国际组织网站"的链接列表，人们可以直接单击链接访问这些网站。相应的世界各国及国际组织，也会通过其官方统计网站或者特定领域的管辖机构发布相关统计数据。

2. 统计类的数据库或网站获取

获取统计数据有多种途径，但数据的质量必须权威可靠，官方统计数据是首选。最常见的由国家统计局提供的公共查询平台——国家数据平台。除国家统计局的官方平台外，商业化的数据平台，也是集中获得统计数据的重要来源，国内外数据库商建立的常见的各种统计类、经济金融类数据库见表 5-5。

表 5-5　常见的统计类与经济金融类数据库列表

名称与网址	简介
CCER 标准数据库 （http://new.ccerdata.cn/）	CCER 是色诺芬公司联合北京大学中国经济研究中心推出的研究型数据库。数据来源为各大权威机构及网站，覆盖中国宏观、微观市场经济金融数据

（续）

名称与网址	简介
CEIC 经济数据库 （https://www.ceicdata.com.cn/zh-hans）	CEIC 提供覆盖全球近 200 个国家的宏观、行业经济数据，当前收录超过 600 多万条的时间序列数据以及涵盖各主要证券交易所的上市资讯财务数据
国务院发展研究中心信息网 （https://drcnet.com.cn/www/int/）	由国务院发展研究中心主办的中国著名大型经济、管理类专业网站，主要内容包括《国研报告》《宏观经济》《行业经济》《区域经济》等。包括行业周报、月报、季报与年报等
CNKI 中国经济社会大数据研究平台 （https://data.cnki.net/）	此平台是 CNKI 建立的一个集统计数据资源整合、多维度统计指标快捷检索、数据深度挖掘分析及决策支持研究等功能于一体的大型统计资料数据库
EPS 全球统计数据/分析平台 （https://www.epsnet.com.cn/index.html#/Index）	EPS 是集丰富的数值型数据资源和强大的经济计量系统为一体的数据服务平台，收录国内外的经济、贸易、行业、科技领域的统计数据；利用内嵌的数据分析预测软件可完成对数据的分析和预测
中经数据库 （https://ceidata.cei.cn/）	此数据库是一个综合经济数据库群，包括全国宏观月度库与年度库、海关月度库、县域年度库、城市年度库、分省宏观月度库等多个子库。内容涵盖宏观经济、行业经济、区域经济、世界经济等多个领域
IMF E-Library（国际货币基金组织） 统计数据库 （https://www.imf.org/en/Data）	此数据库可以提供国际货币基金组织（IMF）的各种统计数据库的查询，包括国际收支统计、国际金融统计、贸易方向统计与政府财政统计等
World Bank Open Data（世界银行公开数据） （https://data.worldbank.org）	收录了世界银行数据库的 7000 多个指标，用户可以按国家、指标、专题和数据目录进行数据浏览，其中数百个数据可上溯 50 年
Wind 金融终端 （https://www.wind.com.cn/）	提供最齐全的中国金融市场数据与信息，内容覆盖股票、债券、基金、指数、权证、商品期货、外汇、宏观行业等多项类别

5.5.3 统计数据查找案例

假如有人需要对乡村振兴发展水平进行评估，根据研究需要查询与乡村振兴发展水平相关的经济数据，查询内容反映产业兴旺、生态宜居、乡风文明、治理有效、生活富裕五个方面的数据。利用属于官方平台的国家统计局数据库以及其他相关官方网站进行检索的过程如下。

1）通过国家统计局网站（https://data.stats.gov.cn/）界面的统计数据/数据查询入口进入检索界面，如图 5-11 所示。在检索框中输入 "2022 江苏省 GDP"，即可搜索到相关数据信息，同时还可获得平台提供的一些其他参考数据，如分省季度数据及分省年度数据的地区生产总值指数、地区生产总值，单击界面右侧的下载和打印标志可以进行数据下载和打印，还可通过单击数据名称前的蓝色标志查看详细指标解释。

当有更复杂的需求时，比如若需将居民人均可支配收入、城镇居民人均可支配收入和农村居民人均可支配收入进行对比，可以使用高级查询功能，其检索界面如图 5-12 所示。在界面左侧 "人民生活" 类别下，分别在 "全国居民人均收入情况" "城镇居民人均收入情况" 和 "农村居民人均收入情况" 下选择所需指标，单击 "查询" 即可得到目标数据值并可以进行数据可视化展示。

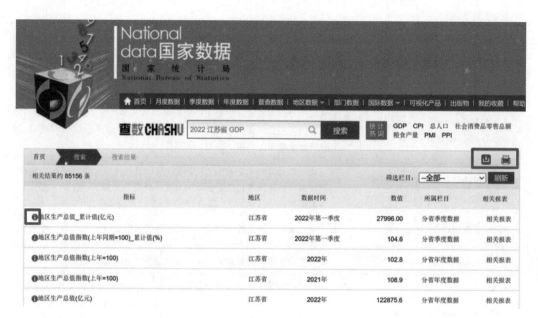

图 5-11　检索界面

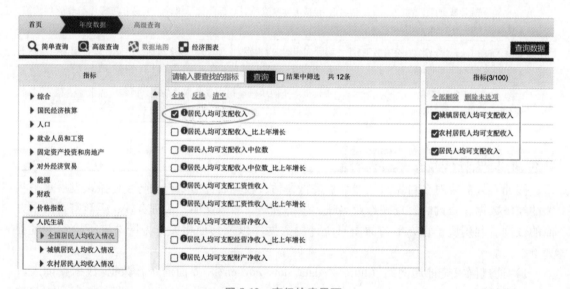

图 5-12　高级检索界面

2）若是在国家统计数据库中无法找到的统计指标，那么就需要通过寻找其他政府官方网站获取相关数据，如各地方政府官方网站、生态环境厅、水利部等。

例如，若想统计各省市的水土流失面积，可通过中华人民共和国水利部查找相关数据。首先，打开中华人民共和国水利部（http://www.mwr.gov.cn/）官方网站，查找各年份的中国水土保持公报，如图 5-13 所示。

然后单击相应年份的中国水土保持公报，查询相关数据，如可以查找 2022 年部分省份的水土流失面积。

	数据	•••

2022年中国水土保持公报

2022年，党中央、国务院高度重视水土保持工作，中共中央办公……

http://www.mwr.gov.cn/sj/tjgb/zgstbcgb/202308/t20230825_1680719.html   2023-08-25

2021年中国水土保持公报

2021年全国水土保持工作认真贯彻落实党中央、国务院和水利部……

http://www.mwr.gov.cn/sj/tjgb/zgstbcgb/202207/t20220713_1585301.html   2022-07-13

2020年中国水土保持公报

2020年全国水土保持系统深入学习贯彻近平生态文明思想和习……

http://www.mwr.gov.cn/sj/tjgb/zgstbcgb/202109/t20210930_1545971.html   2021-09-30

2019年中国水土保持公报

2019年全国水土保持系统深入学习贯彻近平生态文明思想，全……

http://www.mwr.gov.cn/sj/tjgb/zgstbcgb/202009/t20200924_1448752.html   2020-09-24

图 5-13　中国水土官方网站的保持公报

总之，国家数据是国家统计局发布统计信息网站的数据，包含了我国经济、民生、农业、工业、运输、旅游、教育、科技、卫生等多个方面的数据，并且在月度、季度、年度都有覆盖，较为全面和权威，对于社会科学的研究具有很大帮助。国家数据还包含各个国家的国际数据，主要有人口、劳动力与就业、贫困与收入、教育、卫生、经济、贸易等，并且包含可视化统计图，可视化统计图秉持方便易用的理念展示统计数字，通过简单的图像或动态界面及互动式统计图，可以帮助用户更清楚了解一些统计指标。

思 考 题

1. 假如有人准备报考某学校某位导师的研究生，请查询该导师的相关信息，如导师简介、联系方式、出版论著、发表中英文论文及引用情况、申请专利等。

2. 假如有人正在学习一门自己感兴趣的课程，想了解这门课程是否有 MOOC 或精品资源共享课，国外是否有相关开放课程？试找到该课程相关内容进行学习。

3. 假如有人应聘某个公司，请对该公司进行调研，找到该公司的主页、公司的信用信息、公司所属地方和主管部门的网站、公司的产品等。

4. 通过搜索引擎与开放资源获取平台检索并总结长江经济带的研究成果。

5. 请在免费的图书网站上下载一本关于"信息检索"的英文专著。

6. 在检索网络信息时存在哪些问题？自己是怎么处理的？

7. 求职招聘信息可以通过哪些渠道获得？

第6章

文献信息管理与学术评价

通过前面 5 章的学习，大家已掌握了各种文献类型、各种语种、各种来源的信息检索。但在学习、工作与科研中，经常会发现自己下载了大量的中外文文献，但很难快速筛选到高影响力的文献；写论文时，参考文献格式的编辑花费了大量时间精力，并且纠结选投哪本刊物等。为了解决这些问题，本章将重点介绍文献信息管理软件 EndNote、NoteExpress 以及文献信息分析软件 VOSviewer 等的功能，介绍学术评价工具 JCR、ESI、Incites 数据库、CSSCI、CSCD 等的功能。

6.1　文献信息管理

现代科技信息资源大爆炸时代的到来，增加了文献收集、整理、查阅及参考文献管理的难度。传统完全依靠人工编辑管理参考文献，非常低效、繁琐，往往会占用科研人员宝贵的精力和时间。所以科研人员迫切需要一种工具管理各种文献资源，于是文献信息管理软件应运而生。通过文献信息管理软件可以提高文献查找、整理及利用的效率，为人们的信息管理和利用提供解决方法。

6.1.1　文献信息管理软件

文献信息管理软件又叫书目管理软件，它是一种具有文献检索与整理、引文标注、按格式要求生成参考文献列表等强大功能的软件，有的软件还兼具添加附件、笔记、查找、分析等功能，能帮助用户高效管理和快速引用文献。文献信息管理软件按类型可分为商业软件和免费软件、开源和非开源、本地和在线等，各个类型都有其自身的优缺点。常用的文献管理软件有 End-Note、RefWorks、Zotero、Mendeley、NoteExpress、NoteFirst 等，以下分别对其进行简单介绍。

1. EndNote

EndNote 由 Thomson Corporation 下属的 Thomson ResearchSoft 公司开发，是当今最有名、历史最久的文献信息管理软件之一。EndNote 支持的参考文献格式有 7000 多种，涵盖各个领域的期刊；能直接链接千种数据库，并提供通用的检索方式；能管理的数据库没有上限，至少能管理数十万条参考文献；在国外数据库下载数据时，均支持 EndNote 格式题录导出。快捷工具嵌入到 Word 软件中，用户可以边写论文边插入参考文献，并能生成指定格式的参考文献列表。

EndNote Web 是一款在线形式的文献管理软件，可以和 EndNote 相关联，同步文献数据库，方便用户随时随地登录访问文献库，并可以实现文献信息的分享和协同管理。

2. RefWorks

RefWorks 由 CSA 的子公司 RefWorks 于 2001 年开发，为用户提供参考文献信息管理和共享方面的解决方案。RefWorks 拥有众多的语言版本，如简体中文、繁体中文、英文、法文、德文、日文、韩文等，是一个在线版的个人文献信息管理软件，RefWorks 可与 ProQuest、HighWire、EBSCO、Web of Science 等数据库链接，用于管理个人文献信息，还可进行文献信息共享与文献插入引用，提高用户的研究工作效率。

3. Zotero

Zotero 由美国乔治梅森大学的历史和新媒体中心于 2006 年开始研发，是一款免费的、开源的文献信息管理软件，便于方便地收集、组织、引用和共享文献。Zotero 可以帮助用户搜集期刊、图书等各类文献和整理网络浏览器界面中的文献信息，并可以加上标签、批注、笔记、附件等内容，实现了文献信息的共享和引文插入、参考文献列表生成等多种功能。

4. Mendeley

Mendeley 由 Mendeley 小组研发并于 2008 年 8 月发布，是一款免费的跨平台文献信息管理软件，同时也是一个在线的学术社交网络平台。Mendeley 包含桌面版、在线版客户端与移动设备客户端。它较好地实现了网页文献和 PDF 文献信息抓取功能，可以使用户进行更广泛、更便捷的学术交流。

5. NoteExpress

NoteExpress 是北京爱琴海软件公司开发的一款专业级文献信息检索与管理系统，具备文献在线检索与下载功能，提供了文献信息统计分析、标签、笔记、添加附件等功能。在 Word 软件中 NoteExpress 可以按照各种期刊、杂志的要求自动完成参考文献引用的格式化。NoteExpress 是授权软件（收费），若高校已购买，在学校 IP 范围内可免费下载、使用；超出 IP 范围，部分功能停用，一些简单功能仍可用。

6. NoteFirst

NoteFirst 由西安知先信息技术有限公司开发并提供技术支持，用户可免费下载，基本功能使用免费，但高级功能需要购买开通。NoteFirst 是一个专属于科研技术人员的文献信息获取、文献信息管理以及知识共享的服务平台，将科技文献管理和开放存取、科技资源交流共享相结合。

6.1.2 EndNote 软件

本节以目前广泛使用的 EndNote X20 版本为例介绍 EndNote 软件的基本操作。

1. EndNote 的下载与安装

通过网址（https://endnote.com/? language = en）可以下载 EndNote 的试用版，如果用户图书馆已经订购可以在图书馆网站上下载。下载软件后双击"ENX20Inst. msi"开始安装，默认路径为"C:\Program Files（X86）\EndNote X20"，用户可以自行更改。安装目录下的"Filters"文件夹用于存放数据库导入的过滤器文件；"Styles"文件夹用于存放引文输出格式文件；"Templates"文件夹用于存放预设写作模板。

2. 建立数据库文件及文件夹

安装成功后打开 EndNote 软件，建立数据库文件及文件夹，即在 File 菜单栏中选择 New，再选择文件名和安装位置，就建立了用户自己的数据保存目录。其中"＊.enl"文件为用户自己建立的 Library 数据库文件，通过此文件才可对数据库进行管理；"My EndNote Library. Data"是随 Library 数据库文件建立而产生的文件夹，其内存放 PDF 全文等数据，用于备份迁移。

EndNote 软件主界面可以分为 4 个主要区域，如图 6-1 所示。每个区域的位置并不固定，用户可以按自己的习惯进行调整。界面顶部是菜单栏区域，包括文件、编辑、参考文献、组等命令；中部是文献信息显示区域，用户可以设置显示的字段，以及字段的宽度和左右顺序。左侧是分组管理区域，用户可以建立组群和组，对文献进行分类，同一篇文献可以归在

多个不同组内；右侧是预览区域与编辑区域，用户也可以使用 PDF 格式打开文献。各个部分的具体功能如图 6-1 所示。

图 6-1 EndNote 软件的主界面

3. EndNote 软件的文献导入与管理

EndNote 软件的文献导入有多种方法，最常见的有数据库网站输出、在线检索、通过 PDF 导入与手工输入文献信息等。

（1）数据库网站输出 通过下载的题录文件导入，如在 Web of Science 核心合集数据库中检索文献后，选择文献，单击"导出"，选择如图 6-2a 所示的"EndNote Desktop"跳转到文献导出格式界面，如图 6-2a 右上方所示，单击"导出"保存导出的文件。

（2）在线检索 通过 EndNote 软件内置在线检索功能录入，首先单击图 6-1 左侧的在线检索数据源。然后单击在线检索数据源的第 4 个，选择"Web of Science Core Collection"后，在检索窗口进行检索。例如：检索 Title 中包含"ecosystem service"或"environment service"的文献，单击"Search"，弹出确认在线检索后，EndNote 会将在线检索的结果自动导入到本地。检索结果如图 6-3 所示。

（3）通过 PDF 导入 单击打开图 6-1 左侧的 File 菜单，选择"Import"（导入）命令，可以通过文件导入或者文件夹批量导入。在弹出的导入文件窗口中，需要选择导入的文件格式，也可以文件夹格式导入，如图 6-2b 所示。

（4）手动输入文献信息 单击图 6-1 中的"增加新记录"按钮，弹出新建文献窗口如图 6-4 所示，选择文献类型并填写相关信息，然后单击保存并关闭即可。

4. EndNote 软件文献信息管理

EndNote 软件可进行文献的分组管理、文献去重和更新等。

（1）分组管理 在 EndNote 界面左侧的分组管理区域右击，即可弹出分组菜单进行分组。用户可以创建组集和组，选择要管理的文献，右击添加文献到刚才创建的组中。

a) 文献导出界面

b) 文献导入界面

图 6-2　EndNote 软件的文献格式导出与导入数据库界面

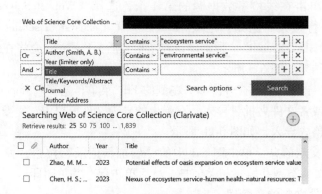

图 6-3　在线检索结果

EndNote 软件采用多种分组方式来管理个人文献图书馆，智能分组可以自动筛选符合建组条件的文献信息，组合分组可以对已经建好的组进行逻辑智能组合等。

图 6-4　新建文献窗口

（2）文献去重和更新　在"Reference"菜单栏下选择"Find Reference Updates"（查找文献更新）即可通过现有文献的 DOI 号进行更新。在 Library 菜单栏下选择 Find Duplicates（查找重复文献）即可通过现有文献进行去重，用户可选择保留哪个记录的文献，更新文献与查找重复文献如图 6-5 所示。

a) 更新文献　　　　b) 查找文献

图 6-5　更新文献与查找重复文献

EndNote 支持丰富的在线数据库检索和本地文献检索，可在本地文献中添加笔记，并在搜索功能中对笔记进行检索。最多可与 400 位 EndNote 软件用户成员共享同一个文献图书馆的数据，并可以设置只读或者读写权限。

5. EndNote 软件论文撰写

使用插入引文功能前，需要完成文献录入和管理，EndNote X20 软件在 Word 软件内插入引文有两种方式，一种是在 Word 软件中使用插入命令，另一种是在 EndNote 软件中选择文献插入。两种方式都需要在插入前确定插入引文位置（Word 软件中）和插入的文献（EndNote 中）。在 Word 软件的插入命令中选择"EndNoteX20"，选择"Insert Citation"下的"Insert Selected Citation（s）"，即可插入选中的文献。或者在 EndNote X20 选中文献后，单击快捷工具栏中的"插入引用"。EndNote 在 Word 软件中的插件界面如图 6-6 所示。

EndNote 软件可以方便地更改和制定参考文献样式，如果投稿之后拒稿，想投新的期刊，可以在 style 下拉菜单中直接选择样式更改即可。

图 6-6　EndNote 在 Word 软件中的插件界面

6.1.3　NoteExpress 软件

NoteExpress 软件具有建立目录、搜索、排序、查重、标记、标签等功能，也能实现论文写作过程中参考文献的调用和插入。下面介绍 NoteExpress 软件的基本操作。

1. NoteExpress 软件的下载与安装

通过网址（http://www.inoteexpress.com）下载 NoteExpress 软件的安装程序；个人用户下载个人版，集团用户下载所在学校的集团版。软件下载成功后，双击安装程序，即可完成安装，如在安装过程中遇到防火墙软件或者杀毒软件提示，请选择允许程序的所有操作，安装成功后打开 NoteExpress 软件主界面如图 6-7 所示。

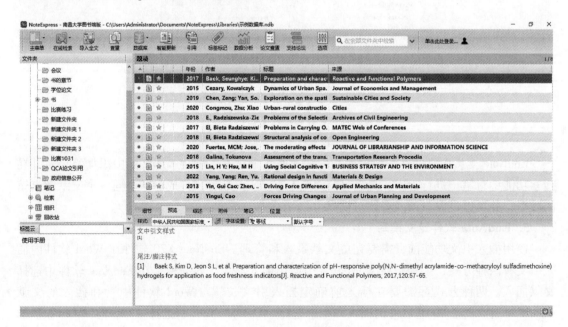

图 6-7　NoteExpress 软件主界面

2. 建立数据库和文件夹

NoteExpress 软件安装完毕后首次启动会打开自带的示例数据库，该数据库存放在"我

的文档"目录下，供新用户练习使用。建议用户正式使用时建立新的数据库，并选择好数据库存放的路径。建立好数据库以后，在 NoteExpress 软件主界面左侧建立新的文件夹，并进行命名，如命名为"政府信息公开"，用于存放本次检索的论文题录，界面如图 6-8 所示。

图 6-8　新建文件夹界面

3. 导入文献

与 EndNote 软件一样，NoteExpress 软件也有多种文献收集的方式，如数据库网站输出、在线检索、全文导入、手工录入等，下面介绍使用最多的两种。

（1）数据库网站输出　各数据库通过 EndNote 软件、NoteExpress 软件、RIS 软件等各种格式化文件导出，再通过过滤器导入文献管理数据库。如通过中国知网检索到的 220 篇文献全部选中后，单击"导出与分析"，然后单击"导出文献"，选择"NoteExpress"格式，如图 6-9 所示，最后单击"导出"，选择合适的路径进行保存。

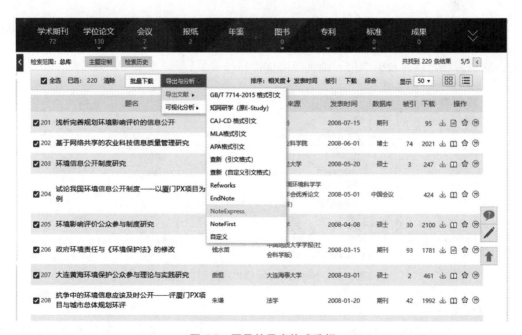

图 6-9　题录的导出格式选择

打开 NoteExpress 软件主界面，选择导入题录，弹出"导入题录"窗口，题录可来自文件，也可来自剪贴板，选择要导入的文件，选择与导出文件相匹配的过滤器，单击"开始导入"，成功导入文献，如图 6-10 所示。

图 6-10 文献题录的成功导入界面

（2）在线检索 通过 NoteExpress 软件内置在线检索功能录入，如图 6-7 所示单击数据库上方的"在线检索"图标，选择在线数据库。例如选择万方数据后，进入如图 6-11 所示界面，在该界面可选择检索字段，输入关键词进行检索。

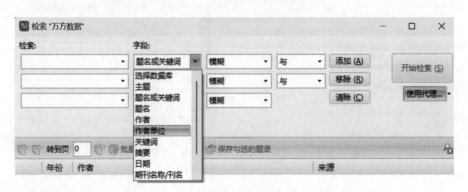

图 6-11 NoteExpress 软件在线检索界面

4. 管理文献

将各个数据库的题录全部导入 NoteExpress 软件后，单击"查重"，选择待查重文件和待查重字段进行查找，界面如图 6-12 所示，如果查询到重复的文件，删除重复文件即可。NoteExpress 软件有文件夹信息统计功能，可统计发文量多的作者、机构、关键词等。同时，可对表头进行设计，使其显示收录范围与影响因子，有利于选择影响因子高的核心期刊文献。

图 6-12　查找重复题录

5. 论文写作

NoteExpress 软件支持 Word 软件和 WPS 软件，在论文写作时可以随时引用保存的文献题录，并自动生成符合要求的参考文献索引。在 Word 软件的撰写界面，单击"NoteExpress"，选择"插入引文"，插入所选的论文，参考文献会在文本后自动生成，界面如图 6-13 所示。

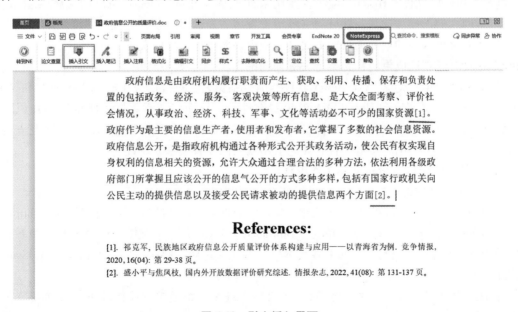

图 6-13　引文插入界面

6.1.4 文献信息分析软件

文献信息分析工具可以把需要分析的大量文献视为一个整体，从中找出特定的规律，把握科研的动向，分析研究前沿。文献信息分析工具可以分为三大类：专业文献信息分析软件、文献数据库分析工具及文献信息管理软件。专业文献信息分析软件有 RefViz、CiteSpace、Histcite、VOSviewer、Pajek、NetDraw、Uninet、BibExcel、Gephi 等；文献数据库分析工具有 WOS、JCR、ESI、万方数据库、中国知网等信息检索系统自带的文献分析功能；文献信息管理软件有前面内容中介绍的 EndNote 与 NoteExpress 提供软件自带的文献统计分析功能。本节重点介绍第一类——专业文献信息分析软件。

1. 专业文献信息分析软件介绍

文献信息分析软件有多种，这些软件可以单独或集成实现社会网络分析与可视化功能。下面介绍最常见的 RefViz、CiteSpace、Histcite 与 VOSviewer 软件。

（1）RefViz 软件　RefViz 软件是由 Thomson 公司和 Ominiviz 公司合作开发用于文献信息分析的软件。RefViz 软件可以帮助分析、组织和管理大量文献；可通读文献、找出关键信息并归类，以可视化的图形展示归类结果；可帮助研究人员快速了解某一领域的整体情况，确定研究方向，发现研究热点，开拓研究思路。RefViz 软件适用于开拓性工作、陌生新课题和文献分类管理等。

（2）CiteSpace 软件　CiteSpace 软件全称为 CitationSpace（引文空间），是一款着眼于分析科学文献中蕴含的潜在知识，在科学计量学、数据可视化背景下逐渐发展起来的一款引文可视化分析软件。由于通过可视化手段来呈现科学知识的结构规律和分布情况，因此也将通过此类方法分析得到的可视化图称为科学知识图谱，用于探究某一研究领域的研究热点、研究前沿、知识基础、主要作者和机构等，同时帮助预测某一研究领域的未来发展走向。

（3）Histcite 软件　Histcite 软件主要用来处理从 Web of Science 输出的文献索引信息。它可以帮助人们迅速掌握某一领域的文献历史发展，发现某个研究方向的重要文献和关键学者。它还能绘出这一领域的文献历史关系，使得该领域的发展、关系、人物一目了然，并可找到某些具有开创性成果的、无指定关键词的论文。

（4）VOSviewer 软件　VOSviewer 软件是荷兰莱顿大学科技研究中心的 Van Eck 和 Waltman 于 2009 年开发的一款基于 JAVA 的免费软件，主要面向文献数据，侧重科学知识的可视化。该软件可构建和可视化文献计量网络，这些文献计量网络可能包括期刊、研究人员或单篇文献，可基于引用、文献耦合、共同引用或共同作者关系来构建。

2. VOSviewer 软件分析文献工作流程

VOSviewer 软件的使用一般通过以下几个步骤实现。

（1）VOSviewer 软件的下载与安装　进入 VOSviewer 软件官网，找到网址（https://www.vosviewer.com/），单击左下角的"Download VOSviewer"下载按钮。系统有三种下载选项，如图 6-14 所示，找到对应的下载版本，下载完成之后，解压，即可双击运行 VOSviewer 软件。

首次使用 VOSviewer 软件，会提示运行 JAVA 环境，跟随提示操作即可。成功安装完成 JAVA 之后，再次双击打开 VOSviewer 软件，进入 VOSviewer 软件主界面。

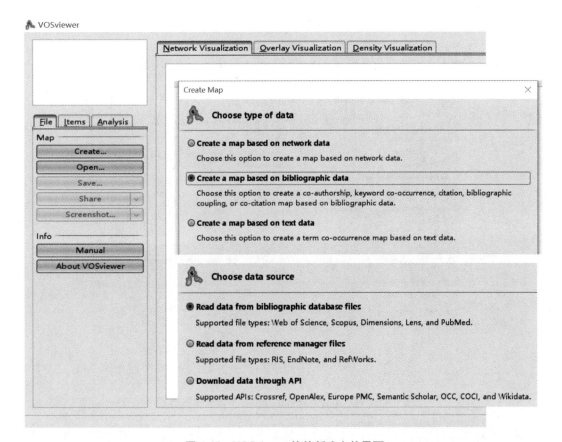

图 6-14　VOSviewer 软件下载界面

（2）数据下载与导入　VOSviewer 软件使用前需要在中外文数据库里下载文献数据，下载文献导出时采用纯文本文件将全记录导出，最好选择全记录与引用的参考文献。由于软件对不同来源数据的兼容性不同，有时需要对数据进行预处理后才能导入分析软件。在 VOSviewer 软件的主界面，单击"File"，再单击"Create"后如图 6-15 所示，选择"create a map based on bibliographic data"，再选择"Read date from bibliographic database files"，导入从数据库中导出的文献，按组合键<Ctrl＋A>全选，单击"OK"，导入数据界面如图 6-16 所示。

图 6-15　VOSviewer 软件新建文件界面

（3）数据分析与图谱可视化　VOSviewer 软件选择方法与设置参数界面如图 6-17 所示，可根据需要选择分析方法，可以生成作者合作网络分析、关键词共现分析、引证分析、耦合分析、共被引分析的可视化图谱。

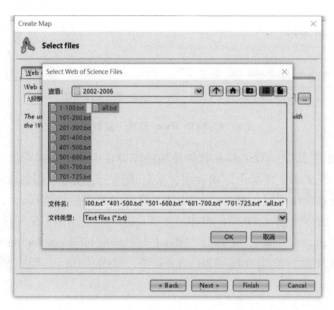

图 6-16　VOSviewer 软件导入数据界面

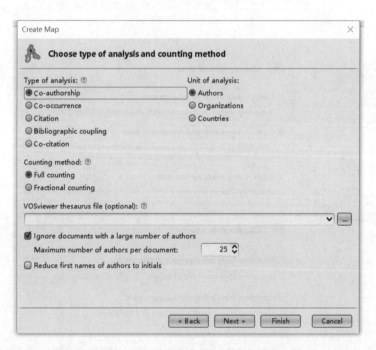

图 6-17　VOSviewer 软件选择方法与设置参数界面

例如要对作者合作进行分析，先选择阈值为 5，如图 6-18 所示，并单击"next"，选择作者后单击"Finish"，如图 6-17 所示。在界面中调节左侧的参数可以变换图谱效果，如选择"method-LinLog/modularity"，并将"Repulsion"调至-1，得到图谱效果如图 6-19 所示。

（4）图谱解读　图谱解读是最重要的步骤，需要人们阅读大量的文献，储备图谱相关专业知识，从图谱中发现规律性特征，获取有价值的分析结论。

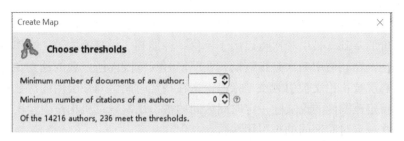

图 6-18　VOSviewer 软件设置阈值界面

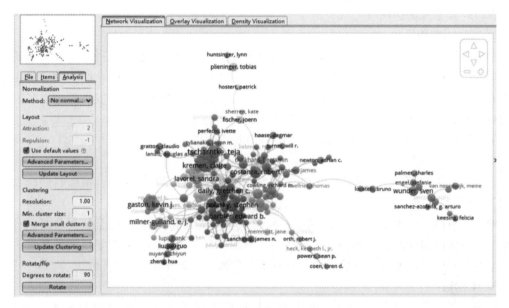

图 6-19　VOSviewer 软件生成图谱效果

6.2　学术评价

学术评价是当前科技评价领域的热点前沿问题。学术评价的对象是多元的，学术成果、作者、期刊、科研机构等都可作为评价对象。针对多元化的学术评价对象，学界已经衍生出了集合定性评价、定量评价、综合评价等于一体的多元化评价体系。常用的定量评价的指标较多，包括被引频次、ESI、引文影响力、H 指数、期刊影响因子、JCR 分区、中科院分区、核心期刊等。SCI-E、SSCI、A&HCI、CSSCI、CSCD 及中文核心期刊要目总览等都是文献计量与期刊评价结合的产品。本节主要对国际上具有代表性的 Web of Science、ESI、Incites、JCR 等引文数据库和引文分析工具，及国内权威的学术评价工具进行介绍。

6.2.1　学术评价指标

学术评价常用的指标有被引频次、期刊影响因子、H 指数与学科规范化引文影响力。

1. 被引频次

被引频次反映了论文的学术影响力，是引文分析法用于学术评价最具代表性的指标，也是开展学术评价的基础。被引频次可以用于评价一种期刊、一篇论文、一个作者或者一个机构，具有时间性。期刊被引频次是指该期刊在一定时间范围内所登载的论文在特定统计时间区间被引用的总次数；论文被引频次是指该论文在特定时间区间被引用的次数；作者被引频次是指该作者特定范围内的论文在一定时间区间的被引用次数；机构被引频次是该机构名下所发表的论文在一定时间区间的被引用次数。

被引频次是一个绝对指标，受学科领域、文献类型、出版时间、引用动机等因素的影响，具有一定的适用范围。被引频次包括他引和自引，严格标准的他引是指文献被除作者及合作者以外其他人的引用。

2. 期刊影响因子

影响因子可以反映一定时间区间内期刊发文的平均被引率，在一定程度上表征期刊的学术影响力，现已成为国际上通用的期刊评价指标。期刊影响因子是指某一期刊的文章在特定年份或时期平均被引用的频率。影响因子的计算方法为：某期刊前两年发表的论文在统计当年的被引用总次数除以该期刊在前两年内发表的论文总数。

例如计算某期刊在 2022 年的影响因子可用以下公式：

$$IF_{2022} = X_{被引频次} / Y_{发文总量} \tag{6-1}$$

式中，$X_{被引频次}$ 为某期刊于 2020 年和 2021 年发表的论文在 2022 年的被引用次数；$Y_{发文总量}$ 为某期刊 2020 年和 2021 年的发文总量（只包括 article 与 review）。

期刊影响因子的大小主要取决于论文量、被引频次与时间区间。受学科受众面、研究领域宽窄、覆盖面等的影响，不同学科期刊的影响因子存在着差异。一个学科的引文数量，取决于学科自身的发展情况以及该学科期刊在数据库来源期刊中所占的比例。

3. H 指数

H 指数是一个混合量化指标，可用于评估研究人员的学术产出数量与学术产出水平。一名科学家的 H 指数是指其发表的 N 篇论文中有 h 篇每篇至少被引 h 次，而其余 $N-h$ 篇论文每篇被引均小于或等于 h 次。例如，某教授的 H 指数是 10，表明他已发表文章中有 10 篇文章每篇至少被引用了 10 次。

H 指数将数量指标（发表的论文数量）和质量指标（被引频次）结合在一起，重点关注研究人员发表了多少有影响力的论文，评估科学家长期研究成果的影响力。H 指数被用于期刊、研究团队、大学、科研院所、学科、国家、基金和研究热点等不同领域。不同学科之间 H 指数的差异较大，因此 H 指数不适合用于跨学科的比较。

4. 学科规范化引文影响力

学科规范化引文影响力（Category Normalized Citation Impact，CNCI）是指论文实际被引次数除以同文献类型、同出版年、同学科领域文献的期望被引次数。其计算公式为：

$$CNCI = C / E \tag{6-2}$$

式中，C 表示该论文的被引次数；E 表示全球范围内，所有与该论文同学科、同出版年、同文献类型的论文平均被引次数。

CNCI 消除了出版年、学科领域与文献类型差异造成的影响，不仅可以用以实现跨学科论文学术影响力的比较，而且可将论文与全球平均水平进行对比。例如一篇论文的如果

CNCI>1，说明该论文学术表现超过了全球平均水平，反之则说明该论文学术表现低于全球平均水平。

6.2.2 国际代表性学术评价工具

国际代表性的学术评价工具除了第3章介绍的WOS核心合集、EI Compendex外，还有科睿唯安公司的JCR、ESI与InCites数据库，下面对这三个评价工具即数据库进行介绍。

1. JCR

（1）数据库简介 期刊引证报告（Journal Citation Reports，JCR）是基于WOS引文数据的期刊评价工具，使用量化的统计信息公正严格地评价全球领先的学术期刊。JCR隶属于科睿唯安集团，收录SCI-E与SSCI从1900年至今的期刊、ESCI从2005年至今的期刊、A&HCI从1975年至今的期刊，其中ESCI与A&HCI期刊在2023年首次有影响因子。

2023年度JCR收录了110多个国家的21522种期刊，其中5649种开放获取期刊、13668种自然科学期刊、7123种社会科学期刊、3248种艺术与人文期刊。JCR将下属期刊按照WOS的254个学科进行分类，把某一个学科的所有期刊都按照上一年的影响因子降序排列，然后平均4等分（即各25%），分别对应Q1、Q2、Q3、Q4。通过JCR，科研人员可以确认期刊的学术地位，识别合适的期刊投稿。

在WOS平台右上角单击"产品"，选择JCR，进入JCR主界面，如图6-20所示。

图6-20 JCR主界面

（2）检索方式 JCR可按期刊、分类、出版商、国家/地区四种方式进行检索。可以在主界面的检索框中输入检索词，也可分别单击主界面顶部的"Journals""Categories""Publishers"与"Countries/Regions"进入相应界面检索。

1）期刊检索。期刊检索可以通过期刊全称或缩写，ISSN或eISSN进行检索。如检索ISSN为"1540—1960"的期刊详细信息如图6-21所示。详细信息中显示期刊名称、出版社、语言、所属国家/地区、出版周期、影响因子、期刊引证指标等。

2）分类检索。分类检索有两种方式，一种是直接单击主界面顶部的"Categories"，进入分类界面如图6-22所示。JCR将期刊分为21个大类，默认按分类的字母排序，单击右上方的下拉列表框，还可按分类数量与期刊数量进行排序。例如图6-22界面显示的农业科学下有7个小类，由423种期刊组成，单击小类的类名可以看到该类期刊的数量、引用论文、总引用次数、平均影响因子等指标。

单击界面底部的"SOIL SCIENCE"，显示界面如图6-23所示，可看到该学科分类下的SCI-E由38种期刊组成，ESCI由7种期刊组成，单击"38"，显示期刊列表的界面。默认期刊列表按影响因子排序，也可按总引次数排序。期刊列表中有期刊名称、总引次数、期刊 ISSN/eISSN、影响因子、JCI 等。

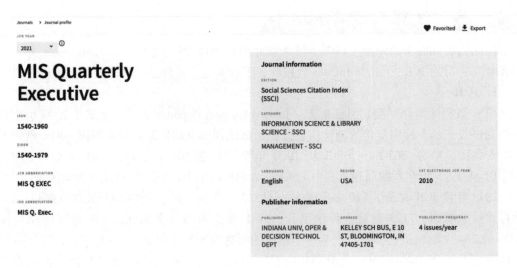

图 6-21　JCR 期刊详细信息

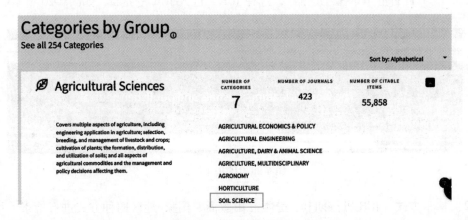

图 6-22　JCR 分类界面

Category ⌄	Group ⌄	Edition ⌄	# of journals ⌄	Citable Items ⌄	Total Citations ⌄	Median impact factor
SOIL SCIENCE	Agricultural Sciences; Geosciences	SCIE	38	6,085	391,267	3.7
SOIL SCIENCE	Agricultural Sciences; Geosciences	ESCI	7	249	3,764	1.5

图 6-23　JCR 土壤科学分类显示界面

　　期刊分类还可通过界面左侧过滤，点开"Filter"，显示界面如图 6-24 所示，Journals、Categories、Publishers、Country/region 等后面的箭头都可单击后进行检索。此外，还可筛选

JCR Year、Open Access（DOAJ 开放获取）、JIF Quartile（影响因子四分位）、JIF Range（影响因子范围）、JCI Range（期刊引文指标范围）、JIF Percentile（影响因子百分位）。

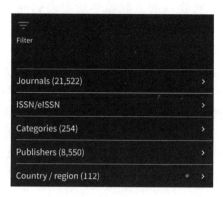

图 6-24　JCR 过滤显示界面

3）国家/地区检索。单击"Countries/Regions"进入如图 6-25 所示界面，显示有 112 个国家/地区，默认按不同国家/地区的出版期刊数量进行排序，期刊总数最多的是美国，为 5888 种，我国有 444 种，排在全球第 7 位。在我国的 444 种期刊中，有 276 种 SCI-E 期刊，15 种 SSCI 期刊，5 种 A&HCI 期刊。

112 countries/regions

Journal name/abbreviation, ISSN/eISSN, category, publisher, country

Countries/Regions ▼	Number of journals in 2022 ▼
USA	5,888
ENGLAND	4,535
NETHERLANDS	1,342
GERMANY (FED REP GER)	1,148
SPAIN	725
SWITZERLAND	540

图 6-25　JCR 的国家/地区界面

4）出版商检索。单击主界面顶部"publishers"进入出版商检索界面，该数据库收录有 5252 个出版商，界面默认按出版商收录期刊的数量进行降序排列，如 Springer Nature（2208 种）、Elsevier（2107 种）、Taylor & Francis（2088 种）。

2. ESI

基本科学指标（Essential Science Indicators，ESI）数据库是一个用于识别各研究领域有影响力的研究前沿、科研人员、机构论文以及期刊的研究分析工具。ESI 所收录的文献主要来源于 WOS 核心合集下的 SSCI 和 SCI-E 的论文，仅收录文献类型为 article 和 review 的文章。ESI 中的高被引论文的被引频次统计数据源是 SCI-E、SSCI、A&HCI 三大期刊引文索引。ESI 每两个月进行数据更新，所收录的文献随着所发表的期刊的学科领域划分到对应的学科。

ESI 已成为当今世界范围内普遍用以评价高校、学术机构、国家/地区国际学术水平及影响力的重要评价指标工具之一。ESI 设置了 22 个学科，分别为：生物学与生物化学、化学、计算机科学、经济与商业、工程学、地球科学、材料科学、数学、物理学、社会科学总论、空间科学、农业科学、临床医学、分子生物学与遗传学、神经系统学与行为学、免疫学、精神病学与心理学、微生物学、环境科学与生态学、植物学与动物学、药理学与毒理学、多学科。ESI 对多学科进行了二次划分，根据该学科领域期刊上的文章的参考文献的比重，独立地划分到其他的 21 个学科领域，一本期刊一般情况下只对应到一个学科领域中。

ESI 可以查找某机构进入全球前 1% 的 ESI 学科，挖掘某机构最具潜力进入 ESI 的学科，获取某机构在 ESI 学科的高水平论文、高被引论文和热点论文；还可查看某学科或主题的研究前沿。下面介绍如何获取研究前沿、学科基准线与引文阈值。

（1）Research Front　在 WOS 平台右上角单击"产品"，选择"ESI"，进入 ESI 主界面如图 6-26 所示。在 ESI 主界面中，左侧是筛选区，在"Results list"的列表里面可以选择"Research Fronts"（研究前沿），然后在"Add Filter"里面，既可以根据某一个具体的学科浏览该学科的前沿，也可以根据相应的主题词查找与该主题词相关的研究前沿。

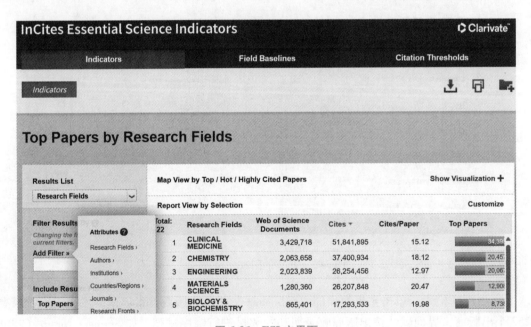

图 6-26　ESI 主界面

以经济与商学学科为例，在"Results list"的列表里面选择"Research fronts"（研究前沿），然后在"Add Filter"里面选择"Research Fields"中的"Economics & Business"（经济与商学），界面如图 6-27 所示，单击"Top Papers"，可对 Top Papers 的论文数进行排序，将

论文数从大到小排序后，可以看到经济与商学学科论文数最多的研究前沿，研究前沿的核心论文数越多代表了这个前沿内容相对来说是比较活跃的。单击"Mean Year"，可按平均生成年排序。

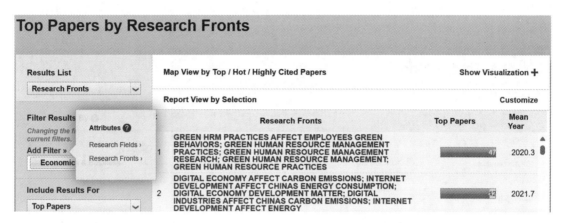

图 6-27　ESI 的 Economics & Business 的 Research fronts 界面

（2）Field Baseline　ESI 中常用的指标包括学科基准线（Field Baseline），ESI 学科基准线下包括 3 个指标，分别是 Citation Rates、Percentiles 和 Field Rankings，如图 6-28 所示。

Field Baselines

Baselines are annualized expected citation rates for papers in a research field.

Citation Rates *are yearly averages of citations per paper.*

	RESEARCH FIELDS ▲	2013	2014	2015	2016	2017	2018	2019	2020
Citation Rates	ALL FIELDS	27.86	26.46	24.83	22.56	20.93	18.61	15.21	11.98
	AGRICULTURAL SCIENCES	23.37	22.69	21.74	20.12	18.26	17.17	14.77	11.24
Percentiles	BIOLOGY & BIOCHEMISTRY	36.65	34.21	30.74	27.61	25.27	22.67	19.12	14.24
	CHEMISTRY	30.12	29.48	28.19	25.39	23.91	21.46	18.10	13.89
Field Rankings	CLINICAL MEDICINE	27.36	25.86	24.40	22.05	20.33	17.65	14.11	11.38
	COMPUTER SCIENCE	17.81	18.32	18.14	16.68	17.07	15.52	13.75	11.54

图 6-28　ESI 的 Citation Rates 界面

Citation Rates 是指 ESI 的 22 个学科和所有学科不同年度发表文章的篇均被引，数据回溯 10 年。如农业科学（AGRICULTURAL SCIENCES）2013 年的篇均被引为 23.37，2020 年为 11.24。Percentiles 是指 0.01%、0.10%、1.00%、10.00%、20.00%、50.00% 等 6 个引用级别需具备的引用次数。Field Rankings 是指 ESI 10 年间 22 个学科每个学科的篇均被引和其他指标聚合的情况。

（3）Citation Thresholds　ESI 引文阈值（Citation Thresholds）包括 ESI 阈值（Thresholds）、高被引阈值（Highly Cited Thresholds）和热点论文阈值（Hot Paper Thresholds）三个选项。ESI 高被引阈值论文是指过去 10 年中所发表的论文，被引频次在该学科相同发表年份的论文中排名前 1% 的论文。ESI 热点论文是指过去两年发表的论文（仅限 article 和 review）中，按照同一出版时间、同一 ESI 学科论文在当前更新周期的两个月内，新增的被引次数由高到低进行排序，排在前 0.1% 的论文。

ESI 阈值显示 10 年内前 1% 的作者和机构以及前 50% 的国家和期刊所涉及的论文的被引频次。高被引阈值显示 10 年内前 1% 的论文被引次数的最低值。热点论文阈值显示的过去两年发表的热点论文在最近两个月内新增被引次数的最低值。ESI 引文阈值界面如图 6-29 所示。

Citation Thresholds

A citation threshold is the minimum number of citations obtained by ranking papers in a research field in descending order by citation count and then selecting the top fraction or percentage of papers.

The ESI Threshold reveals the number of citations received by the top 1% of authors and institutions and the top 50% of countries and journals in a 10-year period.

	RESEARCH FIELDS ▲	AUTHOR	INSTITUTION	JOURNAL	COUNTRY
ESI Thresholds	AGRICULTURAL SCIENCES	813	3,298	2,291	3,013
	BIOLOGY & BIOCHEMISTRY	1,276	7,037	469	2,066
Highly Cited Thresholds	CHEMISTRY	2,331	8,140	3,422	4,074
	CLINICAL MEDICINE	3,128	4,174	4,432	35,262
	COMPUTER SCIENCE	828	4,952	2,879	1,307
Hot Paper Thresholds	ECONOMICS & BUSINESS	625	6,440	2,486	734
	ENGINEERING	1,336	3,503	5,638	3,702

图 6-29　ESI 的 Citation Thresholds 界面

3. InCites 数据库

InCites 数据库是在 WOS 核心合集高质量论文和引文数据的基础上建立起来的科研表现分析与对标工具。InCites 数据库综合了丰富的计量指标和 1980 年以来各学科、各年度的全球基准数据，帮助用户从科研人员、机构、区域、研究方向、出版物、基金六大模块展开分析，并在不同的模块中均可通过内置的 30 余个指标进行不同维度的多元多角度分析，进而实现机构研究产出和引文影响力的实时跟踪、机构间研究绩效和影响力的横向和纵向对比、潜力人才的精准定位、科研合作现状以及潜在合作可能的有效发现。

InCites 数据库的界面如图 6-30 所示，包括分析、报告与组织三大模块。

图 6-30　InCites 数据库界面

单击"开始分析",进入如图 6-31 所示界面,可按研究人员、组织机构、部门、地点、研究领域、出版来源及资助机构进行分析。下面对常用的组织机构、研究领域与研究人员进行介绍。

图 6-31　InCites 数据库分析界面

1)在分析界面选择"组织机构",进入如图 6-32 所示界面,该界面可以在检索框输入研究机构名称进行检索,左侧的筛选条件可按组织过滤、机构类型、国家/地区、机构联盟、合作者、合作机构、合作国家/地区、国内/国际合作论文、文献类型等进行二次检索。

图 6-32　InCites 数据库组织机构界面

2)单击"研究领域",进入如图 6-33 所示界面,InCites 数据库具有多种分类体系,适于各种分析场景。除了包含 WOS、ESI 分类体系之外,还有中国国务院学位委员会办公室采用的 SCADC 分类(包含 13 个门类,97 个一级学科)与软科世界一流学科排名 GRAS 覆盖的 54 个学科等。Citation Topics 分类为新版增加的分类,包含 Macro-topics(宏观主题)、Meso-topics(中观主题)与 Micro-topics(微观主题)。

3)单击"研究人员",进入如图 6-34 所示界面。人员 ID 类型分组有 WoS 作者记录(测试版)、唯一 ID 与名称。WoS 作者记录(测试版)与名称可应用于不同的场景,WoS 作

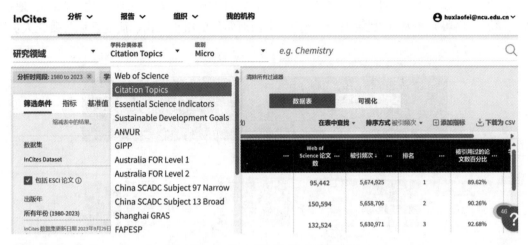

图 6-33 InCites 数据库研究领域界面

者记录（测试版）可对标不同学者科研产出及影响力，某机构学者整体科研产出及学术影响力分析。名称可分析学者对于某机构的发文贡献，分析学者对于所属机构某学科的贡献。唯一 ID 有研究人员 WoS ResearcherID 与 ORCID。

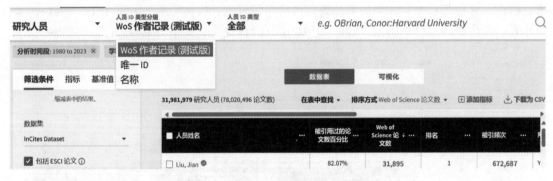

图 6-34 InCites 数据库研究人员界面

InCites 数据库可快速将指标从左侧列表拖放并添加到表或可视化，支持用户与他人共享。InCites 数据库的系统报告板块中共内置了 4 种自动生成的报告，包括部门报告、研究人员报告、出版商报告和机构报告。

6.2.3 国内代表性学术评价工具

目前国内代表性的学术评价工具有 5 种，分别是南京大学的中文社会科学引文索引（CSSCI）、中国科学院文献情报中心的中国科学引文数据库（CSCD）、人大复印报刊资料、北大中文核心期刊要目总览和中科院文献情报中心期刊分区表。

1. 中文社会科学引文索引

中文社会科学引文索引（Chinese Social Science Citation Index，CSSCI）是南京大学自主研发的人文社会科学引文索引数据库，主要收录所有来源期刊/集刊全部来源和引文信息。CSSCI 每两年遴选 1 次。CSSCI（2023—2024）收录包括法学、管理学、经济学、历史学、

政治学等在内的学术期刊及报纸理论版 909 种。CSSCI 现已成为多个地区、机构、学术、学科、项目及成果评价与评审的重要依据。

CSSCI 的基本检索界面如图 6-35 所示，有基本检索和高级检索两种方式。基本检索可选择来源文献与被引文献，来源文献主要用来查询本索引所选用的来源期刊文章的作者（所在单位）、篇名、参考文献等。被引文献主要用来查询作者、论文、期刊等的被引情况。

图 6-35　CSSCI 基本检索界面

2. 中国科学引文数据库

中国科学引文数据库（Chinese Science Citation Database，CSCD）创建于 1989 年，收录了中国数学、物理、化学、天文学、地学、生物学、农林科学、医药卫生、工程技术、环境科学和管理科学等领域出版的中英文科技核心期刊和优秀期刊。CSCD 对来源期刊每两年遴选一次，每次遴选均采用定量与定性相结合的方法。2023—2024 年度 CSCD 收录来源期刊 1340 种，其中我国出版的英文期刊 317 种，中文期刊 1023 种。来源期刊分为核心库和扩展库两部分，其中核心库 996 种，扩展库 344 种。CSCD 的检索平台为 WOS。

3. 人大复印报刊资料

人大复印报刊资料数据库涵盖了人文社科的各个方面，如哲学、政治学与社会学、法律学、经济学与经济管理学、教育学、文学与艺术、历史学、文化信息传播学等，是从全国人文社科类期刊、报纸中收录精选而来，具有重要思想文化和科学研究价值。收录年限为 1995 年至今，部分专题已回溯到创刊年，包括有全文数据库与数字期刊库，其检索界面如图 6-36 所示。

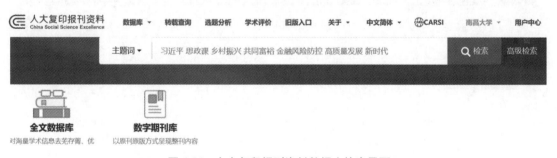

图 6-36　人大复印报刊资料数据库检索界面

1）全文数据库。囊括了人文社会科学领域中的各个学科与类别，每个类别分别涵盖了相关专题的期刊文章。数据信息量大，涵盖范围广，便于用户了解与自己的课题相关的研究状况，把握本领域的研究动态。

2）数字期刊库。该库资源以整刊形式面向读者，读者可以查看期刊封面、期号等信息，同时提供按期刊学科、期刊首字母拼音、期刊分类号、期刊属性等不同形式的查询方式以方便读者进行资源检索。

数据库有基本检索和高级检索两种方式。基本检索可以按主题词、标题、作者、作者简介、原文出处、全文、关键词与副标题进行检索。检索结果可以按相关度、时间、阅读量与下载量进行排序。

4. 北大中文核心期刊要目总览

北大中文核心期刊要目总览是由北京大学图书馆及北京十几所高校图书馆的众多期刊工作者及相关单位专家参加的研究项目。2008 年之前每 4 年更新研究和编制出版一次，2008 年之后，改为每 3 年更新研究和编制出版一次。目前已出十版：第一版（1992 年）、第二版（1996 年）、第三版（2000 年）、第四版（2004 年）、第五版（2008 年）、第六版（2011 年）、第七版（2014 年）、第八版（2017 年）、第九版（2020 年）与第十版（2023 年）。北大中文核心期刊要目总览经过定量筛选和专家定性评审，从我国正式出版的中文期刊中评选出核心期刊。定量评价采用了被摘量、被摘率、被引量、他引量、影响因子、他引影响因子、5 年影响因子、5 年他引影响因子、特征因子、论文影响分值、论文被引指数、获奖或被重要检索系统收录等评价指标。

5. 中科院文献情报中心期刊分区表

中科院文献情报中心期刊分区表（简称中科院分区）是中国科学院文献情报中心科学计量中心的科学研究成果。中科院分区基于布拉德福定律，引用科睿唯安的 JCR 数据，将期刊分为四个分区，一区刊为各类期刊三年平均影响因子的前 5%，二区刊为前 6%～20%，三区刊为前 21%～50%，四区刊为后 51%～100%，二、三、四区的比例每年动态调整，整体上呈现出金字塔结构。中科院分区自 2004 年开始发布，延续至今。

登录中国科学院文献情报中心期刊分区表网址（www.fenqubiao.com），输入账号与密码，呈现界面如图 6-37 所示：在检索框内输入期刊名称，检索出结果后双击期刊名称，出现显示期刊详细内容的界面，包括期刊在学科大类、小类分区，是否为 Top 期刊等。

图 6-37　中国科学院文献情报中心期刊分区表升级版主界面

总之，想要管理好文献信息，同时对期刊、个人、机构、论文等有科学的评价，需要人

们勤于实践。除了通过教材了解外，还可使用软件自带的使用手册学习，查阅相关学术文献或推文，详细了解文献信息管理与文献分析软件的功能，提高文献管理效率与科研效率。同时，要会通过 SCI-E、SSCI、CSCD、CSSCI、EI、北大核心等源刊目录及期刊影响因子与分区等选择高质量核心期刊。通过被引频次与下载频次选择高影响力与高价值的论文，通过阅读综述文献发现高质量的论文线索，通过 ESI 快速了解学科领域前沿。

思 考 题

1. 分别从中国知网、万方数据库、WOS、EI 检索自己感兴趣的课题文献，将文献题录导出为 EndNote 格式并导入到 EndNote 中，并进行查重。创建 Word 文档，对检索到的文献进行归纳总结，假如要向该学科领域的某期刊投稿，请按该期刊要求进行文献的引用。

2. 利用 CiteSpace 软件对元宇宙相关文献进行可视化分析。

3. 检索 Nature 的总被引频次、影响因子等相关信息（利用 JCR 的期刊检索功能）。

4. 查找 Computer 学科有多少种 SCI-E 期刊？列出影响因子排名前 5 的期刊名称。

5. 检索与收集有关"生成式人工智能"的高质量学术文献。

6. 检索本学科知名研究机构的研究成果（可按检索结果的机构聚类来实现）。

第 7 章

信息检索与学术论文写作

信息检索与学术论文写作是高等院校本科生和研究生必备的一项基本能力。学术论文是学术交流的媒介与载体，是研究成果的体现，有利于科学积累和保存。本章主要介绍了学术论文的定义、期刊论文的撰写与投稿流程、文献综述的撰写及学术论文的国家标准。

7.1 学术论文概述

学术论文的写作是衡量一个人学术水平和科研能力的重要标志，同时也是科研工作者的必备技能。本节将从学术论文的定义、分类和主要特点加以介绍。

7.1.1 学术论文的定义

学术论文又称学术文本或研究论文，是对某个科学领域中的学术问题进行研究后表述科学研究成果的理论文章，是作者向社会描述研究过程与研究成果的工具。我国国家标准GB 7713—2022《科学技术报告、学位论文和学术论文的编写格式》将其定义为："对某个学科领域中的学术问题进行研究后，记录科学研究的过程、方法及结果，用于进行学术交流、讨论或出版发表，或用作其他用途的书面材料。"

在学术论文的撰写中，选题是非常重要的。选题的方向决定了科研的水平和档次，高水平的科研工作者通过文章的选题和方向，就能大致判断出论文的水平，因此，合适的选题是研究工作开展前至关重要的一步，也是必不可少的准备工作。

7.1.2 学术论文的分类

学术论文的类型可以根据多种标准来划分。不同的划分标准会形成不同类型的学术论文，具体如下：

1. 按研究学科划分

学术论文按研究的学科可分为自然科学论文和社会科学论文。

1）自然科学论文是指研究人们所处的自然界中物质变化的客观学科（物理、化学、生物、天文等）的科学问题所形成的论文。

2）社会科学论文则是指研究文化、制度、规则等用来解释现实社会中发生种种现象的学科（历史、民俗、法律、政治等）所撰写的论文。其中每一个分类又可按各自的门类细分。如社会科学论文又可细分为文学、历史、哲学、教育、政治等学科论文。

2. 按研究内容划分

学术论文按研究的内容可分为理论研究论文和应用研究论文。

1）理论研究论文侧重于对各学科的基本概念和基本原理的研究。

2）应用研究论文讲究实用性，侧重于将各学科的知识转化为专业技术和生产技术，直接服务于社会。

3. 按写作目的划分

学术论文按写作的目的可分为期刊论文、会议论文和学位论文。

1）期刊论文是作者根据某期刊载文的特点和取向（表现为学科特征及专业特色）将撰写的学术论文有针对性地进行投稿，并被所投刊物发表的论文。

2）会议论文是作者根据即将召开的各种学术会议（国际、国家、省、市、行业学术团体等）的研讨主题及相关规定，撰写专题论文并投寄给会议主办单位，经有关专家审查通过后被录用的学术论文。

3）学位论文是作者为了取得高等学校或科研院所的相应学位，通过专门的学习、从事科学研究而获得的创造性或创建性的认识、观点，并以此为研究内容撰写而成的论文。学位论文分学士学位论文、硕士学位论文及博士学位论文。

7.1.3　学术论文的主要特点

学术论文具有科学性、创新性、理论性、客观性和准确性以及规范性和可读性的特点。其中创新性是学术论文的基本特征，是世界各国衡量其科研工作水平的重要标准，也是决定论文质量高低的重要标准。

（1）科学性　学术论文的科学性，要求作者在立论上不得带有个人好恶的偏见，不得主观臆造，必须切实地从客观实际出发，并从中引出符合实际的结论。在论据上，应尽可能多地引用现有资料，以最充分的、确凿有力的论据作为立论的依据。在论证时，必须经过周密地思考，进行严谨地论证。

（2）创新性　科学研究是对新知识的探求，创新性是科学研究的生命。学术论文的创新性在于作者要有独到的见解，能提出新的观点、新的理论。这是因为科学的本质就是"革命的和非正统的""科学方法主要是发现新现象、制定新理论的一种手段，旧的科学理论就必然会不断地被新理论推翻"。因此，没有创新性的学术论文就没有科学价值。

（3）理论性　学术论文在形式上属于议论文，但它与一般议论文不同，它必须有自己的理论系统，不能只是材料的罗列，而是对大量的事实、材料进行分析、研究，使感性认识上升到理性认识。一般来说，学术论文具有论证色彩，或具有论辩色彩。论文的内容必须符合历史唯物主义和唯物辩证法，符合"实事求是""有的放矢""既分析又综合"的科学研究准则。

（4）客观性和准确性　科研的一个重要目标是通过主观经验发现客观规律。准确的材料、准确地分析以及准确的结论是高质量论文的基本要求。

（5）规范性和可读性　学术论文自有其一套规范，需要严格遵守。不规范的学术论文会严重降低自身的价值，也容易因此被期刊退稿。学术论文还要具有可读性。可读性差的学术论文，会让编辑和审稿人失去阅读兴趣，很难获得发表的机会。

7.2　期刊论文的撰写

期刊论文是指在学术期刊上发布的学术论文，通常由专业的学者或研究人员撰写。期刊论文是对某个学术领域的研究成果进行系统阐述和讨论的文献，旨在为该领域的学术交流和发展做出贡献。期刊论文有固定的结构与范式，其撰写需要遵循一定的规范与原则，本节将从期刊论文的结构、各要素写作、投稿流程等方面加以介绍。

7.2.1　期刊论文的结构

期刊论文一般分为三个部分：前置部分、主体部分和后置部分。前置部分包括题名、著

者署名与单位、摘要、关键词、中国图书馆分类法分类号等；主体部分包括引言、材料与方法、结果和讨论；后置部分包括致谢、参考文献、附录，其中附录部分包括插图和表格等。

1. 前置部分

（1）题名 题名是论文重要内容的逻辑组合，要准确、具体反映期刊论文的内容，题名有着统领全文的作用，对选定关键词、编制题录和索引等文献检索也提供重要信息。

（2）著者署名与单位 著者是对论文做出实质贡献并需对论文负责的人。署名表明了作者身份和文责自负的态度，还表明了期刊论文的著作权。期刊论文完成后，作者的署名顺序应按其对论文所做贡献大小排序于文题下，并在作者之下注明所属单位和邮政编码。

（3）摘要 期刊论文的摘要是以浓缩的形式展示学术研究的成果，也是期刊论文前置部分的一个重要组成部分。摘要建立在对论文进行总结的基础之上，用简单、明确、易懂及精辟的语言对全文内容加以概括。摘要一般分为指示性摘要、总结性摘要和结构性摘要三种形式。

（4）关键词 关键词是用以表示全文主题内容的词或词组，也是从期刊论文的论文题名、摘要、层次标题或正文中选取出来的能反映期刊论文主题概念的词或词组。一般而言，一篇论文的关键词适宜在 3~8 个之间。

2. 主体部分

目前在国际科技交流中使用最广泛的科技论文构架就是 IMRD 四段式结构，即引言、材料与方法、结果和讨论，已被国际学术界普遍接受。

（1）引言 引言又称绪论、前言等，是论文的开头语。作为期刊论文的开端，阐述论文的撰写背景和目的，进行文献综述并提出研究问题，叙述研究方法，介绍论文的作用和意义。引言应包括研究的背景、目的、方法和现有成果，要向读者交代本研究的来龙去脉，真正体现该领域发展的现状及本研究的创新之处。

写好引言，要呈现较为直接的相关背景信息，并运用好引用文献（即引用与本研究直接相关的文献）。引言写作需注意两个极端，即铺垫不足和篇幅过长：铺垫不足会使得读者不能全面了解该领域的研究进展；篇幅过长则容易喧宾夺主，占据重要部分（结果与讨论）的篇幅。

（2）材料与方法 材料与方法部分最重要的是保证研究结果的可重复性，这部分的主要内容包括：使用了什么，包括实验对象、实验材料和实验设备；实验过程，给出足够的细节信息以使同行能够重复实验；结果的统计处理。写好这部分的关键在于把握好度，即提供恰到好处的细节。如果方法新颖且未有该类文献发表，应提供所必需的细节；如果所采用的方法已经公开报道过，只需阐述与引言相关的文献即可；如果较以往研究有所改进，可将改进部分另加说明。好的材料与方法能让专业读者产生进行重复实验或掌握方法的兴趣与动力。

（3）结果 结果是一篇论文的核心，是客观展示论文研究发现、表达作者思想观点最重要的部分，所以要求作者实事求是、客观真实、准确地用说明性材料（图和表）描述主要成果或者发现。这一部分要求言简意赅，对实验或观察结果的表达要高度概括和提炼，并要客观地评价，不能将实验记录数据或观察事实进行简单的堆砌。图和表通常会出现在结果部分，读者往往看完题名和摘要后就会浏览所有的图和表，有进一步兴趣才会详读论文的其他部分。

（4）讨论　讨论部分是论文的精髓所在，也是作者普遍感到最难写的部分。讨论部分反映作者对某个学术问题了解和理解的深度和广度，其重点在于对研究结果的解释和推断，并说明作者的结果是否支持或反对某种观点、是否提出了新的问题或观点等。讨论部分的撰写遵循"金字塔"结构，即从对具体的研究结果的讨论，拓展到范围更加宽广的内容（即由小到大）。

3. 后置部分

后置部分包括致谢、参考文献和附录等。

（1）致谢　作者在选择、构思或撰写论文的过程中，接受了别人指导或建议，或者是接受了有关单位和个人在技术、资料、信息、物质或经费等方面的帮助应该致谢。

（2）参考文献　参考文献又称文后参考文献，一般附在论文的后面，是论文引用的有关文献资料，包括参阅或直接引用的材料、数据、论点等，是期刊论文不可缺少的部分。原则上除了教科书上公认的方程和表达式外，都要列出文献来源，并完整给出相应的文献。

（3）附录　附录是论文的附件，不是必要组成部分。它在不增加文献正文部分的篇幅和不影响正文主体内容叙述连贯性的前提下，向读者提供论文中部分内容的详尽推导、演算、证明、仪器、装备或解释、说明，以及提供有关数据、曲线、照片或其他辅助资料如计算机的框图和程序软件等。附录与正文一样，编入连续页码。附录段置于参考文献表之后，依次用大写正体 A、B、C……编号，如以"附录 A""附录 B"做标题前导词。附录中的插图、表格、公式、参考文献等的序号与正文分开，另行编制，如编为"图 A1""图 B2""表 B1""表 C3"；"式（A1）""式（C2）"；"文献［A1］""文献［B2］"等。

7.2.2　期刊论文的各要素写作

期刊论文的写作具有一定的要求与规范，不同部分的写作也各具特点与要求。通过学习和了解其写作规范，能够更好地帮助人们撰写期刊论文，提升写作能力。

1. 题名

题名是期刊论文的必要组成部分。题名的用词十分重要，它直接关系到读者对文章的取舍态度，务必字字斟酌。它要求用最简洁、恰当的词组反映文章的特定内容，把论文的主题准确无误地告诉读者，并且使之具有画龙点睛、引起读者兴趣的功能。一般情况下，题名中应包括文章的主要关键词。题名像标签一样，切忌用冗长的主、谓、宾语结构的完整语句逐点描述论文的内容，一定要达到"简洁"的要求；而"恰当"的要求应反映在用词的中肯、醒目、好读和好记上。当然，也要避免过分笼统，缺乏可检索性，以至于名实不符或无法反映出每篇文章应有的主题特色。

国内外不少期刊都对论文题名的字数有所限制。对于我国的科技期刊，论文题名用字不宜超过 20 个汉字，外文题名不超过 10 个实词。使用简短题名而语意未尽时，或系列工作分篇报告时，可借助副标题以补充论文的下级内容。题名也应尽量避免使用化学结构式、数学公式、不为同行所熟悉的符号、简称、缩写以及商品名称等。

2. 著者

著者署名是期刊论文的必要组成部分。著者是指在论文主题内容的构思、具体研究工作的执行及撰稿执笔等方面的全部或局部上做出主要贡献的人员，能够对论文的主要内容负责答辩的人员，是论文的法定主权人和责任者。论文的著者应同时具备三项条件：①课题的构

思与设计，资料的分析和解释；②文稿的写作或对其中重要学术内容作重大修改；③参与最后定稿，并同意投稿和出版。

著者的排列顺序应由所有作者共同决定，每位作者都应该能够对论文的全部内容向公众负责。论文的执笔人或主要撰写者应该是第一作者，对于贡献相同作者，可用"共同第一作者"来表达，"通讯作者"则是论文的主要联系人和沟通者。应避免随意"搭车"署名，不能遗漏应该署名的作者，也不能为提高论文声誉和影响力擅自将知名人士署名为作者之一。对于不够署名条件，但对研究成果确有贡献者，可以"致谢"的形式列出，作为致谢的对象通常包括：第一，协助研究的实验人员；第二，提出过指导性意见的人员；第三，对研究工作提供方便（仪器、检查等）的机构或人员；第四，资金资助项目或类别（但不宜列出得到经费的数量）；第五，在论文撰写过程中提出建议，给予审阅和提供其他帮助的人员，但注意不宜发表对审稿人和编辑的过分热情的感谢。

著者的姓名应给出全名。科学技术文章一般使用著者的真实姓名，不用变化不定的笔名。同时还应给出著者所在的工作单位、通信地址或电子邮件，以便读者在需要时可与著者联系。

3. 摘要

摘要是现代期刊论文的必要附加部分，只有极短的论文才可省略。它是解决读者既要尽可能阅读众多的信息内容，又要面对自身精力十分有限这一对矛盾的有效手段。摘要是作者向编辑和读者推荐论文的内容段落，一个好的摘要可以帮助责任编辑很快将论文投递到合适的期刊，同时可以帮助主编快速看出这是否是一篇值得发送出去进行评审的文章。因此，确保论文有清晰、准确和完整覆盖文章要点的摘要是每一位作者首要考虑的事情。根据国家标准 GB 6447—1986《文摘编写规则》的定义，摘要是以提供文献内容梗概为目的，不加评论和补充解释，简明确切地记述文献重要内容的短文。

摘要作为论文内容的浓缩与凝练，直接决定了读者是否需要下载该论文及引用等。其结构一般包括研究目的（意义）、研究方法（过程）、研究结果和结论。摘要一般不分段，不用图表、化学结构式和非公知公认的符号或术语，也不宜引用图表、公式和参考文献的序号。

现在，一些国际期刊要求提供结构式摘要。这种形式的摘要字数一般不超过 250 个单词，内容一般包括：①目的，说明研究要解决的问题，突出论文的主题内容；②对象和方法，说明研究所采用的方法、途径、对象、仪器等，新的方法须详细描写；③结果，介绍所发现的事实、获得的数据、资料，发明的新技术、新方法，取得的新成果；④研究的限定性和暗示性，即现有研究的局限性及未来研究的方向；⑤实践性，即论文对于实践的价值；⑥原创性或价值，主要说明文章对知识体系服务，以及在知识体系中的贡献或价值。包含这些信息的摘要，会更吸引读者的注意力，促使他们阅读整篇论文。当然，不是每篇摘要都包含上述 6 个方面内容，有的内容是不太容易体现的，但要尽可能设法去完成。

4. 关键词

为了便于读者从浩如烟海的书刊中寻找文献，特别是适应计算机自动检索的需要，现代科技期刊应在期刊论文的摘要后面给出 3~8 个关键词。关键词作为论文的一个组成部分，列于摘要段之后。关键词的标引应按 GB/T 3860—2009《文献主题标引规则》的规定，在审读文献题名、前言、结果、图表，特别是在审读文献的基础上，逐篇对文献进行主题分析，然后选定能反映文献特征内容，通用性比较强的关键词。首先要从综合性主题词表（如《汉语主题词表》）和专业性主题词表（如 NASA 词表、INIS 词表、TEST 词表、MeSH 词表）中选取规范性词（称叙词或主题词）。对于那些反映新技术、新学科而尚未被主题词表录入的新产生的名词术语也可用非规范的自由词标出，以供词表编纂单位在修订词表时参照选用。需要强调的是，一定不要为了反映文献主题的全面性，把关键词写成是一句句内容"全面"的短语。

5. 引言

论文的引言又叫绪论。写引言的目的是向读者交代本研究的来龙去脉，其作用在于引起读者的注意，使读者对论文先有总体的了解。

（1）引言内容　引言看似简单，但写好引言并非易事。引言一般包含以下三个方面的内容。

1）研究领域背景：从较为宽泛的相关话题入手，对所研究的大领域进行简洁而概括性的陈述。这样的陈述为读者大致了解研究的问题及其重要性提供了背景。

2）前人的研究工作：要对前人、对相同及相似问题在不同方面做过的研究进行具体地陈述，从而建立一个包含已有知识和信息的基础。回顾与陈述现有文献时应重新组织语言及逻辑，实事求是地总结前人研究已达到的水平、遇到的困难、存在的局限性及尚未解决的问题，以引出自己研究的内容。介绍前人的研究工作时要注意点面结合，即概述以往研究工作脉络后，还要简短地举出两三个典型的、相关的文献报道。

3）本研究的学术价值：简明扼要地说明研究中要解决的问题、所采取的方法、主要的研究工作或结果，特别要强调本研究的创新点，提出自己的观点，以激发读者阅读正文的意愿。

（2）引言的写作要求

1）言简意赅，突出重点：引言中要求写的内容较多，而篇幅有限。这就需要根据研究课题的具体情况确定阐述重点。共知的、前人文献中已有的内容不必细写，主要写好研究的理由、目的、方法和预期结果，意思要明确，语言要简练。

2）开门见山，不绕圈子：注意一起笔就切题，不能铺垫过多。

3）尊重科学，不落俗套：有的作者会在论文的引言部分表示谦虚，其实大可不必，确实需要作说明或表示歉意，可以在文末处写，但要有分寸，实事求是；同时要具体写明，不能抽象和笼统地概述。当然，必要时引言中也可以提及方法和结果等可以供哪些人、干什么事情时做参考。

4）应如实客观评述。

6. 文献综述

文献综述的目的是要推导出研究问题与假设。文献综述是研究者在其提前阅读过某一主题的文献后，经过理解、整理、融会贯通，综合分析和评价而组成的一种不同于研究论文的文体，要求作者既要对所查阅资料的主要观点进行综合整理、陈述，还要根据自己的理解和认识，对综合整理后的文献进行比较专门、全面、深入、系统地论述和相应地评价，而不仅仅是相关领域学术研究的"堆砌"。在文献综述的撰写过程中，切忌简单地罗列与过多地堆砌，应按照所撰写论文的主题进行相关文献的选择，在撰写时应注重整体性与综合性，同时要特别注意"述评"。

7. 研究方法与研究设计

研究方法与研究设计部分是论文的重要环节，如果这一环节出了问题，接下来的研究结果、研究讨论与结论都会出错。无论是论文还是研究报告，或者是硕士学位论文、博士学位论文，在文中都要用一定的篇幅来对自己的研究方法进行描述，清楚地表达对研究数据的处理过程、对论证材料的组织和加工、对理论运用和实践活动的思考。

8. 研究结果

期刊论文的研究结果部分是报道与描述所开展研究结果的部分，也是论文的最重要组成部分，应该给予高度重视。在结果的展示与描述中，不要求辞藻华丽，但要求思路清晰、合乎逻辑，用语简洁准确、明快流畅，内容务求客观、科学、完备，要尽量用事实和数据说话，通过图表的方式结合文字，综合展示研究结果。

在结果的写作中要注意以下几点：

1）客观如实描述实验与观察、数据处理与分析、实验研究结果。

2）综合使用数据和图表，少用文字描述，用事实说话。

3）要尊重事实，在资料的取舍上不应随意掺入主观成分，或妄加猜测，不应忽视偶发性的现象和数据。

9. 讨论

期刊论文的讨论部分也是论文的重要组成部分，它旨在深入探讨研究结果和结论的意义、影响和局限性，以及提出未来研究的方向和展望。在讨论部分，作者需要对研究结果进行解释和阐述，将其与已有文献进行比较和联系，指出研究结果对理论或实践的影响和意义，并解释对研究问题的任何新的理解或新的见解。讨论部分的写作需要严谨、客观、有逻辑性，并且需要充分引用相关文献来支持自己的观点和论述。

总之，讨论部分是期刊论文中非常重要的部分，它能够帮助读者深入了解和认识研究工作，并为后续研究提供重要的参考和借鉴。讨论的主要内容和写作要求如下。

1）根据实验结果提炼要点，展开讨论。在论文的讨论部分，作者要根据实验结果，提炼、讨论相对"大"的东西，即涉及机理的、提供基础科学认识的、对业内人士有启发的东西，提炼出要点后，可以开展讨论。开展讨论时，要有逻辑、有证据，应分清哪些证据是确定的，哪些是不确定的，不要过多地、过于自信地讲述通过猜测、想象得到的信息，以免出现漏洞。

2）比较自己实验结果和现有实验结果的异同。作者还要比较自己的实验结果和文献报道的结果，分析出现差异的原因，这能增加论文的学术性。如果自己的实验结果和现有实验结果不一致，则应如实陈述，并给出可能的原因，通过分析与讨论，让论文更有深度或创新性。

3）提及研究结果的"言外之意"和潜在应用。"言外之意"是指根据作者的论文结论得出的可能的推论，这个推论虽然没有确凿的证据，但能引起读者的兴趣。同时阐明作者研究结果在理论方面的创新性与突破，以及对科研、对行业、对社会的作用。作者可以简短地点出"言外之意"并提及潜在应用，从而激发读者的兴趣，并使审稿人能更好地判断论文的价值。

4）指出研究的局限性，展望后续研究。很少有称得上"完美"的论文，作者往往会因为现实条件和实验局限性等原因未能达到预期结果。因此，作者需简要地指出研究工作中存在的局限性。这能够提醒读者用批判性思维看待本研究的结论，将论文的局限性视为未来研究中改进的契机或切入点。读者也有机会在论文的现有基础上开展深入研究，对该文献的借鉴与引用也有助于提高期刊的影响因子。

10. 研究结论和建议

结论又称结束语、结语，它是在理论分析和实验验证的基础上，通过严密的逻辑推理得出的富有创造性、指导性和经验性的结果描述。它又以自身的条理性、明确性和客观性反映了论文或研究成果的价值。结论与引言相呼应，同摘要一样，为便于读者阅读提供依据。

（1）结论的内容与格式　结论不是研究结果的简单重复，而是对研究结果更深入一步的认识，是从正文部分出发，并涉及引言的部分内容，经过判断、归纳、推理等过程将研究结果升华成新的总观点。其内容要点有：①本研究结果说明了什么问题，得出了什么规律，解决了什么理论或实际问题；②对前人有关本问题的看法做了哪些检验，哪些与本研究结果一致，作者做了哪些修正、补充、发展或否定；③本研究的不足之处或遗留问题。

对于某一篇论文的"结论"，上述要点①是必需的，而要点②和要点③视论文的具体内容决定，可以有，也可以没有。如果不可能导出结论，也可以没有结论而进行必要的讨论。

结论的格式安排可作这些考虑：如果结论段内容较多，可以分多条内容来写，并给以编号，如1）、2）、3）等，每条为一段，包括一句话或几句话；如果结论段内容较少，也可以不分条写，呈现整段形式。

结论里应包括必要的数据，但主要是用文字表达，一般不再用插图和表格表达。

（2）结论和建议的撰写要求

1）概括准确，措辞严谨：结论是论文最终的、总体的总结。对论文创新内容的概括应当准确、完整，不要轻易放弃，更不要漏掉任何一条有价值的结论，但也不能凭空杜撰。措辞要严谨，语句要像法律条文那样只能作一种解释，清清楚楚、不模棱两可、含糊其词。肯定和否定要明确，一般不用"大概""也许""可能是"这类词语，以免使人有似是而非的感觉，怀疑论文的真正价值。

2）明确具体，简短精练：结论段有相对的独立性，专业读者和情报人员可只看摘要和（或）结论就能大致了解论文反映的成果和成果的价值。所以结论段应提供明确、具体的定性和定量的信息。行文要简短，不再展开论述，不对论文中各段的小结作简单重复。语言要简洁，删去可有可无的词语，如"通过理论分析和实验验证，可得出下列结论"这样的行文。

3）不作自我评价：研究成果或论文的真正价值是通过具体"结论"来体现的，所以不宜用如"本研究具有国际先进水平""本研究结果属国内首创""本研究结果填补了国内空白"一类语句来做自我评价。成果到底属何种水平，是不是首创，是否填补了空白，读者自会评说，不必由论文作者把它写在结论里。"建议"部分可以单独用一个标题，也可以包括在结论段，如作为结论的最后一条。

11. 致谢

现代科学技术研究往往不是一个人能单独完成的，需要与他人合作并得到帮助。因此，当研究成果以论文形式发表时，作者应当对他人的劳动给以充分肯定，并对他们表示感谢。

致谢的对象包括：对本研究直接提供过资金、设备、人力，以及文献资料等支持和帮助的团体和个人。致谢一般单独成段，放在论文最后，但它不是论文的必要组成部分。致谢也可以列出标题并贯以序号，如"6 致谢"放在如"5 结论"之后，也可不列标题，置于结论段后。

12. 参考文献

撰写学术论文时，作者对所使用过的"前人的劳动"应表示尊重和继承，必须如实地列出参考文献，这也反映出作者严肃的科学态度和真实的科学依据。参考文献有两类：一是论文中引用过或参考过的文献；二是向读者推荐可供参考的重要文献。参考文献应按国家颁布的 GB/T 7714—2015《信息与文献　参考文献著录规则》格式著录，所列参考文献应按论文引用和参考的文献信息资料先后顺序依次排列，而不应以文献信息资料的重要程度或是否是名家撰写来决定排列次序。参考文献列于正文（致谢）之后。

好的稿件应该做到"三顺"：看起来顺眼，读起来顺口，听起来顺耳。论文打磨完成后，先不要急于投稿，要把论文存在的不足及格式进一步调整完善，进而提高论文的录用率。具体建议从两个方面入手：①检查内容的准确性。对全文内容的准确性做反复推敲，重点注意对基本知识、论证内容、主要观点、引用文献观点、行文逻辑性进行反思、核验、修改与完善；②检查形式的规范性。对全文形式的准确性做反复核校，检查可能存在的各种形式上的错误或疏漏，重点注意是否存在病句、错别字、标点误用、数据错误、图表格式错误、参考文献体例不规范等问题。

7.2.3　期刊论文的投稿流程

在完成论文写作后，就要开始投稿流程。期刊论文的投稿流程包括拟投期刊的选择、进入具体投稿流程等过程。期刊论文投稿是作者进行论文公开发表的前期环节，也是论文被同行评议、质量提升的重要环节。

1. 拟投稿期刊的选择

在选择拟投稿期刊时，需要考虑期刊、作者以及论文本身等综合性因素，经过综合评估后，选择合适的期刊进行投稿。

（1）拟投稿期刊的特征与征文要求　在投稿前，作者需要提前调研稿件的主题是否适合拟投稿期刊所规定的范围，要发表的期刊是否是作者本人经常阅读和引用的期刊，期刊的声誉如何，引证指标（影响因子、总被引频次）如何，期刊在科学界的影响力（同行的看法）如何，出版时滞（稿件自接收至发表的时间），是否收取版面费等。

（2）作者自我评估　投稿前作者要对所写论文的内容、学术水平和实用价值等进行客观准确评估，从而选择合适的投稿期刊，实现最大的投稿采用率。评估的重点是论文的选题内容是否符合投稿期刊发文的范围和重点，自己研究的成果是否达到投稿期刊要求的层次，撰写格式是否遵循投稿期刊的规范和要求等。

（3）资格评估　有些期刊在刊发论文时，要求作者具有一定的发文资格，若不具备其要求的资格，则不可投稿。若作者认为几家期刊都适宜，可根据当前期刊的稿件内容、已发表论文的科学水平、插图美感、办刊经历、稿酬与版面费等因素择优投稿。

2. 国内核心期刊投稿的方法与步骤

若选择向国内核心期刊投稿，可以在 CNKI 来源期刊中选择相应的学科类别，然后按照影响力，挑选适合的期刊。

选定投稿期刊进入主页后，要认真阅读投稿须知：

1）了解刊名、办刊宗旨、编审委员会组成、编辑部成员、出版商及其联系地址等。

2）浏览目录，该刊物是否发表过自己研究领域的文章及发表的比例有多大。

3）注意栏目设置，确定拟投稿件的栏目。

4）认真看意向投稿栏目文章的范例，了解撰写要求及格式。

5）注意期刊刊登的投稿和接收日期，可据此计算论文发表周期。

以国内期刊《现代情报》为例展示投稿步骤如下。

1）打开《现代情报》期刊官网界面如图 7-1 所示，查看期刊简介、编委会成员等期刊信息以及投稿须知、投稿指南和论文模板等相关信息，在了解信息并修改稿件格式以后，注册并登录作者中心进行投稿，可以在"向导式投稿"和"列表式投稿"两种方式中选择一个，并根据投稿界面流程指引进行投稿，如图 7-2 所示。

图 7-1 《现代情报》期刊官网界面

投稿文档 📄 投稿须知 📄 论文模板 📄 版权转让协议 📄 作者投修改稿说明 📄 作者看校样说明 📄 稿件状态说明

投新稿件： ➡ 向导式投稿(建议) ➡ 列表式投稿

需要您进行操作的稿件	您可以进行操作的稿件	只需要您查看的稿件
		已经录用的稿件 (1)

提示：

(1)点击稿件记录链接可以浏览每类稿件列表，并浏览详细信息，如处理进度、修改意见等。

(2)未完成投稿，系统将只保留29天。

(3)最新投稿是指您已经投稿成功，但编辑部还没有开始处理的稿件。

(4)所有编辑部正在处理稿件包含已经被编辑部接收，正在送审或正在加工的稿件。

图 7-2 投稿界面

2）投稿成功后，可进一步查看当前稿件信息、稿件全文、稿件处理情况、本文费用情况、发表情况、本文相关邮件及相关文献及流程进度图等信息，如图7-3所示。

| 当前稿件信息 | 稿件全文 | 稿件处理情况 | 本文费用情况 | 发表情况 | 本文相关邮件 | 相关文献 |

流程记录表：

阶段名称	处理人	提交时间	估计完成时间	实际完成时间
收稿	编辑部	2021-09-22	2021-09-22	2021-09-22
初审	编辑部	2021-09-22	2021-10-02	2021-09-23
复审	编辑部	2021-09-23	2021-10-07	2021-10-03
外审	外审专家	2021-10-03	2021-10-13	2021-10-12

图7-3　论文流程记录表

3. 国际期刊投稿的方法与步骤

若选择向国际期刊投稿，可以查找JCR，选择自己想要找的学科类目，按照影响因子排序，挑选适合的期刊。查找并登录期刊网站，查找在线投稿信息。浏览期刊网站上的作者指南，以获取有关期刊的范围、目标和类型等信息；同时阅读投稿程序，了解投稿的步骤。目前大多期刊都是在网上通过投稿系统进行投稿，也有期刊用Email投稿。

国际期刊的投稿步骤如下：

1）登录到期刊网站的首页，以通讯作者的身份注册一个账号，如想向"Environment, Development and Sustainability"期刊投稿，其注册界面如图7-4所示。然后查看Submission guidelines，按期刊要求准备稿件及其相关材料（如Manuscript、Cover letter，有时还有Title page、Copyright agreement、Conflicts of interest等）。再以Author Login身份登录，按照提示依次完成，最后下载PDF版本文件，查看无误后，即可到投稿主页Approve Submission或直接进行Submit。

图7-4　期刊注册界面

2）定期关注稿件状态。稿件状态包括 Submit New Manuscript、Submissions Sent Back to Author、Complete Submissions、Submissions Waiting for Author's Approval、Submissions Being Processed。一般来说，投稿后，一周以内便可以进入审稿状态，1—3 个月会有初审结果。可以每周、半个月、一个月或两个月检查一次。

3）修改稿的投递。修改稿主要有 Revised Manuscript、Response to the Reviewers、Cover Letter，关键是 Response Letter 要逐条回复 Reviewers 的意见，需要掌握相关技巧。进入投稿首页的"Main Menu"，单击"Revise"，仍然按照原程序投递。最后上传附件时，先在留下来且未修改的材料前打钩（表示留下不变），然后单击"Next"，再上传已经修改的材料，最后下载 PDF 版文件查看无误后，即可到投稿主页 Approve Submission 或直接进行 Submit。期刊"Environment，Development and Sustainability"提交修改稿后的界面如图 7-5 所示。

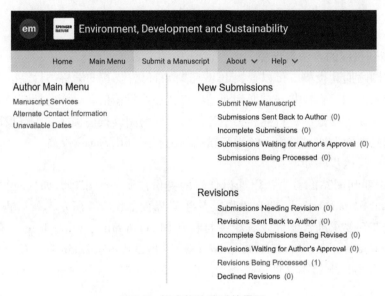

图 7-5　提交修改稿后的界面

4）校对（Correct the Proof）。一般编辑部先寄出三个电子文档，包括 Query、Proofs、P-annotate，有时也可能伴有纸质文档校样。校对后通过 Email 确认。一般校样由作者自行核对，也有专门的校对工作人员，这样可以在校对过程中发现一些细微错误，对文章进行最后的完善。

7.3　文献综述的撰写

撰写文献综述是课程论文、学位论文开题及科研工作的重要环节，学习文献综述的撰写能为科研活动奠定基础。通过综述的写作过程，能提高归纳、分析与综合能力，有利于独立工作能力和科研能力的提高。值得注意的是，文献综述并不是单纯地罗列、堆砌相关的文章，没有自己的归纳分析，而是在辨别相关资料的基础上，根据自己的研究，对文献进行综合与评估。

7.3.1　文献综述的定义与特点

文献综述的全称是文献综合评述。文献综述是基于某一专业领域的某一课题搜集大量相关资料，通过广泛阅读、逻辑分析、归纳整理，凝练出当前课题的研究热点、主要研究成果、最新进展、研究动态与前沿问题，并予以综合性分析的一种学术论文。因此，选择研究论题，在搜集文献资料的基础上，通过组织与考量，在分析、综合、思考的思维活动中揭示发展趋势以及做出科学评价的不断循环过程就是文献综述的过程。

文献综述能反映当前某一领域中某分支学科或重要专题的最新进展、学术见解和建议，以及反映出有关问题的新动态、新趋势、新水平、新原理和新技术等。

根据期刊引证报告（JCR）的定义，文献综述分为以下几种情况：①参考文献超过100篇，发表在综述期刊（只发表文献综述的期刊）或期刊的"综述"专栏上；②标题中有"综述""评论""概述""述评""评述""进展""动态""现状""趋势和对策"以及"分析与思考"等字样；③文章的摘要表明该文是一篇文献综述或评论。

与一般的学术论文相比，文献综述具有以下特点。

首先，文献综述是学术研究的传承。文献综述反映一定时期内或是某一时期一定空间范围的原始文献的内容。无论是论文写作还是科学研究，文献综述都是不可或缺的基础环节。通过前人对于某个领域的过往研究成果，可以获知这一领域的前人做过哪些努力，还有哪些提升的空间和盲点。前人的研究工作为后人的研究奠定了知识和方法学基础，供后人借鉴。

其次，文献综述是信息分析的高级产物。文献综述要求撰写人员对综述的主题有深入的了解，全面、系统、准确与客观地概述某一主题的内容。运用分析、比较、整理和归纳等方法对一定范围的文献进行深度加工，对读者具有较好的引导功能，是创造性的研究活动。

文献综述不是单纯地把一级文献客观地归纳报告。"综"指的是综合，要求对文献资料进行综合分析、归纳整理，使材料更精练明确，更有逻辑层次；"述"是要求对综合整理后的文献进行比较专门、全面、深入和系统地论述。总之，文献综述是作者对某一方面问题的历史背景、前人工作、争论焦点、研究现状和发展前景等内容进行评论的科学性论文。

7.3.2　撰写文献综述的步骤

撰写文献综述的基本步骤包括收集文献、概括与归纳、文献比较与评述、预测趋势或提出有待进一步研究的方向。

1. 收集文献

通过各种检索工具，特别是网络数据库进行文献检索，阅读综述性文章。选择文献时，应由近及远，因为最新研究常常包括以前研究的参考资料，并且可以使人更快地了解知识和认识的现状。首先要阅读文献资料的摘要和总结，以确定它与要做的研究有没有联系，决定是否需要将它包括在文献综述中；其次要根据有关的科学理论和研究的需要，对已经搜集到的文献资料做进一步的筛选，详细、系统地记下所评论的各个文献中研究的问题、目标、方法、结果和结论，及其存在的问题、观点的不足与尚未提出的问题。将相关的、类似的内容分别归类，看看其他学者怎样设计研究，用什么方法得出了什么结论；最后对结论不一致的文献要对比分析，按一定的评价原则，做出是非判断。对一个问题进行研究，不同的人可能会有不同的看法，要看有什么样的差异以及为什么会产生这种差异，从而找出自己的研究路径。对比较的文献要先概括，进行详细的解释，然后分析比较哪些研究是值得进一步推进的。最后，文献来源要注明完整的出处。

2. 概括与归纳

对要评论的文献先进行概括，然后进行分析、比较和对照，即个别地、集中地对以前研究的优点、不足和贡献进行分析和评论。其目的不是为了对以前的研究进行详细解释，而是确保读者能够领会与本研究相关的、以前研究的主要方面。可按年代顺序综述，也可按不同的问题进行综述，还可按不同的观点进行比较综述，将所搜集到的文献资料归纳、整理及分析比较，阐明有关主题的历史背景与现状。

3. 文献比较与评述

可以先将文献资料组织起来，并联系到论文或研究的问题上；再整合回顾的结果，摘出已知与未知的部分；然后厘清文献中的正反论据，提出进一步要研究的问题。要客观地叙述和比较国内外各相关学术流派的观点、方法、特点和取得的成效，评价其优点与不足。

4. 预测趋势或提出有待进一步研究的方向

文献综述的最后一步是在回顾和分析的基础上，提出新的研究方向和研究建议。根据发展历史和国内外的现状，以及其他专业、领域可能给予本专业、领域的影响，根据在纵横对比中发现的主流和规律，指出几种发展的可能性，以及对其可能产生的重大影响和可能出现的问题等趋势进行预测，从而提出新的研究设想与研究内容，建议采取的具体措施、步骤和研究方案等，并说明成果的可能性等。

7.3.3 撰写文献综述的注意事项

在撰写文献综述时应注意以下几个问题。

1. 文献检索的全面性

掌握全面、大量的文献资料是写好文献综述的前提。作者需要阅读大量的国内外文献，来了解与自己论文选题相关的研究成果。文献综述部分反映作者对于本课题相关研究成果的了解程度和评析能力，文献检索和收集应当注意全面性。要保证查全率就要兼顾各种文献类型与语种，既要检索期刊、图书、学位论文等各类型文献，又要检索各语种文献。通过网络了解最新问题、争论与专业问题；通过图书了解理论基础、定义、研究性、主要概念以及构架；通过期刊了解当前研究问题和理论问题等。

2. 引用文献的代表性与时效性

搜集到的多份文献中可能出现观点雷同的现象，文献之间在可靠性及科学性方面存在差异，因此在引用文献时应注意选用代表性、可靠性和科学性较好的文献，并且注意时效性应以最近五年内的文献为主。搜集与文献综述有关的参考文献后，就要对这些参考文献进行阅读、归纳与整理。如何从这些参考文献中选出代表性、科学性和可靠性高的单篇研究文献十分重要，从某种意义上讲，所阅读和选择的参考文献质量高低，直接影响文献综述的水平。

3. 引用文献的权威性与真实性

由于文献综述有作者自己的评论分析，因此在撰写时应分清作者的观点和文献的内容，不能篡改文献的内容。所选文献要尽量权威和前沿，首选近五年的同类研究文献，鉴别文献的来源和渠道。对基础文献、经典文献要精读，而且要进行解释、评论和分析。此外，在对待其他研究者的成果时作者必须要具有公正的态度，要避免使用情绪化的语言，而使用礼貌

和中性的语言。

4. 要多做笔记和注释，对文献进行拆分，再从中提炼总结出自己需要的内容

如果一开始没有写作思路，可以选取多篇参考文献，模仿它们的行文结构。从文献的研究方法、论证过程以及研究结论等角度出发，对文献观点的价值取向、可靠性和有效性等进行评价和辨析。但是，在文献综述写作过程中，作者不能过度依赖已有的研究理论或观点，这会导致很难有学术创新成果，同时也会难以跳出别人的研究思路框架。

5. 参考文献是文献综述的重要组成部分

参考文献不仅表示对被引用文献作者的尊重及引用文献的依据，还为读者深入探讨有关问题提供了文献查找线索。参考文献应是文中已经引用的、能反映主题全貌的，并且是作者直接阅读过的文献资料。参考文献的编排应条目清楚、查找方便，内容准确无误。

7.4 学术论文的国家标准

学术论文作为传递知识和研究成果的重要形式之一，其规范性和准确性至关重要。学位论文编写规则是指导学位论文撰写的基本要求和规范，涉及结构、格式、引用等方面的内容；而参考文献著录规则关乎如何正确引用他人的研究成果，保证学术诚信和知识来源的准确性。接下来，将详细介绍学位论文编写规则和参考文献著录规则的具体要求，让人们更好地了解并遵循学术界的标准与规范。

7.4.1 学位论文编写规则

现行的学位论文编写规则国家标准是 GB/T 7713.1—2006《学位论文编写规则》，该标准规定了学位论文的撰写格式和要求，以利于学位论文的撰写、收集、存储、加工、检索和利用。对学位论文的学术规范与质量保证具有一定的参考作用。不同学科的学位论文可参考其制定专业的学术规范。下面介绍学位论文的一般要求与组成。

1. 学位论文一般要求

学位论文的内容应完整、准确。学位论文一般应采用国家正式公布实施的简化汉字。学位论文一般以中文或英文为主撰写，特殊情况时，应有详细的中英文摘要，正题名必须包括中英文。学位论文应采用国家法定的计量单位。

学位论文中采用的术语、符号与代号在全文中必须统一，并符合规范化的要求，论文中使用的专业术语和缩略词应在首次出现时加以注释。外文专业术语和缩略词应在首次出现的译文后用圆括号注明原词语全称。学位论文的插图和照片应完整清晰。学位论文应用 A4 标准纸（210mm×297mm），且必须是打印件、印刷件或复印件。

2. 学位论文组成—前置部分

学位论文包括前置部分、主体部分、后置部分以及结尾部分。其中前置部分包括封面、题名页、致谢、摘要页与目录页。

（1）封面　学位论文的封面对论文起装潢和保护作用，并提供相关的信息。学位论文封面应包括题名页的主要信息，如论文题名、作者等，其他信息可由学位授予机构自行规定。封二（可选）包括学位论文使用声明和版权声明及作者和导师签名等，其内容应符合我国著作权相关法律法规的规定。

（2）题名页　学位论文应有题名页，题名页主要内容：中图分类号、学校代码、UDC、密级、学位授予单位、题名和副题名、责任者、申请学位、学科专业、研究方向。英文题名页是题名页的延伸，必要时可单独成页。

（3）致谢　致谢放置在摘要页前，内容包括：国家科学基金，资助研究工作的奖学金基金，合同单位，资助或支持的企业、组织或个人；协助完成研究工作和提供便利条件的组织或个人；在研究工作中提出建议和提供帮助的人；给予转载和引用权的资料、图片、文献、研究思想和设想的所有者；其他应感谢的组织和个人。

（4）摘要页　摘要应具有独立性和自含性，即不阅读论文的全文，就能获得必要的信息。摘要的内容应包含与论文等同量的主要信息，供读者确定有无必要阅读全文，也可供二次文献采用。摘要一般应说明研究工作目的、方法、结果和结论等，重点是结果和结论。

中文摘要一般字数为 300~600 字，外文摘要实词在 300 词左右，必要时字词数可以略多。摘要中应尽量避免采用图、表、化学结构式、非公知公用的符号和术语。

每篇论文应选取 3~8 个关键词，用显著的字符另起一行，排在摘要的下方。关键词应体现论文特色，具有语义性，在论文中有明确的出处。同时应尽量采用《汉语主题词表》或各专业主题词表提供的规范词。为便于国际交流，应标注与中文对应的英文关键词。

（5）目录页　目录页是学位论文内容标题的集合。包括引言（前言）、章节的序号和名称结论、参考文献、注释以及索引等。

3. 学位论文组成—主体部分

学位论文主体部分应从另页右页开始，每一章应另起页。主体部分一般从引言（绪论）开始，以结论或讨论结束。论文研究领域的历史回顾、文献回溯以及理论分析等内容，应独立成章，用足够的文字叙述。主体部分由于涉及的学科、选题、研究方法以及结果表达方式等有很大的差异，不能进行统一的规定。但是必须实事求是、客观真切、准备完备、合乎逻辑、层次分明与简练可读。引言（绪论）包括论文的研究目的、流程和方法等。主体部分图、表、公式、引文标注、注释与结论注意内容如下。

（1）图　图包括曲线图、构造图、示意图、框图、流程图、记录图、地图与照片等。图应具有"自明性"。图应有编号，图的编号由"图"和从"1"开始的阿拉伯数字组成，图较多时，可分章编号。图宜有图题，图题即图的名称，置于图的编号之后。图的编号和图题应置于图下方。照片图要求主题和主要显示部分的轮廓鲜明，便于制版，如用照片图放大缩小的复制品，必须清晰，反差适中，照片上应有表示目的物尺寸的标度。

（2）表　表应具有"自明性"。表应有编号，表的编号由"表"和从"1"开始的阿拉伯数字组成，表较多时，可分章编号。表宜有表题，表题即表的名称，置于表的编号之后。表的编号和表题应置于表上方。表的编排，一般是内容和测试项目由左至右横读，数据依序竖读。表的编排建议采用国际通行的三线表。如某个表需要转页接排，在随后的各页上应重复表的编号，编号后跟表题（可省略）和"（续）"，置于表上方。续表均应重复表头。

（3）公式　论文中的公式应另起行，并缩格书写，与周围的文字之间留出足够的空间区分开。如有两个以上的公式，应用从"1"开始的阿拉伯数字进行编号，并将编号置于括号内。公式的编号右端对齐，公式与编号之间可用"…"连接。公式较多时，可分章编号。较长的公式需要换行时，应尽可能在"＝"处换行，或者在"＋""－""×""/"等符号处换行。公式中分数线的横线，其长度应等于或略大于分子和分母中较长的一方。如正文中需要书写分数，应尽量将其高度降低为一行。如将分数线书写为符号"/"，将根号改为负指数。

（4）引文标注　论文中引用的文献标注方法遵照 GB/T 7714—2015《信息与文献　参考文献著录规则》，可采用顺序编码制，也可采用著者—出版年制，但全文必须统一。

（5）注释　当论文中的字、词或短语，需要进一步加以说明，而又没有具体的文献来源时，应使用注释。注释一般在社会科学学科中用得较多。应控制论文中的注释数量，不宜过多。由于论文篇幅较长，建议采用文中编号加"脚注"的方式，最好不采用文中编号加"尾注"。

（6）结论　论文的结论是最终的、总体的结论，不是正文中各段小结的简单重复。结论应包括论文的核心观点，交代研究工作的局限，提出未来工作的意见或建议。结论应该准确、完整、明确与精炼。如果不能得出一定的结论，也可以没有结论而进行必要的讨论。

4. 学位论文组成—后置部分

学位论文的后置部分是参考文献与附录，参考文献与附录的一般要求如下。

（1）参考文献　参考文献是文中引用的有具体文字来源的文献集合，其著录项目和著录格式遵照 GB/T 7714—2015 的规定执行。参考文献应置于正文后，并另起页。所有被引用文献均要列入参考文献中。正文中未被引用但被阅读或具有补充信息的文献可集中列入附录中，其标题为"书目"。引文采用著者-出版年制标注时，参考文献应按著者字顺和出版年排序。

（2）附录　附录作为主体部分的补充，并不是必需的。下列内容可以作为附录编于论文后：为了整篇论文材料的完整，但编入正文又有损于编排的条理性和逻辑性，这一类材料包括比正文更为详尽的信息、研究方法和技术更深入的叙述，对了解正文内容有补充作用的信息等；由于篇幅过大或取材于复制品而不便于编入正文的材料；不便于编入正文的罕见珍贵资料；对一般读者并非必要阅读，但对本专业同行有参考价值的资料；正文中未被引用但被阅读或具有补充信息的文献；某些重要的原始数据、数学推导、结构图、统计表以及计算机打印输出件等。

7.4.2　参考文献著录规则

现行的参考文献著录规则的国家标准是 GB/T 7714—2015《信息与文献　参考文献著录规则》，该标准对多种类型的参考文献的著录规则做出了规定，最常见的有专著（包括普通图书、学位论文、会议文集、技术报告、标准、汇编、古籍、多卷书以及丛书等）、连续出版物（包括期刊、报纸等）、析出文献（包括专著中析出的文献与连续出版物中析出的文献）、专利文献及电子文献等。下面主要介绍几种常用文献类型的著录格式。

1. 专著著录格式

［序号］主要责任者. 题名：其他题名信息［文献类型标志/文献载体标识］. 其他责任者. 版本项. 出版地：出版者，出版年：引文页码［引用日期］. 获取和访问路径. 数字对象唯一标识符.

例子如下：

［1］胡小飞，傅春. 中部地区生态补偿的理论基础与实践研究［M］. 北京：科学出版

社，2019.

［2］黄如花. 信息检索［M］. 第3版. 武汉：武汉大学出版社，2018.

［3］YU H B, LIU J G, LIU L Q, et al. Intelligent robotics and applications［M］. Berlin：Springer，2019.

2. 期刊论文著录格式

［序号］论文主要责任者. 论文题名［文献类型标识/文献载体标识］. 期刊名称：其他题名信息，年，卷（期）：引文页码［引用日期］. 获取和访问路径. 数字对象唯一标识符.

例子如下：

［1］胡媛，陈国东，姚晓杰，等. 科研数据管理服务影响因素互作用框架元综合研究［J］. 图书情报工作，2022，66（08）：122-133.

［2］张佳宁，胡小飞. 生态林产品价值实现机制的四方演化博弈分析［J/OL］. 农林经济管理学报，2024，1（3）：1-17［2024-01-16］. http://kns. cnki. net/kcms/detail/36. 1328. F. 20231219. 1340. 004. html.

［3］CHEN F, DUNCAN D S, HU X, et al. Exogenous nutrient manipulations alter endogenous extractability of carbohydrates in decomposing foliar litters under a typical mixed forest of subtropics［J］. Geoderma，2014，214：19-24.

3. 学位论文著录格式

［序号］主要责任者. 学位论文名［D］. 保存地点：保存单位，年份. 获取和访问路径.

例子如下：

［1］张发亮. 基于学科知识结构的科研机构科研表现预测研究［D］. 北京：中国科学院大学，2015.

［2］SMALLWOOD D A. Advances in dynamical modeling and control of underwater robotic vehicles［D］. Baltimore：Johns Hopkins University，2003.

4. 会议文集与会议论文著录格式

［序号］主要责任者. 会议文集名：会议文集其他信息［C］. 出版地：出版者，出版年. 获取和访问路径.

例子如下：

［1］雷光春. 综合湿地管理：综合湿地管理国际研讨会论文集［C］. 北京：海洋出版社，2012.

［2］陈志勇. 中国财税文化价值研究："中国财税文化国际学术研讨会"论文集［C/OL］. 北京：经济科学出版社，2011［2013-10-14］. http://apabi. lib. pku. edu. cn/usp/pku/pub. mvc？pid＝book. detail & metaid＝m. 20110628-BPO-889-0135 & cult＝CN.

［3］BABU B V, NAGAR A K, DEEP K, et al. Proceedings of the Second International Conference on Soft Computing for Problem Solving, December 28-30, 2012［C］. New Delhi：Springer，2014.

5. 标准著录格式

［序号］主要责任者. 标准名：标准编号［S］. 出版地：出版者，出版年. 获取和访问路径.

例子如下：

［1］中华人民共和国国家质量监督检验检疫总局，中国国家标准化管理委员会．信息与文献　参考文献著录规则：GB/T 7714—2015［S］．北京：中国标准出版社，2015．

6. 专利文献著录格式

［序号］专利申请者或所有者．专利题名：专利号［文献类型标志/文献载体标识］．公告日期或公开日期［引用日期］．获取和访问路径．数字对象唯一标识符．

例子如下：

［1］姜锡洲．一种温热外敷药制备方案：88105607.3［P］．1989-07-26．

［2］南昌大学，南昌黄绿照明有限公司．一种 LED 芯片的封装产品：201821327076.5［P］．2019-02-22．

［3］Wang G T，LI Q M，WIERER，et al. Amber light-emitting diodecomprising a group Ⅲ-nitride nanowire active region：US 61588446［P］．2012-01-19．

7. 电子文献著录格式

［序号］主要责任者．题名：其他题目信息［文献类型标识/文献载体标识］．出版地：出版者，出版年：引文页码（更新或修改日期）［引用日期］．获取或访问路径．数字对象唯一识别符．

例子如下：

［1］中国互联网络信息中心．第 52 次中国互联网络发展现状统计报告［R/OL］．（2023-08-28）［2024-01-16］．https：//cnnic.cn/n4/2023/0828/c199-10830.html．

各参考文献类型由不同代码表示，文献类型标识代码规定：M——图书，C——会议录，N——报纸，J——期刊，D——学位论文，R——报告，S——标准，P——专利，A——档案，Z——其他未说明的文献类型。对于数据库、计算机程序及电子公告等电子文献类型，以双字母作为标识：DB——数据库，CP——计算机程序，EB——电子公告。对于非纸张型载体电子文献，需在参考文献标识中同时标明其载体类型，建议采用双字母标识：MT——磁带，DK——磁盘，CD——光盘，OL——联机网络。以下格式表示包括了文献载体类型的参考文献类型标识：DB/OL——联机网上数据库，DB/MT——磁带数据库，M/CD——光盘图书，J/OL——网上期刊，EB/OL——网上电子公告。

本节以学位论文写作过程为主线，详细介绍了学位论文的写作方法和写作规范，目的在于为学位论文的写作提供有效的指导。其中关于选题、论证、参考文献标注以及摘要撰写规范等内容也适用于期刊论文、会议论文等学术论文。

思　考　题

1. 简述学术论文的分类与特点。

2. 学位论文撰写中引用文献时需要注意哪些问题？

3. 科技论文投稿要注意什么？

4. 选定一种本学科的学术期刊，在该期刊的网站上进行在线注册，练习在线投稿（不提交稿件）。

5. 查阅相关资料进行文献综述的撰写。

第 8 章

信息检索应用案例

前面第2—6章介绍了通过信息检索收集、管理与评价各类型信息资源，信息资源收集的目的是利用，从而发挥其价值。信息检索常贯穿于整个科研生命周期，第7章介绍了信息检索应用于学术论文写作，本章主要介绍信息检索应用于科技查新、前沿热点分析、学科竞赛参与及科研项目申报。

8.1 科技查新

8.1.1 科技查新的定义与流程

1. 科技查新的定义

科技查新的定义最早可追溯到1992年的《科技查新咨询工作管理办法》，该办法定义"查新工作是指通过手工检索和计算机检索等手段，运用综合分析和对比方法，为评价科研立项、成果等的新颖性、先进性提供事实依据的一种公众性信息咨询服务工作"。

而后，2000年《科技查新规范》定义"查新是科技查新的简称，指查新机构根据查新委托人提供的需要查证其新颖性的科学技术内容，按照本规范操作，并作出结论"。GB/T 32003—2015《科技查新技术规范》定义为"科技查新简称查新，指以反映查新项目主题内容的查新点为依据，以计算机检索为主要手段，以获取密切相关文献为检索目标，运用综合分析和对比方法，对查新项目的新颖性作出文献评价的情报咨询服务"。

总之，科技查新以信息资源为基础，以信息检索为基本手段，以文献内容的对比分析为主要方法，以项目或成果内容的新颖性判断为核心任务，在科技资源合理配置中起着"把关人"的作用。科技查新有别于文献检索，文献检索针对具体课题的需要，仅提供文献线索和文献，对课题不进行分析和评价，侧重于相关文献的查全率。

科技查新可为科研课题选择和立项提供客观依据，避免重复研究；可为科技人员进行研究开发提供可靠信息；可为科技成果的鉴定、评估、验收、转化、奖励等提供客观依据。

2. 科技查新的流程

科技查新的工作流程如图8-1所示，共分为6步。

（1）查新委托　查新委托人根据待查新项目的专业、科学技术特点、查新目的、查新要求以及需要查证其新颖性的科学技术内容，自主选择查新站后，向查新站提交在处理查新事务时所必需的科学技术资料和有关材料。

（2）查新受理与订立合同　根据《科技查新站管理办法》和《科技查新规范》的有关规定，查新站判断待查新项目是否属于查新范围；判断查新项目所属专业是否属于该机构承担查新业务的受理范围；初步审查查新委托人提交的资料内容是否真实、准确，判断查新委托人提出的查新要求能否实现，初步判别查新项目的新颖性；若接受查新委托，查新站与查新委托人订立查新合同，分配查新员。

（3）文献检索　查新员认真、仔细地分析查新项目的资料，了解查新项目的科学技术特点、查新委托人提出的查新点与查新要求，文献检索过程如下：

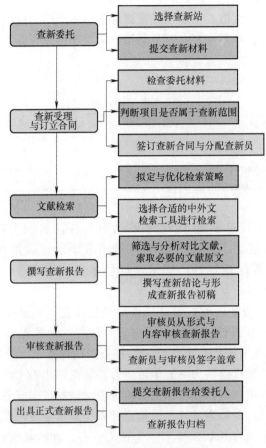

图 8-1　科技查新的工作流程

1）明确检索目的，根据检索目的确定检索词。检索词是构成检索提问式的最基本单元。检索词的确定除了要考虑检索词选择的全面性、专指性和一致性外，还要考虑所用检索词是否覆盖了查新点。检索词除规范词外，一般还应包括同义词、关键词、自由词、缩写词、化学物质登记号、国际专利分类号，并注意英美单词的不同拼写法。

2）确定检索文献的类型和检索的专业范围、时间范围，制定周密、科学而具有良好操作性的检索策略。这里的检索策略就是检索式，是指计算机检索中表达用户检索提问的逻辑表达式，由检索词和各种布尔逻辑算符、位置算符以及系统规定的其他连接组配符号组成。检索式的制定要合理使用位置算符和逻辑算符，正确把握查全率和查准率的关系，避免检索结果为零。

3）在分析检索项目的基础上，根据检索目的和客观条件，选择最能满足检索要求的检索工具。检索工具选择要特别注意全面性，考虑是否覆盖查新项目涉及的所有数据库。除了选择综合（或基本）性的数据库，还要选择某个专业相对应的专业数据库（如医学类查新要查中国生物医学文献数据库、中华医学会期刊、MEDLINE、Embase 等）。

4）根据查新项目所属专业的特点、检索要求和检索条件确定检索方法与检索途径，到各数据库中去检索。在得出最终检索结果之前，有时会出现查到的文献极少甚至根本没有查到文献，或者查到文献太多的情况。因此，需要对每次检索结果进行检验和调整，以扩检或者缩检。同时，检索结果的筛选要特别注意检索结果的覆盖率和相关性。

（4）撰写查新报告　查新员根据检索结果和阅读的需要，可向相关人员或机构索取文献原文。对索取得到的文献，根据查新项目的科学技术要点，分为密切相关文献和一般相关文献，并将相关文献与查新项目的科学技术要点进行比较，确定查新项目的新颖性，草拟查新报告。

撰写查新报告要注意3点：1）文献对比分析的深刻性，是否全面、深刻把握了检索结果文献的关键内容和技术参数，及其与查新项目的关联；2）文献对比分析的客观性，是否每一个判断和结论都基于检索所得的文献和事实；3）查新结论表达，查新结论是否准确表达了查新项目的新颖性，查新结论是否基于文献对比分析的结果，查新结论是否客观、公正，查新结论表达是否清晰、准确。

（5）审核查新报告　审核员根据《科技查新规范》、相关文献与查新项目的科学技术要点的比较结果，对查新程序和查新报告进行审核。查新员和审核员在查新报告上签字，加盖"科技查新专用章"。

（6）出具正式查新报告　查新工作站按查新合同规定的时间、方式和份数向查新委托人提交查新报告及其附件。查新员按照档案管理部门的要求，及时将查新项目的资料、查新合同、查新报告及其附件、查新咨询专家的意见、查新员和审核员的工作记录等存档；及时将查新报告登录到查新工作数据库。

8.1.2　学位论文开题查新

学位论文开题查新，可避免学位论文的重复研究，更好地把握研究方向，提高学位论文选题的针对性与创新性。学位论文开题查新检索流程分为四步：首先分析检索课题，构建检索式；其次选择检索工具，进行文献检索；再次对文献进行管理与筛选；最后列出相关文献，撰写检索结论。下面结合案例"公众碳中和支付意愿及影响因素研究"介绍学位论文开题查新。

1. 分析检索课题，构建检索式

（1）分析研究背景　全球变暖引起的气候与环境变化，是制约人类可持续发展的重要风险，应对该风险已成为国际社会的共识之一。

2018 年，政府间气候变化专门委员会（Intergovernment Panel on Climate Change，IPCC）发文强调只有在 21 世纪中叶实现全球范围内净零碳排放——碳中和，才能将全球升温控制在 1.5℃范围内，以避免因气候变化带来的大量损失和风险。为减少大气温室气体排放、降低大气 CO_2 浓度，缓解全球气候变化和促进可持续发展，世界各国纷纷做出本世纪中叶实现"碳中和"的政治承诺。2020 年 9 月，我国正式提出 CO_2 排放力争 2030 年达到峰值，2060 年前实现碳中和的目标。

为完成上述目标，全国碳市场已经启动，中国核证减排量一直以来存在着供大于求的问题。如何提高中国核证减排量的需求是当前面临的重要问题，而个人碳中和可提供越来越多的中国核证减排量的有效需求。因此，分析和了解公众的支付意愿及其影响因素，可为碳中和相关政策机制的设计提供客观依据和指导。

（2）分析检索课题　在超星发现系统检索"碳中和"这个词，发现该主题涉及经济学、环境科学、安全科学、工业技术、地球科学、农业科学等学科，在 CNKI 中检索发现其涉及环境科学与资源利用、工业经济、金融、电力工业等。综合分析该课题涉及经济学、环境科学领域的偏应用与实证型文献，所以可以重点选择的是期刊、会议文献、学位论文等文献类型。

该选题里有三个关键词，即居民、碳中和、支付意愿，这三个词可用逻辑运算符 AND 连接起来，通过前期的文献查找与阅读，发现碳中和又称为碳平衡、碳补偿、零排放等，这些是同义词。支付意愿又称为付费意愿（Willingness-to-Pay，WTP），居民又称为公民、公众。同义词、近义词用逻辑运算符 OR 连接，通过括号可改变检索词的运算顺序。

（3）确定检索词　运用搜索引擎查找关键词的同义词、上位词及下位词等，确定检索词，用 CNKI 翻译助手将中文检索词翻译成英文检索词。该课题的中英文检索词如下：

1）碳中和/碳平衡/碳抵消/碳补偿/CO_2 排放/二氧化碳排放/温室气体排放/碳排放/低碳/碳汇/碳固存：carbon neutrality/carbon neutral/carbon offset/carbon balace/carbon compensation/carbon dioxide emission/CO_2 emission/greenhouse emission gases/low carbon/carbon sink/carbon sequestration。

2）支付意愿/付费意愿：Willingness to Pay，WTP。

3）条件价值法/条件价值评估法/意愿调查法：contingent valuation method，CVM。

4）居民/公民/公众/消费者：resident/ inhabitant/citizen/public/consumer。

（4）编写检索式　运用逻辑运算符 AND 与 OR，截词符"＊"及改变优先顺序的括号构建 5 个中英文检索式。

1）（碳中和 OR 碳平衡 OR 碳补偿 OR CO2 排放 OR 温室气体排放 OR 碳排放 OR 低碳 OR 碳汇）AND（支付意愿 OR 付费意愿 OR WTP OR 条件价值法 OR 意愿调查法 OR CVM）AND（居民 OR 公民 OR 公众 OR 消费者）

2）（碳中和 OR 碳平衡 OR 碳补偿 OR CO2 排放 OR 温室气体排放 OR 碳排放 OR 低碳 OR 碳汇）AND（支付意愿 OR 付费意愿 OR WTP OR 条件价值法 OR 意愿调查法 OR CVM）

3）碳 AND（支付意愿 OR 付费意愿 OR WTP OR 条件价值法 OR 条件价值评估法 OR 意愿调查法 OR CVM）

4）（"carbon neutra＊" OR "carbon offset＊" OR "carbon compensation＊" OR "carbon emission＊" OR "carbon dioxide emission＊" OR "CO_2 emission＊" OR "carbon sink＊" OR "low carbon" OR "carbon sequestration＊"）AND（"Willing＊to pay" OR "payment will＊" OR WTP OR "contingent valuation method" OR CVM ）AND（resident OR inhabitant OR citizen OR public OR consumer）

5）（"carbon neutra＊" OR "carbon offset＊" OR "carbon compensation＊" OR "carbon emission＊" OR "carbon dioxide emission＊" OR "CO_2 emission＊" OR "carbon sink＊" OR "low carbon" OR "carbon sequestration＊"）AND（"willing＊to pay" OR "payment will＊" OR WTP OR "contingent valuation method" OR CVM）

2. 选择检索工具，进行文献检索

（1）确定检索工具　考虑本项目所属学科领域，需要选择综合类数据库，查找的文献类型可以是期刊论文、学位论文、会议论文等，因此本课题选用中国知网（CNKI）、万方数据知识服务平台、超星读秀学术搜索、Web of Science、SpringerLink、ScienceDirect、EBSCO 等学术资源检索平台作为检索工具。

（2）检索过程与结果　在确定的检索工具中逐一输入检索式进行检索，本节主要展示 CNKI 与 Web of Science 的检索界面。

1）CNKI。在 CNKI 界面选择"专业检索"，在检索框中输入检索表达式："篇名：（碳中和+碳平衡+碳补偿+CO₂ 排放+温室气体排放+碳排放+低碳）AND（支付意愿+付费意愿+WTP）AND（居民+公民+公众+消费者）"，检索结果界面如图 8-2 所示，检索结果为 79 篇文献。

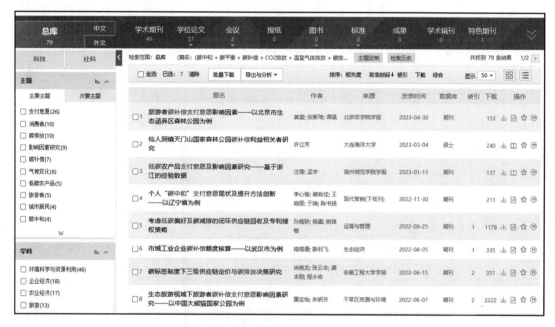

图 8-2　CNKI 检索结果界面

2）Web of Science 检索平台。在 Web of Science 检索平台选择"Web of Science 核心合集数据库"，单击"高级检索"，在检索框中输入检索表达式：TI = （"carbon neutra *" OR "carbon offset *" OR "carbon compensat *" OR "carbon emission *" OR "carbon dioxide emission *" OR "CO₂ emission *" OR "carbon sink *" OR "low carbon" OR "carbon sequestration *"）AND TS = （"Willing * to pay" OR "payment will *" OR WTP OR "contingent valuation method" OR CVM ）AND TI = （resident OR inhabitant OR citizen OR public OR consumer），检索结果为 343 篇文献。将检索字段由主题改为题名，检索结果为 28 条，如图 8-3 所示。

3. 文献管理与筛选

文献管理软件有多个，本案例以 NoteExpress 为例来介绍文献导入与检索结论撰写引用等流程。首先检索各数据库后以 NoteExpress 格式或 RIS 格式导出文献，其次导入 NoteExpress 软件中建立碳中和数据库和中英文文献文件夹，查找重复题录，设计表头，显示收录范围及影响因子，最后将文献按相关度进行标签标记，相关的中文文献管理界面如图 8-4 所示，英文文献管理界面如图 8-5 所示。

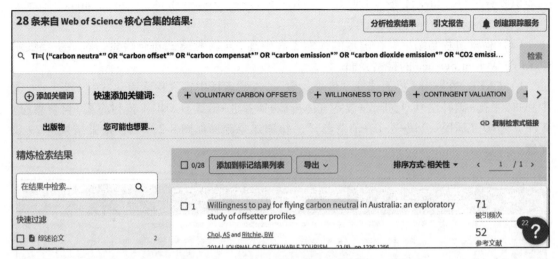

图 8-3　Web of Sciences 核心合集数据库检索结果界面

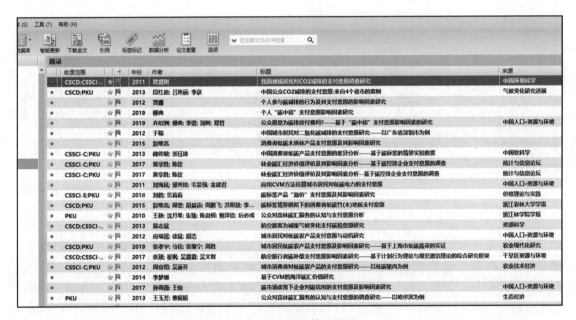

图 8-4　中文文献管理界面

4. 列出相关文献，撰写检索结论

（1）列出相关文献　根据上述文献检索数据库和检索式，检索到国内外公开发表的中英文文献 146 篇，去掉重复文献后，剩余文献 112 篇；共摘录出相关文献 19 篇，列出的部分文献如下：

［1］齐绍洲，柳典，李锴，等. 公众愿意为碳排放付费吗？——基于"碳中和"支付意愿影响因素的研究［J］. 中国人口·资源与环境，2019，29（10）：124-134.

［2］贾姗. 个人参与碳减排的行为及其支付意愿的影响因素研究［D］. 成都：西南财经大学，2012.

图 8-5 英文文献管理界面

[3] 曾贤刚. 我国城镇居民对 CO_2 减排的支付意愿调查研究 [J]. 中国环境科学, 2011, 31（2）: 346-352.

（2）撰写检索结论　通过对检索到的相关文献进行分析对比, 得出本案例的部分检索结论如下:

国内已见公众碳中和与碳减排支付意愿的相关文献报道[1-5]。研究采用调查问卷对公众的支付意愿进行研究, 分析碳中和支付意愿的影响因素、中介效应以及调节效应[1], 居民碳减排行为及支付意愿的影响因素[2], 不同碳减排方案下不同支付金额[3]。分别以全国公众[1-2]、深圳市居民[4], 及北京、上海、山东、福建 4 个直辖市和省[5]的公众作为研究对象。

居民日常消费会排放 CO_2, 而森林作为碳汇会吸收 CO_2。国内已有文献研究了居民对低碳农产品或食品支付意愿[6-10]。分别以低碳猪肉[9, 10]、低碳蔬菜[6]等为研究对象, 对天津、山东和江苏等[9]地及南京市[9]、上海市[6]居民进行调查。也有文献研究了城市居民森林碳汇支付或购买意愿[11-13]。

能源消耗会排放大量 CO_2, 交通出行、旅游出行与电力发电等能源消耗是碳排放的重要来源, 国内已有文献研究居民通勤交通与航空旅游[14-17]的低碳支付意愿, 也有文献研究居民低碳电力支付意愿[18, 19]。

8.1.3　成果鉴定科技查新

成果鉴定科技查新是由查新委托方提出查新要求, 由查新机构根据其项目成果的特点, 运用各种文献检索手段, 把检索出的相关文献信息与所要查新的成果进行综合对比分析, 归纳总结出该项研究课题在一定时空范围内的技术状况及创新点, 并对其作出恰当的评价, 最后以项目成果查新报告的形式提交给委托方。成果鉴定科技查新是科研管理中不可缺少的重要环节。其目的在于帮助评审专家科学、公正、客观地评价研究成果, 以减少失误, 保证成果鉴定的质量。

本案例拟对某大学国家硅基 LED 工程技术研究中心委托课题 "高光效黄光 LED 材料与芯片制造技术" 进行国内外成果鉴定查新。

1. 分析课题技术要点与创新点

1）该项目的技术要点为：基于硅衬底 LED 技术，通过研究高质量、高铟组分、厚 InGaN 膜材料生长技术，缓解发光阱所受压应力；通过 V 坑屏蔽位错，增强载流子注入；通过调整垒结构改善载流子在发光量子阱的输运和限制，提升载流子辐射复合机率，获得高光效绿光 LED 制造技术，解决"绿光鸿沟"这一世界技术难题，为新一代全光谱无荧光粉 LED 白光照明光源制备提供关键性支撑。在电流密度 20A/cm² 注入下，绿光（520nm）LED 电光转换功率效率达到 46.1%。

2）主要创新点：无蓝光、无荧光粉的低色温高光效金黄光 LED（色温 2000K±200K，显色指数 R_a>70，发光效率>140lm/W）。

2. 确定文献检索范围（检索数据库）

选择检索的中文数据库有：中国知网、万方数据知识服务平台、中文科技期刊数据库、超星读秀学术搜索、国家科技成果网数据库、国家科技成果库、国家知识产权局专利检索及分析系统等。

选择检索的外文数据库有：Web of Science、INSPEC、Ei Compendex、ProQuest Dissertations & Theses（PQDT）、European Patents、United States Patents 等。

3. 检索策略（检索词与检索式）

（1）通过对查新点的分析，提取如下检索词

1）LED/发光二极管/light emitting diode

2）绿光/green

3）光电转换效率/WPE/wall-plug efficiency/electro-optical conversion efficiency

4）电流密度/current density

5）外量子效率/EQE/external quantum efficiency

（2）构建如下 3 个中英文检索式

1）绿光 AND（LED OR 发光二极管）AND（光电转换效率 OR 外量子效率 OR EQE OR WPE）

2）（green P/3 light-emitting＊-diode＊ OR green P/3 LED＊）AND（wall-plug efficiency OR WPE OR electro-optical-conversion-efficiency）

3）（green P/3 light-emitting＊-diode＊ OR green P/3 LED＊）AND（external-quantum-efficienc＊ OR EQE）AND current-densit＊

4. 检索过程与文献筛选

依据上述文献检索范围和检索式，检索到国内外公开发表的中英文文献 159 篇，去掉重复文献后，剩余文献 139 篇，摘录相关文献 22 篇（中文 6 篇，英文 16 篇）。按先国内文献后国外文献的顺序及查新参考文献格式要求列出 22 篇相关文献的题录及重要内容信息。因篇幅所限，此处仅选取两篇外文文献做参考。

［19］SATO H, TYAGI A, ZHONG H, et al. High power and high efficiency green light emitting diode on free-standing semipolar（11（2）over-bar2）bulk GaN substrate［J］. Physica Status Solidi-Rapid Research Letters, 2007, 1（4）：162-164.

The output power and external quantum efficiency（EQE）at drive currents of 20 and 100mA under direct current（DC）operation were 5.0mW, 10.5% and 15.6mW, 6.3%, respectively.

高功率，高效率的独立半极性（11（2）over-bar2）块体 GaN 衬底的绿光 LED。

直流（DC）运行时，驱动电流为 20mA 和 100mA 时的输出功率和外量子效率分别为 5.0mW、10.5% 和 15.6mW、6.3%。

［20］LESTER S D, LUDOWISE M J, KILLEEN K P, et al. High-efficiency InGaN MQW blue and green LEDs ［J］. Journal of Crystal Growth, 1998 (189)：786-789.

Blue (similar to 470nm) LEDs exhibit external quantum efficiencies of 10.6% at 20mA and 8.7% at 100mA. Green LEDs (522nm) have external quantum efficiencies of 4.5% at 20mA. Operating voltages as low as 2.96V at 20mA have been achieved.

高效的 InGaN MQW 蓝光 LED 和绿光 LED。

蓝色（大约 470nm）LED 在 20mA 和 100mA 时的外部量子效率分别为 10.6% 和 8.7%。绿色 LED（522nm）在 20mA 时具有 4.5% 的外量子效率。在 20mA 时工作电压可达到 2.96V。

5. 查新结论

依据与查新委托人签订的"科技查新委托书"的有关要求，针对"高光效 GaN 绿光 LED 材料与芯片制造技术"课题，在上述检索范围内，共摘录出相关文献 22 篇（中文 6 篇，英文 16 篇），通过对检索到的相关文献进行分析对比，得出以下查新结论：

已见研究绿光 LED 技术的相关文献报道，检索到的文献[1-22] 与该查新项目查新点中具体技术指标对比见表 8-1，其中文献[1,4,7-9] 均为课题组成员文献，文献[2-3] 为该项目委托人指导的硕士及博士论文。查新结论部分截图见表 8-1。

表 8-1　成果鉴定查新结论部分截图

文献	LED 材料	波长	电压	电流密度	光电转换效率	外量子效率
委托	GaN 绿光 LED	520±5nm	<5V	20~35A/cm^2	>40%	>40%
1	GaN 基单量子阱绿光 LED	516nm	2.96V	5.20（A/cm^2） 20mA	5.00%	峰值 10.1% 可以提高 45% 左右
2	GaN 基绿光 LED	在较低电流密度范围内，LED 外量子效率随 A1 组份升高而下降；在较高电流密度范围内，LED 外量子效率随 A1 组份升高而升高					
3	GaN 基大功率绿光 LED	520nm	—	35A/cm^2	—	31.2%
4	GaN 基绿光 LED	519nm	2.99V	35A/cm^2	—	光功率=235mW
5	InGaN SQW 绿光 LED	520nm	—	20mA	—	6.3%
6	GaN 基绿光高压 LED	在注入电流从 3mA 增大到 20mA 的过程中，光电转换效率降低了约 61%；在注入电流从 20mA 增大到 50mA 的过程中，光电转换效率降低了约 39%					
7	InGaN 绿色 LED	—	—	7.5mA	58%	—
8	InGaN 绿色 LED	525nm	2.76V	35A/cm^2	—	37.0%
9	InGaN 绿色 LED	520nm	—	35A/cm^2	—	31.2%
10	GaN 绿光 LED	527nm	2.86V	20A/cm^2	32.1% （峰值 54.1%）	38.4% （峰值 53.3%）
11	GaN 绿色 LED	525nm	2.8V	350mA	—	41.7%
12	InGaN 绿光 LED	523nm	2.8V	20A/cm^2	32.1%	38.0%

（续）

文献	LED 材料	波长	电压	电流密度	光电转换效率	外量子效率
13	InGaN 高效纯绿色 LED	528nm	—	16.08cd/a	—	3.84%
14	GaN 基的绿光 LED	525nm	—	20mA	—	20.4%
15	InGaN 基绿光 LED	—	—	20mA	—	10cd
16	InGaN 基绿光 LED	525nm	—	20mA	—	2.1%
17	InGaN 绿光 LED	559nm	—	20mA	—	24.7%
18	GaInN 基的深绿色 LED	558nm	—	16A/cm^2	—	<39%
19	GaN 衬底的绿光 LED	516nm	—	20mA 和 100mA	—	10.5 和 6.3%
20	InGaN 绿光 LED	522nm	2.96V	20mA	—	4.5%
21	InGaN/GaNLED	—	—	20mA 和 0.2mA	—	4.1% 和 4.9%
22	C 平面Ⅲ族氮化物绿光 LED	529.3nm	3.5V	3A/cm^2 和 20A/cm^2	—	40.7% 和 29.5%

经检索并对相关文献分析对比结果表明：上述国内外公开发表的中英文文献报道分别涉及该查新项目的部分研究内容，但除项目委托方发表的文献外，国内外文献中均未见与该查新项目重合的技术。另外，清单中列出课题组成员名单作为附件。

8.2 前沿热点分析

科学研究呈现出不断演化的景象，科研人员掌握科研的进展和动态并跟踪学科前沿热点有利于技术进步。知识图谱已经发展成为当前情报学和科学研究的有力工具，被广泛应用于学科前沿预测、学术热点追踪等多个方面。通过持续跟踪全球最重要的科研和学术论文，研究分析论文被引用的模式和聚类，特别是成簇的高被引论文频繁地、共同地被引用的情况，可以发现研究前沿。例如利用 ESI、InCites、WOS 追踪学科前沿动态，这些内容在前面的章节已介绍。

如何查找前沿热点研究主题？除了要根据需求来确定外，重点要考虑研究主题的前沿性和方法的可行性。前沿性是通过对主题的发展现状进行评估，包括其当前热度、发展阶段等；可行性是对该研究主题的资料获取方便程度、可定量化程度进行相应的评估，并作出判断。下面应用不同的方法对三个不同学科的案例进行前沿热点分析。

8.2.1 6G 通信的可重构智能表面

高校部分课程以论文作为考核方式，课程论文内容要和所学的课程有关，题目自拟或者选择教师给定的选题。课程论文可以是学科的前沿热点，也可以是综述论文，或围绕某一个具体问题提出解决方案。本案例以 6G（第六代移动通信标准）为例来介绍该学科领域前沿热点的分析过程。

1. 初步检索确定主要关键词

进入 CNKI，先确定题名字段，在检索框内输入"6G 网络"或"第六代移动通信"进

行检索，从学科分布上来看，大部分已有成果集中在 6G 网络，建议选几篇文献综述开始阅读。除了独立的综述论文，学位论文的绪论和有关章节也会包括一些具有参考价值的综述内容，因此也可以作为进一步阅读的目标。除了 CNKI，还可以补充万方数据库等其他检索工具。文献不仅包含期刊、会议和学位论文，还可检索专利文献。对检索结果进行去重，可重点关注核心期刊、主要研究机构和重要作者的有关文献。

在 CNKI 中检索到 6G 论文主题主要分布在 6G 技术、太赫兹、B5G/6G、移动通信、移动通信技术、网络架构、区块链、物联网、太赫兹通信、无线通信、卫星通信、应用场景、工信部、万物互联、关键技术、人工智能、数字孪生、可见光通信、可重构智能表面等，对论文主题进行共现矩阵分析如图 8-6 所示。

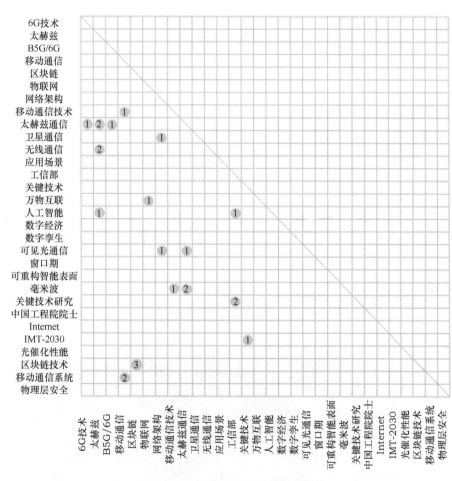

图 8-6　6G 论文的主题共现矩阵分析

2. 中文文献关键词共现

将在 CNKI 检索出的 6G 中文论文导出，用 VOSviewer 做关键词共现如图 8-7 所示，从图可以看出 6G 的节点最大，位于中间，太赫兹、第 6 代移动通信系统、网络安全、网络架构、资源分配、可重构智能表面（Reconfigurable intelligent surface）、智能超表面等也共现频率较高，说明这些都是学者们关注的研究重点。

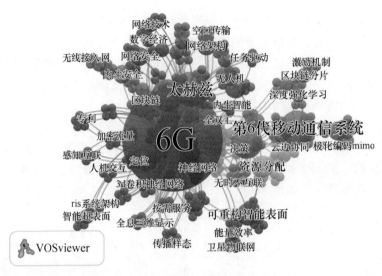

图 8-7　6G 中文论文关键词共现图

3. 外文文献检索与关键词共现

可供检索的外文数据库很多，比如前面章节介绍的 WOS、EI 和 IEEE 是本案例的重要外文数据库。将 Web of Science 核心合集数据库检索出的 6G 论文导出，用 VOSviewer 做所有关键词共现图，如图 8-8 所示，可以看出主要分为三类，6G 关键技术、6G 优化、6G 应用。从图 8-8 可以看出 6G、6G mobile communication、Wireless communication、Internet of Things、5G、Resource management、Security、blockchain、Wireless networks、Servers、Optimization、Sensors、NOMA 等关键词在图中的节点较大，表明其出现频率较高，与中文文献基本一致。

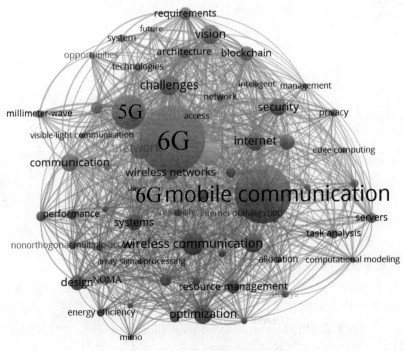

图 8-8　6G 论文所有关键词共现图

Web of Science 核心合集数据库中被引用次数大于 200 次的 6G 论文有一半为我国发表，这些论文涉及学科主要有电信技术、信息经济与邮政经济、计算机软件及计算机应用、航空航天科学与工程、自动化技术、无线电电子学等，通过阅读这些文献可以快速了解 6G 的发展概况。

4. 利用 ESI 挖掘研究前沿

通过下载阅读中国科学院科技战略咨询研究院、中国科学院文献情报中心与科睿唯安编写的《2023 研究前沿》，信息科学的 10 个热点前沿中有一个为"可重构智能表面"，在 ESI 数据库中以"Reconfigurable intelligent surface"作为检索词，得到 6 个研究前沿如图 8-9 所示。

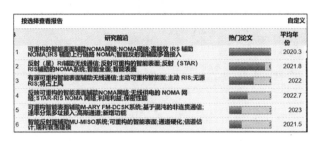

图 8-9　可重构智能表面的研究前沿

想查看最新的研究前沿，单击排在第 5 个 2023 年的研究前沿，进入如图 8-10 所示界面，该研究前沿由两篇论文组成。论文"高斯信道上的速率分集多址接入"发表在期刊 IEEE transactions on wireless communications 上，该期刊的影响因子 2022 年为 10.4，为 TOP 期刊；论文"可重构智能表面辅助 M-Ary FM-DCSK 系统：基于非相干混沌通信的新设计"发表在期刊 IEEE transactions on vehicular technology 上，该期刊的影响因子 2022 年为 6.8。这两篇论文可以重点阅读。

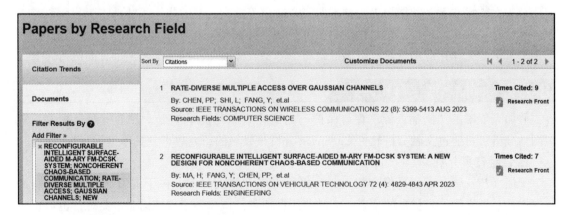

图 8-10　第 5 个研究前沿的热点论文构成

为快速了解可重构智能表面，在 CNKI 检索框中输入"可重构智能表面"进行检索，文献按被引频次进行排序，检索结果界面如图 8-11 所示。下载阅读被引频率最高的第 1 篇文献，阅读后明确该文献主体分为 3 部分：1）介绍基于可重构智能表面的信息调制；2）介绍基于可重构智能表面的无线中继；3）指出可重构智能表面未来的 3 个研究方向：信道测量与建模、远场扩展到近场、容量与能量效率极限。

图 8-11 CNKI 文献检索结果按被引频次排序

经过文献检索与整理之后，根据文献的被引用情况，文献所在的出版机构及作者的资历，合理地选择文献。网络信息没有同行评审质量把关，要注意网站来源及资料的客观性、准确性与时效性。通过对检索文献的阅读，可对 6G 通信中的可重构智能表面进行归纳总结和述评，按照一定的逻辑框架，合理引用文献中的知识内容，完成 6G 通信研究前沿的分析，并提出自己对该研究方向未来发展的展望。

智能超表面技术的研究方向主要包括理论模型、应用技术、工程化研究 3 个方面。在理论模型方面，需要在电磁调控物理机理、电磁信息学、信道模型等方面进一步深入探索，以尽快构建完善的理论体系；在应用技术方面，基于智能超表面技术的通感一体化、AI 使能智能超表面技术和基于智能超表面技术的安全通信等探索新颖的应用领域；在工程化研究方面虽然已有一些智能超表面技术样机的简单测试，且在特定场景中展示出了一些性能增益，但距离真正的工程化应用依然有很远的距离，需要从标准化和网络部署两个方面进行完善。

8.2.2 闽楠资源培育与保护

假如需要了解"闽楠资源培育与保护"的研究现状与前沿热点，并希望做出相关的知识图谱分析。可通过文献分析软件 CiteSpace 分析该领域的研究热点，具体过程与步骤如下。

1. 课题背景分析

闽楠（*Phoebe bournei*）俗称楠木，为樟科，属常绿大乔木，树干通直分枝少，闽楠为阴性树种，根系深，是优良的生态、商品兼用型树种。该树种纹理结构非常美观，也可长久保存，身形优美、削面光滑、材质优良，同时具有较好的隔音和驱蚊的效果，具有很高的观赏价值、经济价值以及生态价值，因此在家具、工艺品雕刻、建筑、香料合成等方面都有比较广泛的应用。但是，近年来，一方面随着社会的不断发展，人们的生活水平不断提高，对追求美好生活的意愿越加强烈，人们对高档美观的家具、建材、优美的景观设计需求越来越高，对闽楠木材的需求大增，因此乱砍滥伐的现象不断出现；另一方面，闽楠作为我国特有的名贵木材，在我国有着悠久的培育历史，但其对环境质量要求较高，耐阴不喜强光，生长较为缓慢，如今仅在福建、江西、浙江等海拔 1000m 以下的常绿落叶阔叶林中有零星分布。闽楠现存数量极少，已成为国家二级渐危物种，是国家二级重点保护野生植物。目前，越来越多的学者开始注意到了闽楠资源的培育与保护。

2. 检索文献获取

CiteSpace 软件可以通过分析所选文献的关键词或者主题词，以可视化图谱的形式呈现该领域的研究热点及研究前沿，把握该领域的重点内容。本案例利用 CiteSpace 软件的可视化工具对所收集到的有效文献对关键词进行共现分析与聚类分析、关键词突现词分析，展示闽楠研究领域的研究热点与未来的研究趋势。文献获取与处理的步骤如下。

（1）数据采集与格式转换　首先选择中国知网为数据源，选择主题作为检索字段，以"闽楠""楠木"为检索词进行精确检索，时间不限，筛选与获取中文文献为 675 篇（检索时间 2021 年 8 月 8 日）；其次将检索结果导出为 Refworks 格式，并以 download 1～500、download 501～675 命名，将导出的原始文献数据保存到特定文件夹"input"下；最后进行数据导入及格式转换。

（2）数据处理及可视化　首先，建立新的文献信息分析项目"闽楠"，并指定对应的分析项目文件（project）和数据文件（data）的路径。其次，对参数进行设置，主要设置：时间跨度为 1992—2021 年，时间区间为 1 年；节点类型（Node Types）选择关键词（Keyword），节点强度（Strength）默认余弦函数（Cosine）和时间切片内（Within Slices），数据阈值（Selection Criteria）设定为 Top50，裁剪（Pruning）功能区参数选择寻径网络（Pathfinder）和裁剪合并后的网络（Pruning Merged Network），可视化方式（Visualization）选择静态聚类（Cluster view-Static）和合并网（Show Merged Network）。

3. 我国闽楠资源的研究热点分析

（1）关键词共现分析　利用 CiteSpace 软件进行关键词共现分析，获得闽楠文献研究中的关键词共现图谱如图 8-12 所示，展示了闽楠资源领域的高频关键词以及各类关键词之间的相互关系。图中节点的大小表示关键词出现的频率大小，关键词频次越高，说明该关键词越容易被关注，能大致体现该领域的主要研究方向。

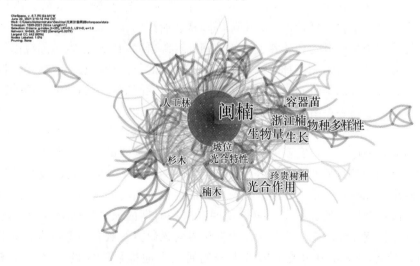

图 8-12　关键词共现图谱

由图 8-12 可知闽楠的圈层节点最大，光合作用次之，排在第三的是容器苗、浙江苗、物种多样性、生物量、生长、光合特性、人工林、楠木，说明该领域主要关注的热点问题是闽楠资源的生长的培育情况，这和实际情况也是一致的。闽楠是国家二级珍稀渐危物种，表明近年来该领域的学者研究的核心内容就是如何培育以及保护该物种。

图 8-12 中网络节点一共是 549 个（$N = 549$），每个网络节点代表一个关键词，节点之间一共有 1182 条连线（$E = 1182$），各关键词之间的连线表示关键词之间的联系，连线的粗细表示它们之间相关程度的大小，网络密度值为 0.0079（$Density = 0.0079$）。由此可知，该领域范围较为广泛，涉及 549 个关键词，关键词之间的联系也比较紧密，相关性较高，而这即意味着和闽楠资源研究相关的文献关注点高度集中。从全图来看该研究领域是以网络节点最大的关键词闽楠为中心展开，其他的关键词节点圈层都较小。

（2）关键词聚类分析　使用 CiteSpace 软件的关键词聚类分析功能，获得闽楠资源研究的聚类图谱。在 CiteSpace 软件中依次进行 Find clusters、Lable clusters with indexing terms、LLR 得到如图 8-13 所示面积不同的 15 个聚类区域，其中区域面积的大小代表聚类规模，聚类规模是聚类内关键词数量的表征值，聚类规模数值越大，表明聚类内相关的关键词越多，同时也说明该聚类主题也更受到学者的关注。

每个聚类区域会对应一个聚类标签，即"#"号后面的关键词，这个聚类标签是 CiteSpace 软件在聚类区域内利用突变检测算法提取出的、在一定时间范围内有明显新趋势或快速变化的关键词，这个关键词可以反映研究领域内研究人员科研兴趣的突然增长，同时聚类序号越靠前，说明越受到研究学者的关注，同时其重要性也更突出。中介中心性的原始定义是一个节点担任其他两个节点之间最短路径的桥梁的次数，节点充当"中介的"的次数越多，其中介中心性越强。CiteSpace 软件中关键词的中介中心性代表在聚类中的重要程度，一般中介中心性超过 0.1 的节点称为关键节点，即核心关键词。中介中心性的数值越大，表明核心关键词在该聚类主题下起到的作用越大。利用每个聚类下的关键词的中介中心性，可以判断出此关键词在研究主题中的活跃程度。

由图 8-13 可知，以闽楠为主题的关键词聚类分为 15 个类别：障碍因素、浙江楠、容器苗、杉木、南岳、光合作用、人工林、坡位、生长性状、光合特性、木荷、樟科、珍贵树种、snps 标记、育苗试验、野牡丹。其中障碍因素、浙江楠、容器苗以及杉木这些关键词是目前闽楠资源研究领域中最受到学者关注的。闽楠资源研究领域的重点是围绕以下两个大的方面展开：一方面是研究闽楠本身的特点和影响其生长的条件和因素，包括光合特性、珍贵树种、坡位等；另一方面是研究应用生物科学技术来改变闽楠本身和外部环境的特点来培育和保护闽楠资源，包括容器苗和 snps 标记等。

（3）关键词突现图谱分析　在关键词共现与聚类的基础之上，通过突发性进一步对我国闽楠资源研究相关论文进行突变词检测，获得关键词突现图谱如图 8-14 所示。

通过对关键词词频贡献度变化的分析，能够发现一般科学领域主题的变化趋势和研究前沿，能够反映出研究热点的重大转向，具有较大的情报价值。同时突现词也是短时间内使用频率骤增、频次快速增长的关键词，可以说明在某一时期内该领域研究发展趋势的变化规律，对关键词进行突变性动态变化分析，方便读者对该研究领域有一个整体的认识以及预测领域内的新兴趋势，也可为相关工作者未来的研究方向提供一定的参考。在图 8-14 中，Year 表示该关键词在检索记录中首次出现的时间，Strength 表示该关键词突变的强度。

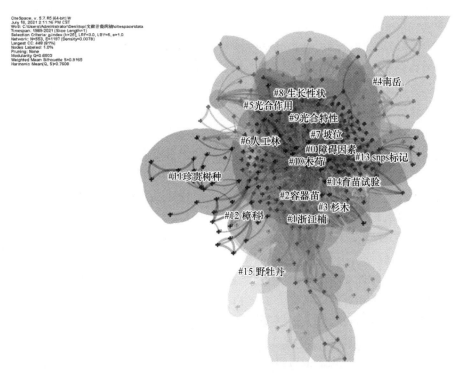

图 8-13 关键词聚类区域图谱

Top 14 Keywords with the Strongest Citation Bursts

Keywords	Year	Strength	Begin	End	1995—2021年
指纹图谱	1995	6.2	1995	2012	
最小数据集	1995	6.2	1995	2012	
外源亚精胺	1995	5.49	1995	2012	
土壤质量	1995	5.13	1995	2012	
生理指标	1995	4.45	1995	2005	
障碍因素	1995	4.12	1995	2002	
干旱胁迫	1995	3.53	1995	2010	
浙江楠	1995	4.49	2011	2013	
容器苗	1995	3.5	2011	2017	
楠木	1995	5.21	2014	2016	
天然次生林	1995	3.67	2016	2019	
坡位	1995	3.57	2017	2019	
种源	1995	3.57	2017	2019	
生长性状	1995	3.57	2018	2019	

图 8-14 关键词突现图谱

对以闽楠为主题的关键词进行突现分析，获得 14 个突现词。其中突现强度最大的关键词为指纹图谱和最小数据集（Strength=6.2），突现强度越高表示该关键词在短时间内出现的频次越高。其中热度持续时间最长的关键词为指纹图谱、最小数据集、外源亚精胺和土壤质量，它们的开始时间为 1995 年，结束时间为 2012 年，表明这些热点是值得长时间进行研究的，同时也是该研究领域开始最早且时间持续最久的研究热点。

从整体来看，对闽楠资源的研究可大致分为两个阶段，1995—2010 年，突现词分别为指纹图谱、最小数据集、外源亚精胺、土壤质量、生理指标、障碍因素、干旱胁迫，可知在此期间相关领域的学者主要研究的是影响闽楠生长的因素研究，努力克服影响闽楠生长的不利因素，更好地保护闽南资源；2011—2019 年，突现词为浙江楠、容器苗、楠木、天然次生林、坡位、种源、生长性状，由关键词容器苗的出现，可以看出相关学者开始关注应用生物科技来研究闽楠的培育。

本研究以 CNKI 为基础数据库，检索 1997—2021 年的 675 篇文献，应用文献计量的方法和借助于 CiteSpace 软件可视化工具对闽楠资源领域的文献进行总结和分析，较为系统地展示了闽楠资源研究领域近 25 年的研究状况。总体来看，该领域的研究热点主要集中在人工林生长规律、生长指标和育苗管理等方面，相关研究主要从闽楠本身的特点、影响其生长的条件和因素以及生物科学技术等方面展开。

8.2.3 碳捕集与封存技术前沿

碳捕集与封存（Carbon Capture and Storage，CCS）技术是我国应对气候变化的一项重要战略选择，我国将成为全球碳捕集与封存最具潜力的市场。自"十五"以来，我国高度重视 CCS 技术的发展，对我国 CCS 技术的理论研究、技术研发与项目示范活动逐步增多。随之而来，CCS 技术发展迎来全面创新的发展浪潮，在全球 CCS 技术方兴未艾的背景下，本研究利用比较研究和统计分析等方法对碳捕集与封存专利进行专利计量分析。

1. 检索词与检索式

通过研读 CCS 技术相关的论文、研究报告等文献，对 CCS 关键技术进行分析，确定了检索的中英文检索词。

1）中文检索词有：碳捕获、碳捕集、碳捕捉、二氧化碳捕获、二氧化碳捕集、二氧化碳捕捉、碳封存、碳储存、碳存储、二氧化碳封存、二氧化碳储存、二氧化碳存储与碳利用等。

2）英文检索词有：Carbon capture、Captured carbon、Carbon dioxide capture、CO_2 capture、Carbon sequestration、Carbon storage、Carbon dioxide sequestration、CO_2 sequestration、Carbon Capture and Storage、CCS 等。

通过检索词、同义词、近义词的分析，构建如下检索式：

1）中文检索式：（（碳捕获 OR 碳捕集 OR 碳捕捉 OR 二氧化碳捕获 OR 二氧化碳捕集 OR 二氧化碳捕捉）AND（碳封存 OR 碳储存 OR 碳存储 OR 二氧化碳封存 OR 二氧化碳储存 OR 二氧化碳存储））OR 碳捕集与封存 OR CCS

2）英文检索式：（（"Carbon capture" OR "Captured carbon" OR "Carbon dioxide capture" OR "CO_2 capture"）AND（"Carbon sequestration" OR "Carbon storage" OR "Carbon dioxide sequestration" OR "CO$_2$ sequestration" OR "Carbon dioxide storage")) OR "Carbon Capture and Storage"

2. 检索工具选择

专利检索工具有中国国家知识产权局专利检索及分析系统、中国专利全文数据库（知网版）、万方数据库、智慧芽（PatSnap）全球专利检索数据库、壹专利、Incopat 与 SooPAT 等，本研究选取智慧芽数据库作为数据源，其他专利数据库作为补充，数据检索的截止时间为 2022 年 11 月 18 日。设置检索的时间范围为 2002—2022 年，得到有关 CCS 技术的专利共计 9462 条。

3. 检索结果分析

本研究对检索出的 9462 条专利从文本关键词与专利地图两个方面进行前沿热点分析。

（1）专利样本文本关键词分析 图 8-15 显示了智慧芽数据库生成的专利样本文本关键词分析结果，经过层层拆分热门关键词，能更好地了解该技术领域内详尽的热点。图 8-15 中每一块扇形区域代表一个关键词，扇形的大小与该关键词出现的频次成正比，将内层关键词进行分解可以得到外层。

从图 8-15 中可以看出，与 CCS 技术相关专利涵盖的范围较广，包括相关化学物、技术载体等相关的每方面以及它们的细分技术领域，并且关键词出现的次数相差不大。CCS 技术研究热点主要集中在几个方面：吸收法，包括胺吸收剂、吸收形成碳酸盐类；吸附法，包括吸附材料结构设计；膜分离法；化学链燃烧反应分离；离子交换膜分离（电解法）；离子液体吸收（或吸附）；CO$_2$ 捕集相关设备。

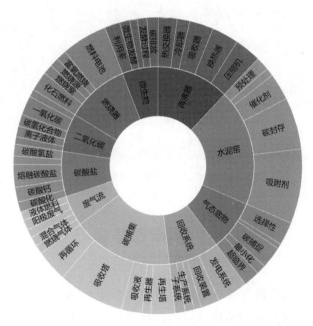

图 8-15 CCS 技术的专利样本文本关键词分析结果

（2）专利 3D 地图 图 8-16 所示为用智慧芽数据库的"3D 专利地图分析"功能生成的与 CCS 技术相关的专利 3D 地图，可以比较直观地获取技术领域内的研究热点的相关信息。图 8-16 中每一个技术领域都用"山峰"来表示，专利的数量通过"山峰"高度来显示，

"山峰"越高则专利量越多。高峰代表了热点技术的领域，低谷则代表相关技术较少、或有待开拓的领域。技术领域的相关程度用"山峰"之间的距离来表示，"山峰"距离与各领域间的联系成正比。专利地图上有多个小点，颜色不一样则代表专利权人不同，每种颜色代表的专利权人如图 8-16 左下角图例所示。选择中国与外国各两个专利权人进行 3D 专利地图分析，分别是阿尔斯通技术有限公司、通用电气技术有限公司、中国华能集团清洁能源技术研究所和天津大学，这四个专利权人专利申请数量均比较多。

虽然我国对 CCS 技术的研究起步比国外略晚，但是通过近年来国内应对气候变化形势和政策的逐步深化，加之二氧化碳捕集利用与封存技术的不断涌现与创新，二氧化碳捕获与封存技术也逐渐与其他技术领域融合。随着我国对 CCS 认知的不断深入，CCS 将成为我国促进可持续发展的重要技术支撑。目前结合大数据时代背景的论文相对较少，如何利用该技术向中国碳中和目标迈进，依然有待进一步研究。

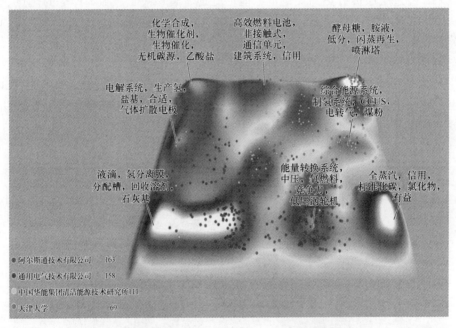

图 8-16　与 CCS 技术相关的专利 3D 地图

8.3　学科竞赛参与

近年来，为了深化高等教育综合改革，激发大学生的创造力，培养造就"大众创业、万众创新"的主力军，深化高校素质教育的实践课堂。教育部联合其他部门及全国各高校举办了一批大学生创新创业大赛，其中包括但不限于中国"互联网+"大学生创新创业大赛、"挑战杯"全国大学生系列科技学术竞赛、全国大学生电子商务"创新、创意及创业"挑战赛、全国大学生数学建模竞赛、蓝桥杯全国软件和信息技术专业人才大赛。学生在参加这些竞赛时，往往需要对网络信息进行收集检索、处理分析与综合运用，得到最后的成果，

整个过程极大地考验了学生们的信息检索与利用能力。因此，本节将以中国"互联网+"大学生创新创业大赛与全国大学生数学建模比赛为案例，展示信息综合检索与应用能力在学科竞赛中的应用。

8.3.1 中国"互联网+"大学生创新创业大赛

中国"互联网+"大学生创新创业大赛，由教育部与各地市政府、各高校共同主办。大赛旨在深化高等教育综合改革，激发大学生创造力，培养造就"大众创业、万众创新"的主力军；推动赛事成果转化，促进"互联网+"新业态形成，服务经济提质增效升级；以创新引领创业、创业带动就业，推动高校毕业生更高质量地创业就业。

中国"互联网+"大学生创新创业大赛（以下简称"互联网+"大赛）一般分为院校赛、省赛以及全国总决赛，在整个参赛流程中，参赛团队需要对比赛进行详尽的了解，完成商业计划书以及制作会演PPT，并根据赛程的深入对其进行完善和优化，本节将对整个参赛流程中所需要的信息综合检索与利用进行介绍。

1. 赛前了解

参赛者在报名参赛前需要了解比赛赛制与流程，并通过检索往届获奖案例和参赛者的比赛经验，做好参赛前的准备。作为国内最大的中文互联网高质量问答社区之一，知乎可为参赛者提供有关"互联网+"大赛的相关赛事信息、参赛技巧等内容，知乎检索界面如图8-17所示。此外，参赛者可以根据自身需求对检索结果进行筛选，如选择发布时间更近的、或点赞更多的高质量回答；也可以根据具体信息需求提问来获得更贴合需求的答案。

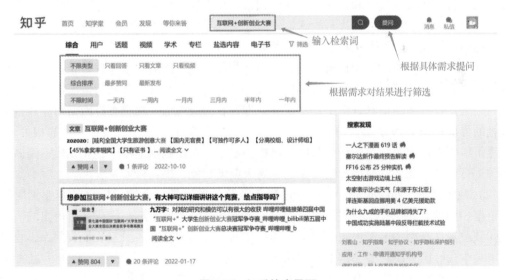

图8-17　知乎检索界面

对于想要了解往届比赛优秀案例和相关经验的参赛者来说，可以通过哔哩哔哩视频网站进行检索，直接在检索框输入"互联网+创新创业大赛案例"进行检索，检索界面如图8-18所示。可根据需要筛选检索结果，比如优先展示被点击最多的视频。问答社区和视频平台得到的结果各有优势，参赛者可以根据自身需求综合利用检索结果。此外，参赛者还可以考虑使用一些社交媒体平台，如抖音、小红书等进行检索，丰富参考结果。

图 8-18 哔哩哔哩检索界面

2. 商业计划书撰写

商业计划书的核心在于计划二字，一个优秀的商业团队在制定商业计划时，最重要的就是做好市场调研与分析，而好的市场调研分析则要依靠强大的信息综合检索与利用能力，才能发挥作用。参赛团队在完成这部分内容时，需要综合考虑其要实施的商业项目的行业现状、政策背景、社会环境以及相关技术的可行性。以下分别进行介绍。

（1）行业现状分析 参赛者可以通过检索相关行业报告和现存企业情况，来了解行业发展的现状及未来趋势，以确定合适的参赛项目。

一般来说，参赛者可以通过一些搜索引擎网站来检索相关行业报告，能够最快、最详尽地了解某一行业的发展现状和未来前景。比如，如果参赛者想要了解信息与网络安全领域的情况，可以通过搜索引擎网站进行检索，使用"+"可以连接两个及以上检索词，参赛者还可以根据语言、发布时间和文档类型等需求筛选检索结果。

商业计划的最终目的是项目落地，孵化出优质的企业，因此对行业现存企业的情况进行摸底很有必要。参赛者可以通过企业信息查询工具对相关行业现存公司的情况进行调研，目前使用较为广泛的企业信息查询工具主要有企查查和天眼查等。在企查查网站对企业信息进行查询的界面如图 8-19 所示。通过检索信息安全和网络安全，可以查询到现存的相关企业，参赛者可以根据需求对结果进行筛选及导出相关数据，比如依据地区、企业规模、经营状况等条件进行筛选。此外，参赛者还可以通过高级搜索功能，提高检索查准率。

（2）政策背景分析 企业的良好发展离不开政策的支持，政策导向也是企业做决策的重要依据。因此，一个行之有效的商业计划一定是在充分考虑政策环境背景后得出的。

知领政策库是由中国工程院中国工程科技知识中心倾力打造的国家政策数据库，收录了历年中共中央、国务院、中央部委和地方省市的政策文件，是一个很好的政策信息查询工具。因此，通过综合知领政策库和各部委网站的政策检索结果，能够更全面的对目标行业的政策背景进行调研与分析。以下展示如何对知领政策库进行信息检索，从而得到相关政策进行政策背景分析。

知领政策库提供普通检索和高级检索两种检索方式，通过高级检索方式，参赛者能够更精确地查询到目标信息，其检索界面如图 8-20 所示，参赛者可以选用布尔逻辑运算符来构建检索式，并可以选择设定检索字段为标题、关键词或发文机构来进行检索。此外，参赛者可以根据界面左侧筛选框对政策类型、政策层级等条件进行限制，从而得到更精确的结果。

图 8-19　企查查检索界面

图 8-20　知领政策库检索界面

此外，参赛者还可以根据商业项目的类型从对应部委网站处获取更丰富、更及时的政策文件用于分析。如需要调研网络安全或信息安全领域的政策背景，则应通过工业和信息化部网站进行查询。

（3）社会环境分析　企业的服务对象主要是社会大众，一切商业行为都要以消费者为中心，需要从消费者的角度出发优化其商业运行，因此对目标行业的社会环境进行充分分析有助于把握企业商业计划的发展方向。一般来说，对社会环境分析就是对目标行业的热点、痛点进行调研，而这些内容大多会引起消费者在社交媒体上的广泛讨论，社交媒体也就成为了分析行业社会环境的有效落脚点。

微博作为社交媒体的代表，是信息获取的重要来源，在微博上以数据泄露等词为关键词进行检索的界面如图 8-21 所示，可以获取社会大众对相关话题的讨论情况。参赛者可以根据这些信息了解到网络安全行业的热点及痛点情况，辅助自己完成商业计划书。

图 8-21　微博检索界面

（4）技术可行性分析　"互联网+"大赛的目的不仅仅是举办一次竞赛，评比出奖项，更重要的是要产生可以落地的项目，这就要求商业项目需要达到一定水平的技术可行性与先进性。

从国家一直以来倡导的产学研融合发展理念来看，一项技术的落地需要科研工作者夜以继日的钻研。因此，科学研究的进展一定程度上反映了技术的发展趋势，因此可通过学术信息检索与利用来了解行业领域的技术发展情况。如通过中国知网、万方数据知识服务平台、Web of Science 等查询到最先进、相关性最高和最可行的可供参考的文献。

（5）其他　在商业计划书的撰写过程中，难以避免的要用到各种商业数据，如何快速、准确地查询到所需数据是完成计划书的关键。还是以网络安全、信息安全领域为例，如果参赛者需要查询某地的信息安全产值，可以通过哪些途径？事实上，目前国内有许多提供商业数据的网站，本书前面的章节也有涉及该内容的介绍。国内使用较为广泛、数据种类丰富的EPS 全球统计数据分析平台检索界面如图 8-22 所示，用户可以设定检索指标、地区和年份获取目标数据，并可以在界面的左侧筛选框对数据进行二次检索，精确检索结果。用户单击检索结果后可以得到可视化数据，同时可以添加其他指标进行对比分析。

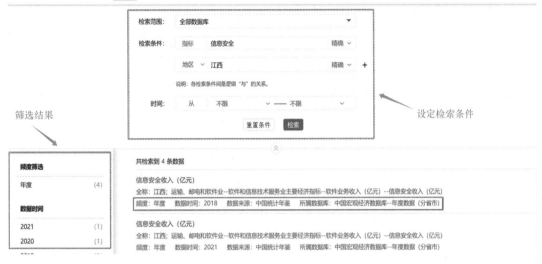

图8-22　EPS全球统计数据分析平台检索界面

3. 路演PPT制作

讲好商业故事同样重要，作为一项创新创业大赛，参赛团队在完成商业计划书的同时也需要参加路演将自己的商业计划展示出来，以获得评委的青睐。因此，如何制作一份样式精美、内容详略得当，能够利用有限的篇幅将商业计划书的核心要点展示出来的路演PPT尤为重要。参赛团队可以通过检索样式精美的PPT模板和PPT制作技巧来辅助完成这项工作，参赛者可以使用知乎来找寻高质量的PPT模板网站，然后通过在网站中检索得到所需的模板。此外，参赛者还能够通过知乎或者短视频平台查询"互联网+"大赛等创新创业大赛的路演PPT制作技巧及汇报演讲技巧。

8.3.2　数学建模与创新实践

数学建模是培养创新能力的载体。实际问题一般都是极其复杂的，为了精准地描述实际问题，研究者必须从实际问题中抽象出它的本质属性，抓住主要因素，去除次要因素。经过精炼简化让实际问题通过抽象、简化、假设、引进变量提炼出数学模型的过程被称为数学建模。数学对一个人的思想方法、知识结构与创造能力的形成起着不可缺少的作用，数学建模的过程也是培养创新能力的过程。数学建模在培养创新意识和创造能力、训练快速获取信息和资料的能力、锻炼快速了解和掌握新知识的技能、培养团队合作意识和团队合作精神、增强写作技能和排版技术、训练学习者的逻辑思维和开放性思考方式等方面具有重要的作用。

目前主要的数学建模比赛有中国研究生数学建模竞赛、中国大学生数学建模竞赛与美国大学生数学建模竞赛。中国研究生数学建模竞赛是一项面向在校研究生进行数学建模应用研究与实践的学术竞赛活动，是广大在校研究生提高建立数学模型的能力、熟练运用互联网信息技术解决实际问题，培养科研创新精神和团队合作意识的大平台。中国大学生数学建模竞赛是全国高校规模最大的课外科技活动之一，该竞赛面向全国大专院校的学生，不分专业。

美国大学生数学建模竞赛是一项国际级的竞赛项目，该竞赛面向全球本科生，不分专业。参赛需要了解建模步骤，也要学会数学建模论文撰写。

1. 了解建模步骤

一般来说，参赛者在报名参赛前需要对比赛赛制、流程进行了解，并通过检索往届获奖案例和参赛者的比赛经验做足参赛前的准备。作为国内最大的中文互联网高质量问答社区之一，知乎可以为参赛者提供有关数学建模的相关赛事信息、参赛技巧等内容。此外，参赛者可以根据自身需求对检索结果进行筛选，如选择发布时间更近的或点赞更多的高质量回答，也可以根据具体信息需求进行提问来获得更贴合需求的答案。

赛前要对数字建模的步骤进行了解，具体如下。

（1）阐明问题　使问题清晰化、具体化，明确问题、表明目标、做出假设，并且要清楚地说明问题的边界与环境（约束）。为了能清晰地阐明问题，需要做的前期准备工作有：①查阅资料与整理数据，参赛者需要查阅大量的资料和数据，切实分析问题、分解问题，找到可行的解决方案，同时需要进行前期的数据整理；②合理假设与确定关键变量，提出一些合理的假设，通过细致地分析实际问题，从大量的变量中筛选出最能表现问题本质的变量，并简化它们的关系。

（2）构造模型　选择解决问题的数学模型形式，确定关键变量，以及这些变量之间的逻辑关系，估计各种参数，并在上述工作的基础上产生具体的模型。分解后的子问题要一一解决，每个问题可能有可借鉴的、现成的算法公式，也可能要根据具体问题对现成的算法公式做出一定改进。

（3）分析、求解、评价　对模型细致分析，设计求解算法。采集样本，利用模型、计算机以及相关的算法、决策规则对模型进行分析求解。再对模型及结果进行分析评价，对模型进行检验、误差分析、灵敏度分析等，最后给出结论。

（4）决策与实施　根据上述评价结果，给出建议并择优付诸实施。

需要注意的是以上各步骤的顺序进行只是一种理想解决问题的过程，事实上，一般从分析、求解、评价开始就有可能需要返回前面某一步进行必要的调整，甚至从头开始。问题越复杂，反复的可能性就越大，重复的次数就越多。

2. 数学建模论文撰写

当参赛者完成一个数学建模的全过程后，要把所做的工作进行小结并写成论文。论文具有向特定部门汇报的目的，要求对建模全过程进行一个全面的、系统的小结，使有关的技术人员（或竞赛时的阅卷人员）读了之后，相信模型假设的合理性，理解在建立模型过程中所用数学方法的适用性，从而确信该模型的数据和结论，并放心地应用于实践中。数学建模论文主要有两大部分，摘要部分与论文主体部分。

第一部分摘要是全文的概述，是给读者和评卷人的第一印象。摘要应把论文的主要思路、结论和模型的特色讲清楚，让人看到论文的新意。摘要内容包括：模型的数学归类（在数学上属于什么类型）；建模的思想（思路）；算法思想（求解思路）；建模特点（模型优点、算法特点、结果检验、灵敏度分析……）；主要结果（数值结果、结论）；列出关键字（为检索论文所用，应指出论文所涉及问题的特征）。

第二部分为论文主体，包括问题重述、模型假设与建立、模型求解、分析与讨论、参考文献、附录。

（1）问题重述　问题重述的目的在于使读者对要解决的问题有一个清晰的印象，要简单地说明问题的情景，并对问题做宏观地分析。这一步要列出必要数据，提出要解决的问题，给出研究对象的关键信息内容，大体上表述出解决问题的思路和归结成的数学问题类型。

（2）模型假设与建立　提出模型假设，注意论文中的假设要以严格、确切的数学语言来表达，且所提出的假设确实是建立数学模型所必需的；假设应验证（解释或论证）其合理性，要对建立的数学模型中的一些参数用符号表示。论文中用到的各种数学符号，必须在第一次出现时加以说明。对数学模型表述要求表达完整、正确和简明；需要推理和论证的地方必须有严谨的推导过程；简化数学模型要明确说明简化思想和依据。

（3）模型求解、分析与讨论　数学模型建立以后，就把实际问题归结为一定的数学问题，就要对题目提出的问题进行求解，这个部分一般需要通过计算机编程来实现，在数值求解时应对计算方法有所说明。对计算的结果，要进行准确阐述及分析，从而得到对实际问题有所帮助的结论。需要分析与探索不同的情景下数学模型将如何变化；用不同的数值方法进行计算所得的结果有何不同。同时对所建立数学模型的优缺点要加以讨论比较，并实事求是地指出数学模型的使用范围。经过分析后，对数学模型不足的地方要提出改进方案，以完善整个数学模型。

（4）参考文献　列出所引用过的重要的、他人的论文、资料、书籍等，包括在网上查找到的资料，特别是对本论文有重大参考意义的材料，参考文献的表达方式要符合规范。

（5）附录　下列内容应该在附录中列出：①详细的结果与数据表格；②在正文中出现的重要计算结果；③编制的计算程序，计算的详细框图等；④一些有参考意义的图表。

小组成员最好能定期开组会，一起进行学习进度确认，后期进行实战模拟，培养默契感，熟悉分工和合作流程。

3. 数学建模案例

2022 年美国大学生数学建模竞赛的（美赛）E 题是有关"森林碳汇建模"，要求开发一个碳封存模型，以确定随着时间的推移，森林及其产品预计能封存多少二氧化碳；同时构建决策模型，使森林管理者实现对森林资源的最优利用。

某大学由三位同学组成的参赛团队在导师的指导下完成了参赛作品，其决策模型如图 8-23 所示。

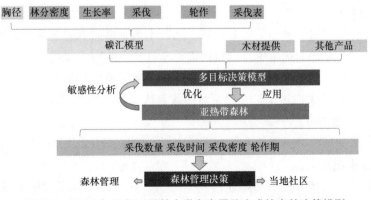

图 8-23　2022 年美赛 E 题某大学参赛团队完成的森林决策模型

8.4 科研项目申报

进行科研项目申报是学术具体应用到实践的重要要求，有助于提升师生自身的科研水平，使学术与实践相结合，促进学术知识的巩固与创新。各高校大力支持与鼓励师生进行科研项目申报，从而提升机构的综合科研能力与国家的整体科研能力。研究生作为科研的主力军经常要参与导师的项目申报，有时自己也会申请研究生创新基金等。因此，了解项目申报的流程和项目申请书的撰写有助于师生提升科研能力。

8.4.1 科研项目申报流程

科研项目有不同的划分方法，根据科技活动性质可以分为基础研究、应用研究、实验与发展研究。根据经费来源可以分为纵向项目、横向项目与自筹项目。纵向项目的经费来源于上级机关、项目主管部门拨款，分为国家级、省部级、市级等级别；横向项目是由其他企事业单位、政府部门、团体或个人委托进行研究的各类课题；自筹项目是经费来自单位内部，由本单位科研人员申报并通过立项的内部科研项目。

项目申报流程，大体可以概括为研究申报指南、选择项目名称、撰写项目申报书与提交项目申报书四步。纵向科研项目主要来源于国家自然科学基金、国家社会科学基金、国家软科学研究计划、教育部人文社会科学研究项目、全国教育科学规划项目，各省的科技厅、社科规划办等，项目主管方或基金办公室每年都会根据社会需求发布项目需求与课题指南。

1. 研究申报指南

国家自然科学基金每年1月份会对基金申请条件、材料、限项、预算编报等进行说明，各科学部资助领域和注意事项（基础科学板块、技术科学板块、生命与医学板块、交叉融合板块）。国家自然科学基金委员会有面上项目（一般项目）、青年科学基金项目、地区科学基金项目、重点项目、重大项目、重大研究计划项目、优秀青年科学基金项目、国家杰出青年科学基金项目、创新研究群体项目、基础科学中心项目、国家重大科研仪器研制项目、国际（地区）合作研究与交流项目、外国学者研究基金项目、联合基金项目等。不同项目的资助范围、资助强度与申报程序不同，需要仔细阅读申报指南。

2. 选择项目名称

选择项目名称是项目申报中的重要一环，选题不能偏离拟申报项目计划的资助范围。选题可以以本人的研究基础为选题重点，也可以从学科发展前沿中找到选题，从现实需要或指南中找到选题。项目名称是申报书中心内容的凝练，文字表达上要简明扼要，字数应控制在20个汉字左右。题目过大或过小，表达不具体或表达不当都会影响项目的立项。

3. 撰写项目申报书

撰写项目申报书是项目申报的关键步骤，申报书的每一项要认真填写。

4. 提交项目申报书

现在大多数科研项目申报书都是通过网上提交，并且大多只受理申报者所在单位的申报，提交申报时要注意各机构的具体要求与具体时间节点。

8.4.2 项目申报书的撰写

科研项目申报书是科研工作的重要组成部分，它与论文撰写构成了科研工作的必要环节。国家社会科学基金项目与国家自然科学基金项目是国家创新体系的重要组成部分，主要资助社会科学基础研究和自然科学基础研究及部分应用研究。国家自然科学基金项目申报书的撰写结构主要有6个部分的内容，各部分内容撰写的注意事项如下。

1. 项目摘要

项目摘要是对整个申报书内容的高度概括，一般字数要求在400字以内。项目摘要应讲明研究现状、课题意义、课题构想和预期结果。项目摘要的常规写作思路可概括如下：①先用3~4句话提出问题，描述研究现状或研究存在的问题，如"×××已成为研究的热点，然而×××机理（机制）尚未明确，×××已广泛应用于×××，但在×××方面的研究有待于进一步深入"；②用2~3句话提出前期研究的新发现和研究总体思路，如"申报者在前期研究中发现×××，申请者已经×××，本课题拟通过（采用）×××，分析×××，研究×××，阐明（明确、揭示）×××机理"；③用1~2句话明确意义和价值，如"对×××具有重要的理论意义与实际价值，为×××提供理论与实验依据"。

如某个课题的摘要如下：

酸雨是全球性的环境问题，会加剧红壤酸化，影响作物产量与品质。中微量元素是茶叶重要品质指标，其土壤转化与植物吸收受酸化环境等调控。根际是植物-土壤互作的关键区域，酸雨对茶树根际中微量元素转化吸收的影响机制及与茶叶品质的耦合效应不清楚。以红壤区25年生茶园为对象，依托已连续5年进行的在pH 2.5、pH 3.5、pH 4.5酸雨环境下，对照4种处理试验平台，采用抖落法采集不同层次根际和非根际土壤，采用挖掘法和负压法收集不同功能模块根系和根系分泌物，应用连续浸提-等离子体发射光谱、454高通量测序、酸消煮-原子吸收、金属螯合、显微定位、生化分析等方法，研究铝钙镁铁锰锌形态转化及根际效应、根际微生物功能群多样性、根系及分泌物中微量元素含量、运输、分配、茶叶自然品质等，揭示不同强度酸雨胁迫根系-土壤-微生物中微量元素转化与茶叶品质的耦合机制。结果有助于建立茶园中微量元素循环与调控理论，为红壤区作物应对酸沉降提供技术支撑。

2. 立项依据

立项依据需要查阅大量文献，综合分析目前国内外的研究现状及发展趋势，明确哪些问题已经解决，哪些问题没有解决，还存在什么问题，本研究准备解决什么问题，实事求是、思路清晰地说明本课题科学问题的来源、形成、提出理由及创新性。立项依据不能过于简单，要对国内外研究现状做全面系统的了解，总结别人的研究成果，说明存在的问题，再提出自己的科学假说，清楚阐述自己的研究思路及理由。同时要统一中英文格式与标点符号格式，第一次出现的英文缩写要有英文全称及针对该缩写的中文解释。立项依据写作一般模式如下。

1）"破题"，可从与本课题相关问题入手，引入相关数据作为立项依据。接着引出本课题相关的方向，提出目前尚未探明的问题。

2）国内外研究现状可按时间顺序由远及近加以叙述，并/或做横向比较，如叙述在学术上有何不同的观点和学派。在肯定前人研究成果的同时用"但是"引出目前尚未解决的关键科学问题。针对关键的科学问题，提出科学假说。

3）围绕科学假说阐述研究思路，最后点明该研究工作的意义或应用前景。不要使用

"国内首创""国际水平""填补空白"之类不严肃、缺乏科学性的词语。

引用观点要标明出处，引用的文献以最新的文献为主，应尽量选择国内外权威期刊近5年的文献，以体现课题的新颖性。参考文献格式要统一，可根据具体要求进行调整。参考文献要精挑细选，选择和著录时要注意以下5点。

1）系统性。国内外相关研究的学术史梳理及研究动态，学术史的梳理本身就包含了文献综述的系统性和历史脉络的延续性整理，因此文献的选择和罗列首先要有系统性。

2）时效性。文献选择不仅要求系统性，还要求时效性。文献不仅包括近几年学术期刊的最新研究文献，还包括近期国家领导人的重要讲话、国家召开的重要会议精神文献等。

3）全面性。全面性主要指既要有最新文献，也要有该领域发端之初的文献；既要有国内文献，也要有国外文献。

4）权威性。项目申报书因字数限制不可能将研究领域所有文献全部选择和罗列出来，需要选择权威性的文献，要注意选择项目研究领域国内外学界公认的权威学者发表的文献与高影响力文献。

5）规范性。参考文献在形式上尤其要注意排列的规范性和美观度，要按统一的格式著录，特别是外文文献中作者姓和名的大小写、缩写、标点符号、前后顺序，论文名或杂志名是否全称，发表时间等。

3. 项目的研究内容、研究目标以及拟解决的关键科学问题

项目的研究内容需说明从哪几个方面来论证提出的科学问题，明确从哪个角度、哪些范围、哪个水平进行研究，每个方面选择哪些可供考核的技术指标。研究目标是说明通过研究要达到的具体目的，如理论意义、学术价值、直接或潜在的应用价值及可能产生的社会和经济效益等。提出的研究目标要具体、量化，不宜过多，一般2~4个目标即可。拟解决的关键科学问题应是整个研究要解决的主要科学问题，应重在突出科学性。如某国家自然科学基金的研究目标、研究内容与拟解决的关键科学问题如下。

3.1 研究目标

基于国家快速城市化及城市绿地迅速发展的背景，依托城乡梯度研究平台，揭示城区、郊区和农村梯度主要绿地的主要温室气候排放的时空变异规律，阐明城市绿地土壤温室气体排放的耦合及与土壤碳和氮循环过程的关联，诠释城乡土地覆盖和环境变化等城市化过程对温室气体排放的驱动机制，为全球温室气体源汇平衡估算和城乡绿地管理提供科学依据。

3.2 研究内容

1）城乡梯度典型绿地土壤温室气体排放的原位时空变异。

2）城乡梯度绿地土壤室内控制条件下温室气体排放特征。

3）城乡梯度主要绿地土壤微生物及碳氮过程的变异格局。

4）城乡梯度绿地土壤3种温室气体排放的驱动机制诠释。

3.3 拟解决的关键科学问题

1）城市化如何通过改变植被和土壤环境因子影响土壤温室气体通量？

2）城市化过程中调控温室气体产生的微生物优势功能群是什么，如何相互影响并共同适应城市化的环境？

4. 研究方案和可行性分析

一般研究方案包括与研究内容有关的实验方法、技术路线和关键技术等。可根据实验内容分段说明实验条件、操作步骤及数据处理等，表明通过哪些实验手段达到哪些实验目的，获取哪些实验结果。关键技术是整个研究过程中的主要技术环节，在简述其对策的同时体现了本项目实施的可行性。流程图是将研究过程的具体操作步骤以示意图的方式表示出来，使技术路线清晰，一目了然。某国家自然科学基金申报的技术路线如图 8-24 所示。

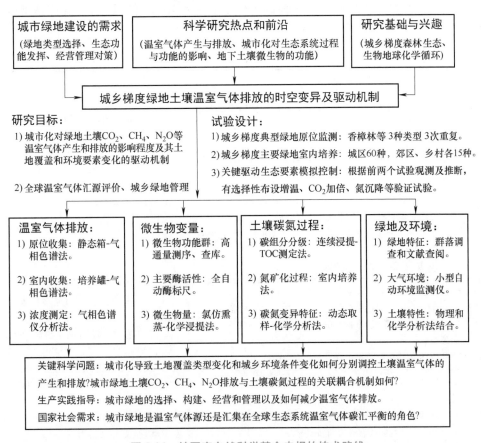

图 8-24　某国家自然科学基金申报的技术路线

5. 本项目特色及创新之处

创新包括新发现、新观点、新理论、新技术、新材料等，应围绕科学问题进行阐述。创新阐述不宜空泛或夸大，可从选题、设计、方法、技术路线等方面来阐述。可直接点题，如通过×××方法/技术、研究×××、建立×××的关系、探索×××的规律。

如某项目的特色与创新为：

1）试验设计具独特性，通过构建城乡梯度原位控制和易位交互试验体系，有望深入揭示城市树木根际过程对环境变化的响应、适应和反馈机制。

2）研究内容新颖，基于城区土壤 NO_3 和钙质 P 含量高，以及城市树木 N 和 P 含量高，具有消 N 纳 P 潜能的现象，重点开展根系-土壤界面互作，即根际效应与根系养分吸收的研究，可打破森林土壤学常局限于土壤物理、化学和生物学特性的研究套路。

3）技术方法有探索，结合前期工作，拟优化土壤 P 功能分级技术和完善树木 P 根际研究模式，为剖析森林土壤 P 转化及其根际效应提供新工具。

6. 年度研究计划及预期研究结果

年度研究计划主要体现项目的研究进度和工作安排，可结合研究方案具体列出。一般可根据项目中具代表性的研究内容预期完成的时间来分割，如以 3—6 个月为一个工作单元合理安排计划。预期研究结果包括成果的内容、形式、数量等，如拟发表几篇何种级别的论文、申请专利、建立完善技术方法或理论等。某课题的年度研究计划及预期研究结果见表 8-2。

表 8-2　年度研究计划及预期研究结果

年度	研究内容	预期目标
2018	完善试验方案，构建城区-郊区-乡村环境梯度试验平台，重点开展： ① 关键生态要素的全面监测； ② 城乡梯度树木根际 N、P 及微生物类群多样性的定位研究； ③ 主要树种根系性状的定位监测分析	① 完善根际 N 转化和 P 功能分级的分析方法； ② 初步了解城乡梯度树木 N 和 P 根际效应、根系性状的变异格局； ③ 继续收集文献，发表中文论文 1 篇
2019	继续管理和维护试验平台，继续开展： ① 生态要素监测和城乡梯度 N、P 根际效应和根系性状的定位研究； ② 易位交互试验平台研究	① 完善和优化根际效应评估方法体系； ② 总结阶段性成果，发表中文论文 1~3 篇
2020	继续管理和维护试验平台，继续开展： ① 定位控制试验平台根际过程与根系性状的监测； ② 易位交互试验平台不同树种根际效应与根系性状的研究； ③ 根际微生物类群多样性与生态功能研究	① 剖析土壤微生物功能多样性的变异机制； ② 理解树木对城市化效应的响应和反馈； ③ 总结阶段性成果，发 SCI 论文 1 篇
2021	继续管理和维护试验平台，继续开展： ① 定位控制试验平台根际过程与根系性状的监测； ② 易位交互试验平台根际效应与根系性状研究； ③若干有疑问或有潜力的新问题	① 回答、修正科学假设或提出新假说，并确定新的研究课题； ② 结题汇报、报告提交，出版专著 1 部，发表 SCI 论文 1~2 篇

项目申报书中还需要填写的部分包括：研究基础和工作条件，项目组人员组成和经费预算。书写上只需按要求认真、如实填写即可。

项目申报书是科学研究工作中项目的开端，同时也是科研工作者学术思维建立的标志。能使用精炼而富有逻辑性的文字撰写项目申报书，是每一位科研工作者应当具备的基本技能。对于刚入门的研究生或即将毕业的硕士博士生来说，在掌握项目申报书书写规范的同时，还需注重平时的文献积累，不断提高自我，培养科研思维和创新能力，合理选择科研课题并充分论证，确保课题的创新性，才是将来做好科研工作的关键。

思 考 题

1. 请根据自己的专业特点，选取一个研究课题完成相应的开题报告，要求如下：

1）写出课题的名称，说明其研究背景和意义。

2）写出反映课题内容的中英文关键词。

3）列出选择的中英文数据库，要求至少选择 6 个数据库。

4）列出不同数据库的检索策略（检索式），将主要检索过程进行截图。检索结果用文献管理软件进行管理。

5）列出选中的中英文相关文献，尽量考虑期刊、学位论文、会议论文、图书和专利等多种文献类型，并说明原文的获取方法。

6）对检索结果进行分析，主要从研究方法、研究内容等对相关文献进行文献综述。

7）列出主要参考文献。参考文献按国标 GB/T 7714—2015 格式整理，选择的中英文文献总数不少于 20 篇。正文字体中文用宋体，英文用 Time New Roman，字号为小四号，行距 20 磅。

2. 从以下 2023 年度国家自然科学基金指南中选择一个项目，完成科技查新报告。查新报告的内容包括文献检索范围与策略、检索结果与查新结论。

1）芯片制造过程中的亚纳米级去除新原理与新方法。

2）绿色低碳生物基可降解橡胶基础研究。

3）城市多介质碳污协同减控关键技术原理。

4）海量异构金融数据的协同建模分析。

5）数字经济转型对普惠金融体系的影响与机制。

3. 查找 2023 年评选的诺贝尔奖获得者的个人信息与主要成就。

4. 选择以下 2023 年度国家社会科学基金重大项目招标课题中的一个，检索 CNKI 与 Web of Science 核心合集数据库，下载文献后利用 VOSviewer 或 CiteSpace 制作可视化图谱。

1）协同推进绿色低碳消费的体制机制和政策创新研究。

2）碳信息标准化与全国统一披露平台体系建设研究。

3）基于碳中和目标的国土空间规划路径研究。

4）前沿交叉领域识别与融合创新路径预测方法研究。

5）科研成果社会影响的评价体系与提升策略研究。

6）数智转型背景下智能情报关键技术应用研究。

7）不确定环境下韧性社会智能情报支持与决策研究。

参 考 文 献

[1] 陈悦, 陈超美, 刘则渊, 等. CiteSpace 知识图谱的方法论功能 [J]. 科学学研究, 2015, 33 (2): 242-253.

[2] 邓发云. 信息检索与利用 [M]. 4 版. 北京: 科学出版社, 2022.

[3] 国家自然科学基金委员会. 2023 年度国家自然科学基金项目指南 [M]. 北京: 科学技术出版社, 2023.

[4] 韩占江, 张晶. 文献检索与科技论文写作 [M]. 成都: 西南交通大学出版社, 2022.

[5] 黄常青, 薛华, 李学庆. 信息检索与利用 [M]. 北京: 高等教育出版社, 2021.

[6] 黄如花. 信息检索 [M]. 3 版. 武汉: 武汉大学出版社, 2019.

[7] 贾娟. 商业文献传递现状调查及我国高校图书馆的应对策略 [J]. 图书馆理论与实践, 2022 (3): 37-43.

[8] 靳娟, 梁喜生. 管理类学术论文写作概论 [M]. 北京: 北京邮电大学出版社, 2017.

[9] 李贵成, 刘微, 张金刚. 信息素养与信息检索教程 [M]. 2 版. 武汉: 华中科技大学出版社, 2021.

[10] 李曼迪, 苏成, 崔怡雯, 等. 面向颠覆性技术情报采集的网络信息源研究 [J]. 情报学报, 2021, 40 (12): 1294-1300.

[11] 朱永兴, 李素芳. 学术论文撰写与发表 [M]. 杭州: 浙江大学出版社, 2007.

[12] 刘敏, 许伍霞, 曹小宇. 信息检索与利用 [M]. 镇江: 江苏大学出版社, 2019.

[13] 马费成, 宋恩梅, 赵一鸣. 信息管理学基础 [M]. 3 版. 武汉: 武汉大学出版社, 2018.

[14] 齐绍洲, 柳典, 李锴, 等. 公众愿意为碳排放付费吗? ——基于 "碳中和" 支付意愿影响因素的研究 [J]. 中国人口·资源与环境, 2019, 29 (10): 124-134.

[15] 全国哲学社会科学工作办公室. 2023 年度国家社科基金重大项目立项名单 [EB/OL]. (2023-12-28) [2024-01-30]. http://www.nopss.gov.cn/n1/2023/1228/c431028-40148385.html.

[16] 中国高等教育文献保障系统. 数字学术服务创新与发展研讨会暨 CALIS 第二十一届引进数据库培训周 [EB/OL]. (2023-05-20) [2023-12-15]. http://calis21.calis.edu.cn/Home/Menu/2499D910-4653-4B7C-87DC-E6A693AF91E6.

[17] 图书馆·情报与文献学名词审定委员会. 图书馆·情报与文献学名词 [M]. 北京: 科学出版社, 2019.

[18] 王芳, 张鑫, 翟羽佳. 国内外信息源选择研究述评及一个整合的理论模型 [J]. 中国图书馆学报, 2017, 43 (2): 96-116.

[19] 王红军. 文献检索与科技论文写作入门 [M]. 北京: 机械工业出版社, 2018.

[20] 王荣民, 杨云霞, 宋鹏飞. 科技信息检索与论文写作 [M]. 北京: 科学出版社, 2020.

[21] 王文喜, 周芳, 万月亮, 等. 元宇宙技术综述 [J]. 工程科学学报, 2022, 44 (4): 744-756.

[22] 王细荣, 张佳, 叶芳婷. 文献信息检索与论文写作 [M]. 8 版. 上海: 上海交通大学出版社, 2022.

[23] 王晓燕, 李燕, 曹勇, 等. 医学硕士研究生科研课题申请书书写常见问题分析 [J]. 医学信息, 2015 (39): 18-19.

[24] 王瑜, 张丽英, 高彦静, 等. 文献信息检索与案例分析: 学术硕士分册 [M]. 北京: 科学出版社, 2018.

[25] 王知津. 信息检索与处理 [M]. 北京: 机械工业出版社, 2015.

[26] 文传浩, 夏宇, 杨绍军, 等. 国家社科基金项目申报规范、技巧与案例: 2021 [M]. 4 版. 成都: 西南财经大学出版社, 2020.

[27] 杨爱群, 罗任秀. 网络信息检索工具研究 [J]. 现代情报, 2005 (3): 137-138; 140.

［28］于良芝. 图书馆情报学概论［M］. 北京：国家图书馆出版社，2016.

［29］袁朝晖，田兰兰，马艳平. 文献信息检索与利用［M］. 成都：电子科技大学出版社，2018.

［30］张毓晗. 信息检索、利用与评估［M］. 成都：电子科技大学出版社，2020.

［31］张振华. 信息检索与论文写作［M］. 北京：高等教育出版社，2012.

［32］中南七省高校图工委. "万方杯" 2021 中南七省（区）"高校学术搜索挑战赛" 培训资料［EB/OL］.（2021-06-04）［2023-12-15］. http://searchcontest. hbdlib. cn/#/news/list；categoryId＝23.

［33］钟云萍. 信息检索与利用［M］. 北京：北京理工大学出版社，2019.

［34］周儒雅，唐万恺，李潇，等. 基于可重构智能表面的移动通信简要综述［J］. 移动通信，2020，44（6）：63-69.